AF644811

FRANK MILLER'S SIN CITY®

FM

FRANK MILLER'S SIN CITY®

BRÄUTE, BIER UND BLAUE BOHNEN

Cross Cult
DARK HORSE BOOKS
FRANK MILLER INK

TEXT UND ZEICHNUNGEN ***FRANK MILLER***

US-HERAUSGEBER ***MIKE RICHARDSON***
US-REDAKTION FRÜHERE AUSGABEN ***BOB SCHRECK, RANDY STRADLEY, PEET JANES, KRIS YOUNG, BARBARA KESEL, DIANA SCHUTZ***
US-REDAKTION NEUE AUSGABE ***FREDDYE MILLER***
US-ASSOCIATE UND ASSISTANT REDAKTION NEUE AUSGABE ***JUDY KHUU, ROSE WEITZ***
LOGO-DESIGN ***STEVE MILLER***
BUCH-DESIGN ***SKYLER WEISSENFLUH***
DIGITAL ART TECHNICIAN ***CHRIS HORN***
ARTIST PRODUCER ***SILENN THOMAS***

ÜBERSETZUNG ***ROSSI SCHREIBER, LUTZ GÖLLNER*** UND ***ANDREAS MERGENTHALER***
REDAKTION ***PAUL SCHOLZ*** UND ***LUTZ GÖLLNER***
UNTER VERWENDUNG DER SCHRIFT VON ***HARTMUT KLOTZBÜCHER***

Impressum: Die deutsche Ausgabe von FRANK MILLER'S SIN CITY® BAND 6: BRÄUTE, BIER UND BLAUE BOHNEN wird herausgegeben von der Cross Cult Entertainment GmbH & Co. Publishing KG; Verlagsleitung: Luciana Bawidamann und Andreas Mergenthaler; Teinacher Straße 72, 71634 Ludwigsburg. Übersetzung: Rossi Schreiber, Lutz Göllner und Andreas Mergenthaler; Redaktion: Gunther Nickel und Dirk Lenz; Lizenzmanagement: Ruijing Qui; Herstellung: Hannah Düser; Vertriebsleitung: Peter Sowade; Marketing: Cécile Beran; Druck: Hagemayer, Wien.

www.cross-cult.de

Neu-Edition: Dezember 2023
ISBN: 978-3-98666-369-8

FRANK MILLER'S SIN CITY® VOLUME 6: BOOZE, BROADS, & BULLETS

Copyright © 1993, 1994, 1995, 1996, 1997, 1998, 2005, 2010, 2014, 2022, 2023 Frank Miller, Inc. All rights reserved. Sin City, the Sin City logo, and all characters featured herein and the distinctive likenesses thereof and all related elements are trademarks of Frank Miller, Inc. No portion of this publication may be reproduced or transmitted, in any form or by any means, without the express written permission of Frank Miller, Inc. Names, characters, places, and incidents featured in this publication either are the product of the author's imagination or are used fictitiously. Any resemblance to actual persons (living or dead), events, institutions, or locales, without satiric intent, is coincidental.

Dark Horse Books® and the Dark Horse logo are trademarks of Dark Horse Comics LLC, registered in various categories and countries. All rights reserved. Dark Horse is a part of Embracer Group.

INHALT

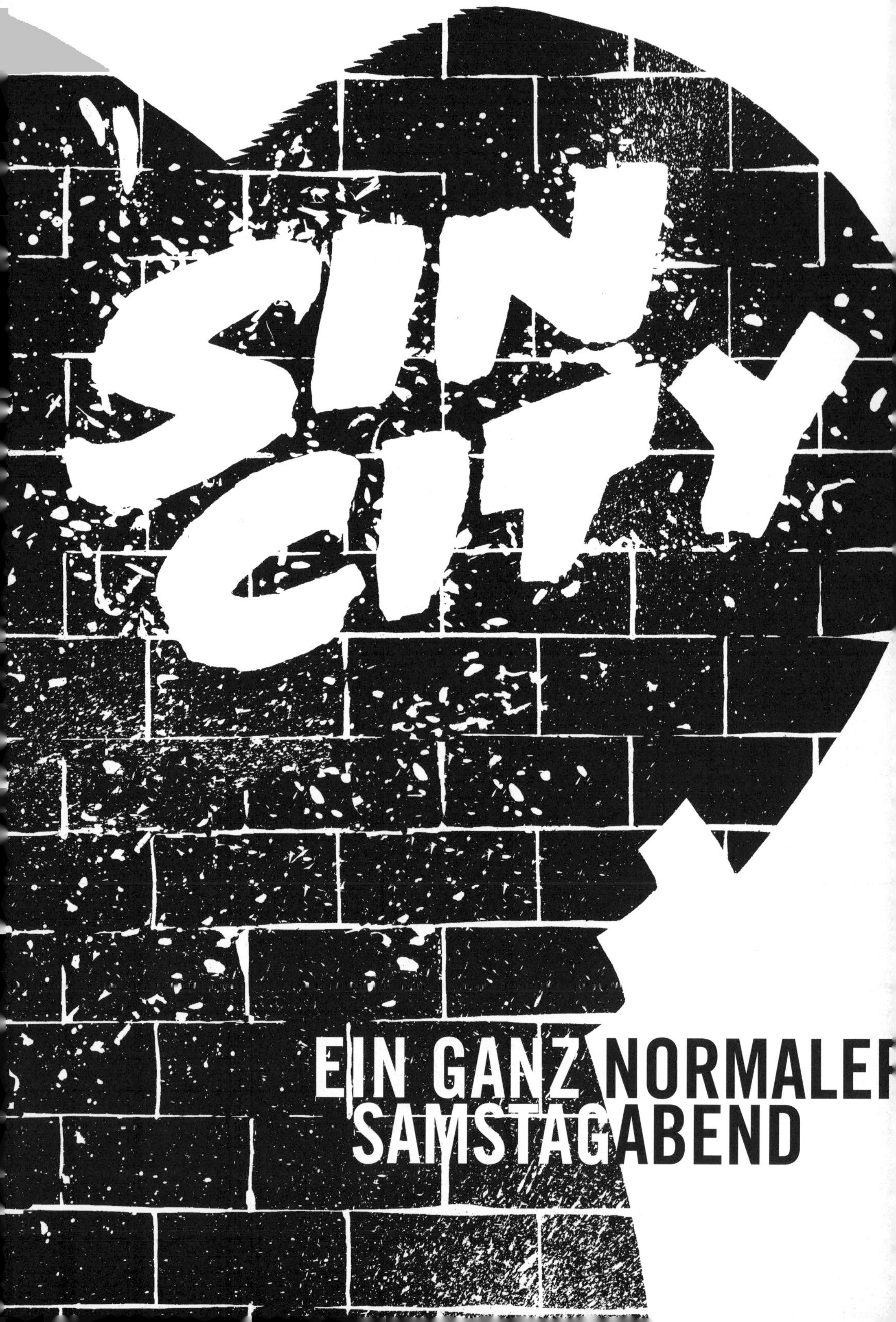

SIN CITY

EIN GANZ NORMALER SAMSTAGABEND

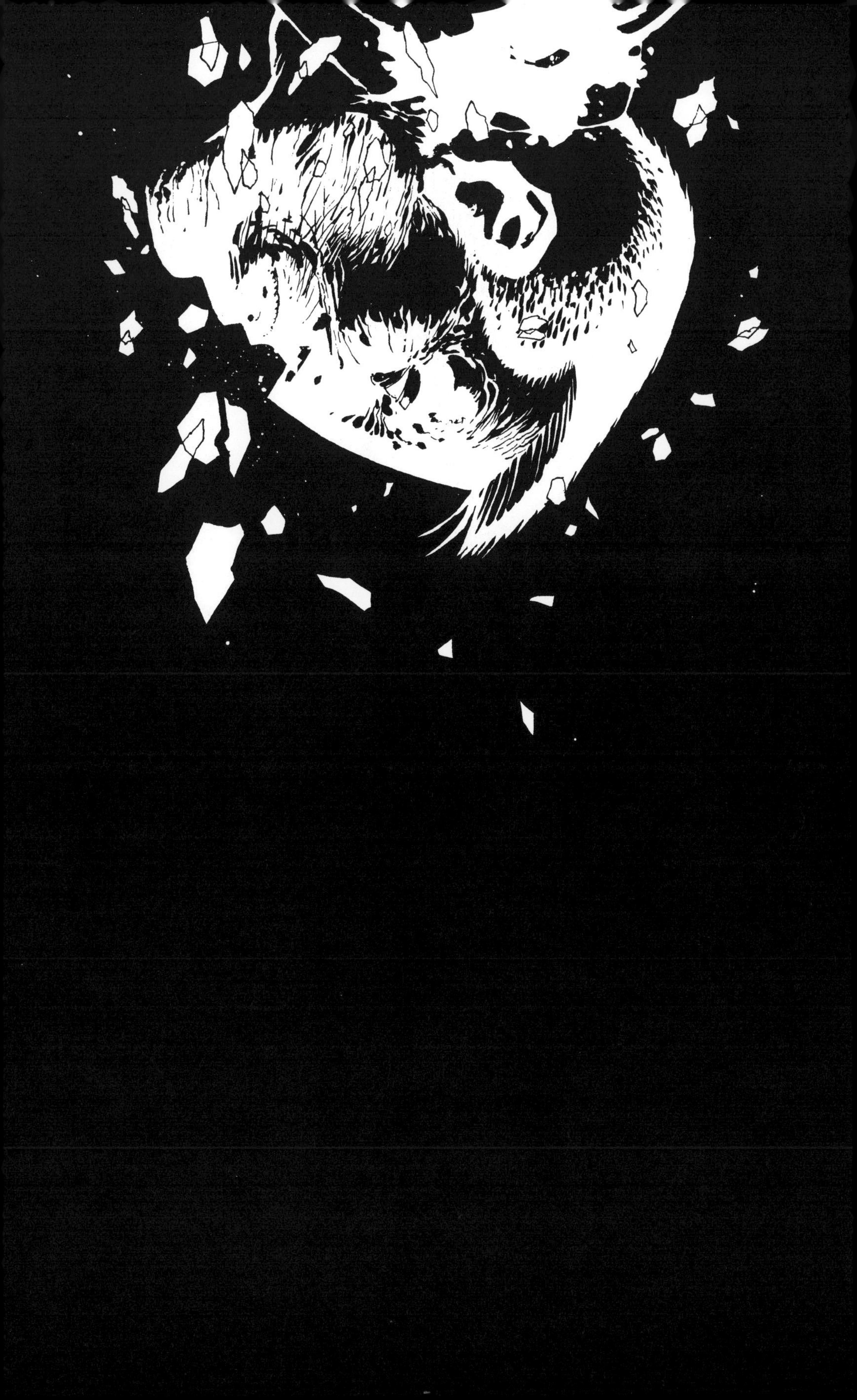

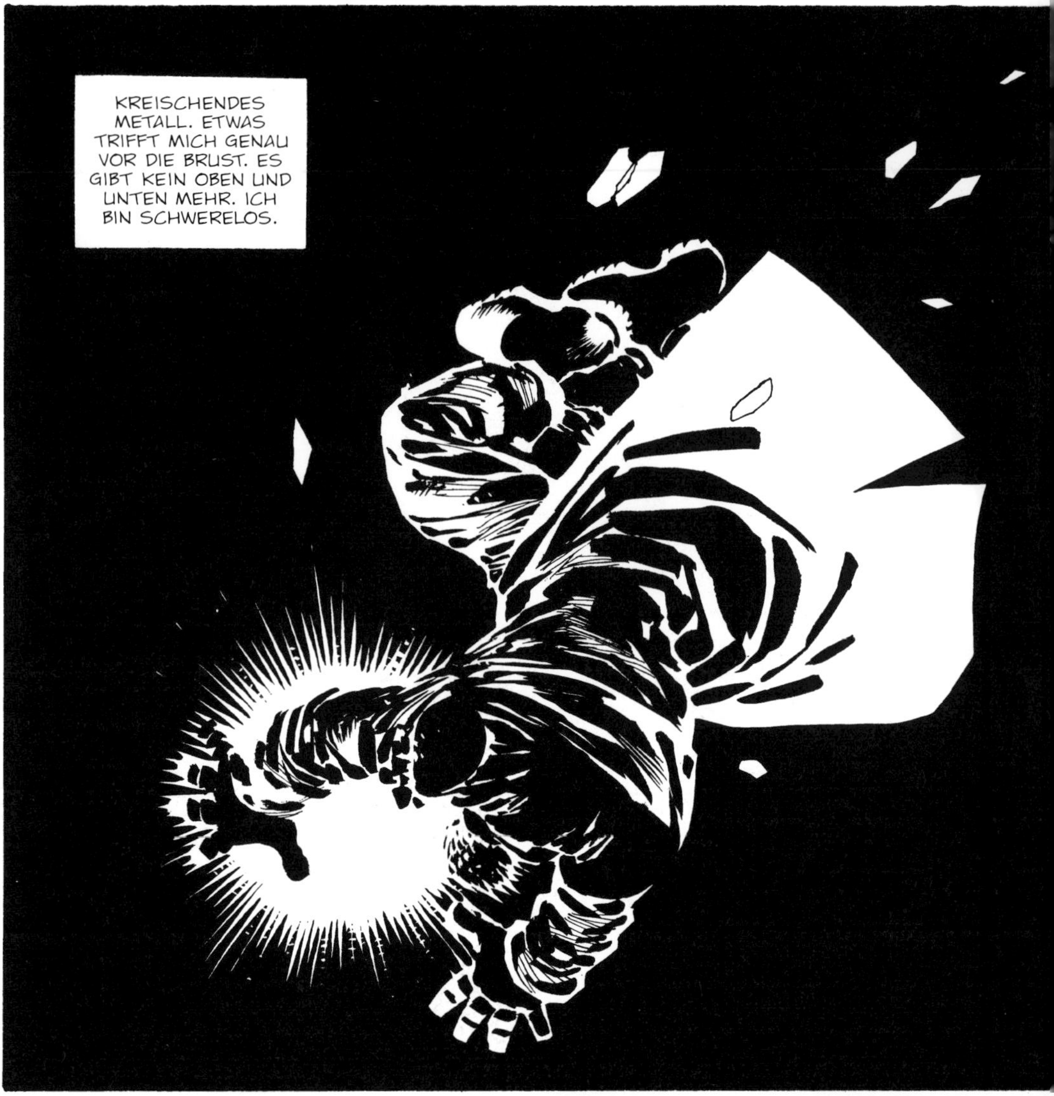
KREISCHENDES METALL. ETWAS TRIFFT MICH GENAU VOR DIE BRUST. ES GIBT KEIN OBEN UND UNTEN MEHR. ICH BIN SCHWERELOS.

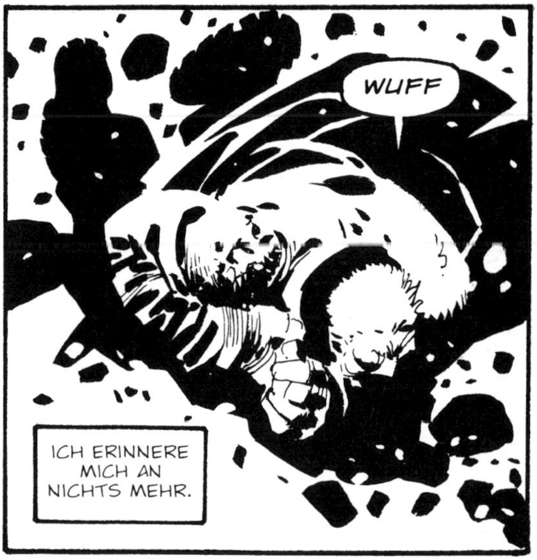
WUFF
ICH ERINNERE MICH AN NICHTS MEHR.

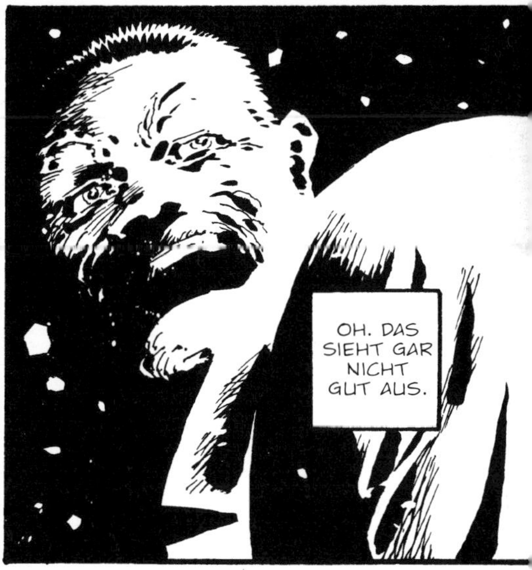
OH. DAS SIEHT GAR NICHT GUT AUS.

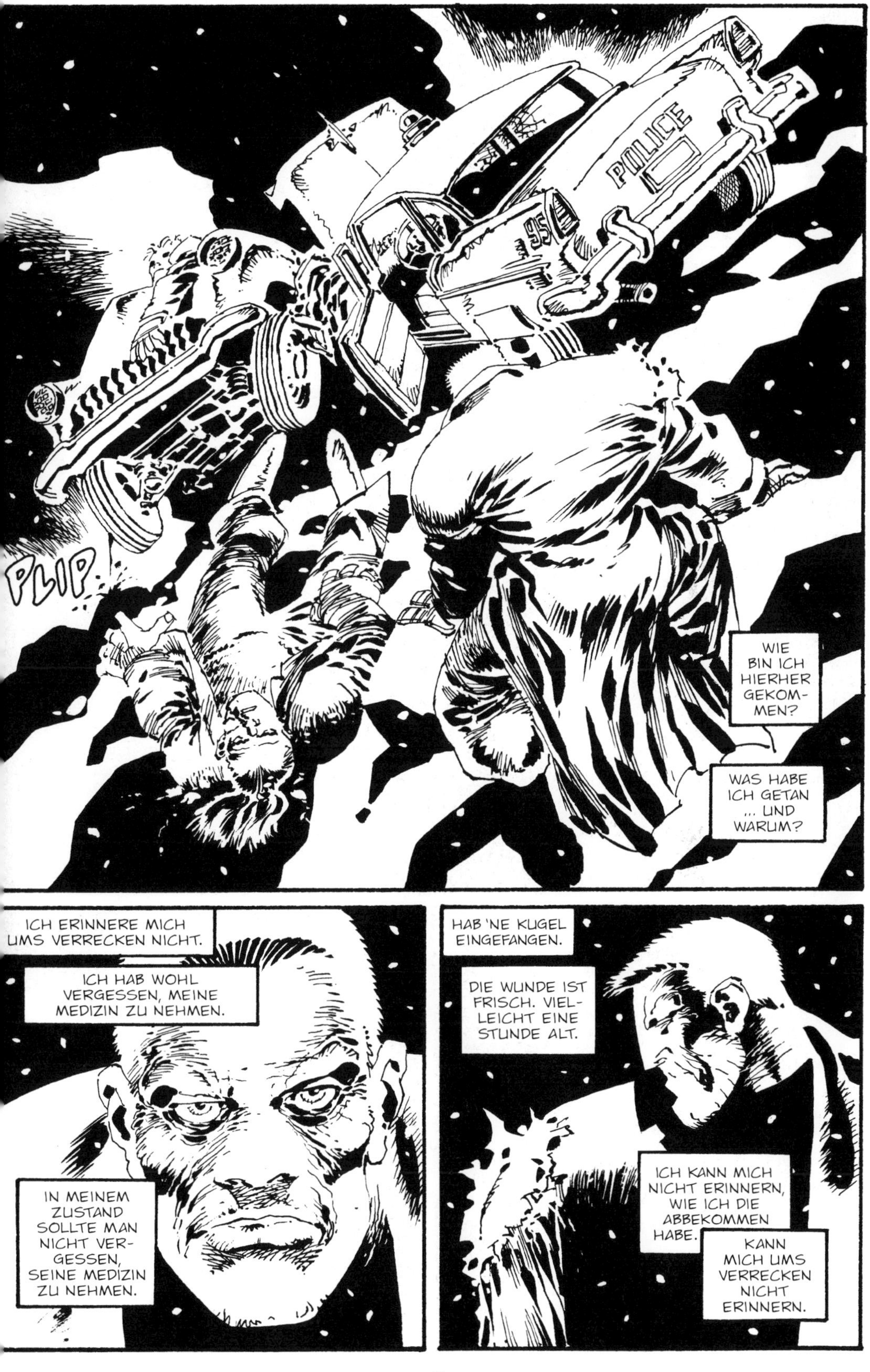
PLIP
WIE BIN ICH HIERHER GEKOM-MEN?
WAS HABE ICH GETAN ... UND WARUM?
ICH ERINNERE MICH UMS VERRECKEN NICHT.
ICH HAB WOHL VERGESSEN, MEINE MEDIZIN ZU NEHMEN.
IN MEINEM ZUSTAND SOLLTE MAN NICHT VER-GESSEN, SEINE MEDIZIN ZU NEHMEN.
HAB 'NE KUGEL EINGEFANGEN.
DIE WUNDE IST FRISCH. VIEL-LEICHT EINE STUNDE ALT.
ICH KANN MICH NICHT ERINNERN, WIE ICH DIE ABBEKOMMEN HABE.
KANN MICH UMS VERRECKEN NICHT ERINNERN.

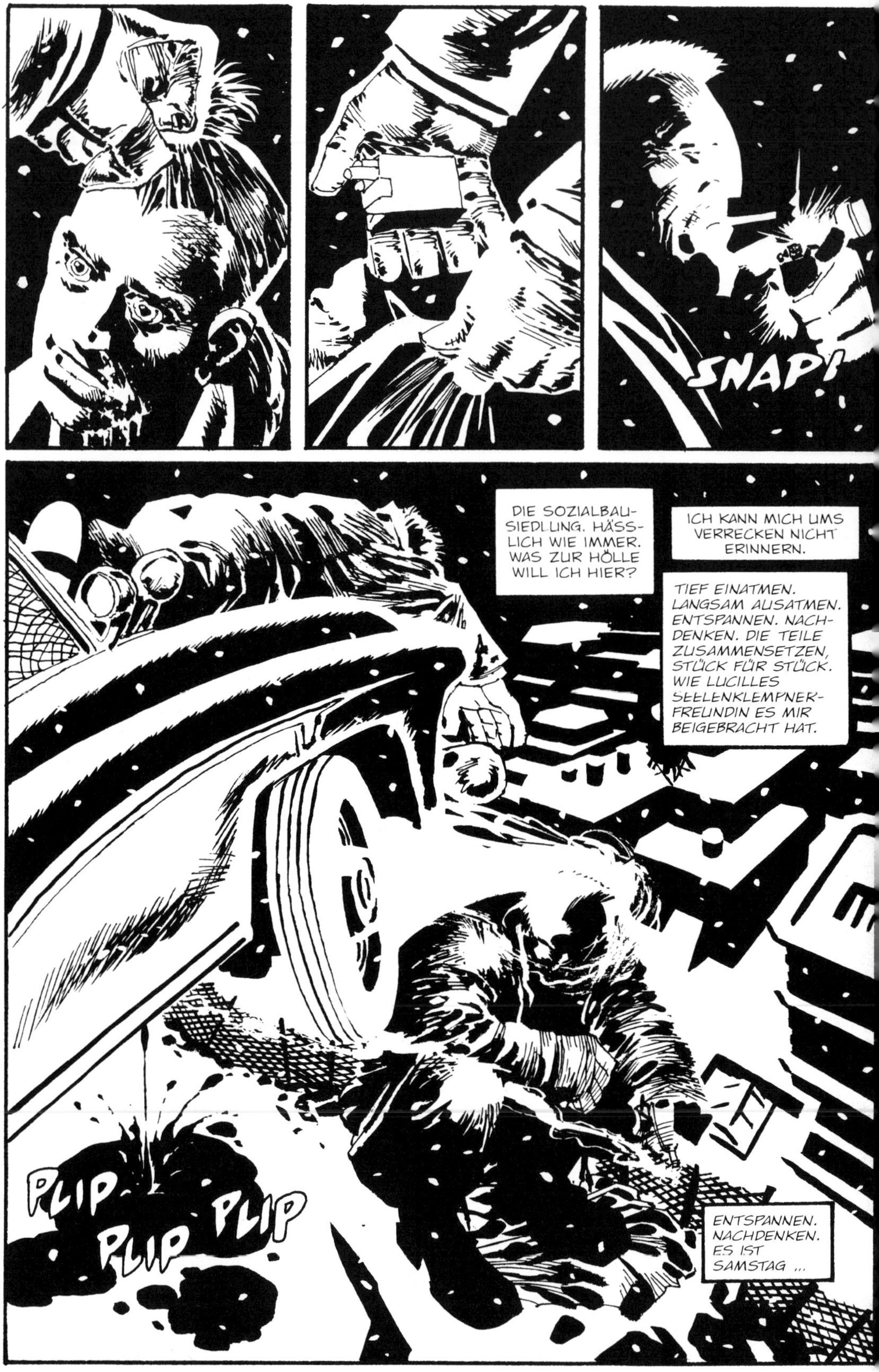
SNAP!
DIE SOZIALBAU-SIEDLUNG. HÄSSLICH WIE IMMER. WAS ZUR HÖLLE WILL ICH HIER?
ICH KANN MICH UMS VERRECKEN NICHT ERINNERN.
TIEF EINATMEN. LANGSAM AUSATMEN. ENTSPANNEN. NACHDENKEN. DIE TEILE ZUSAMMENSETZEN, STÜCK FÜR STÜCK. WIE LUCILLES SEELENKLEMPNER-FREUNDIN ES MIR BEIGEBRACHT HAT.
PLIP
PLIP PLIP
PLIP
ENTSPANNEN. NACHDENKEN. ES IST SAMSTAG ...

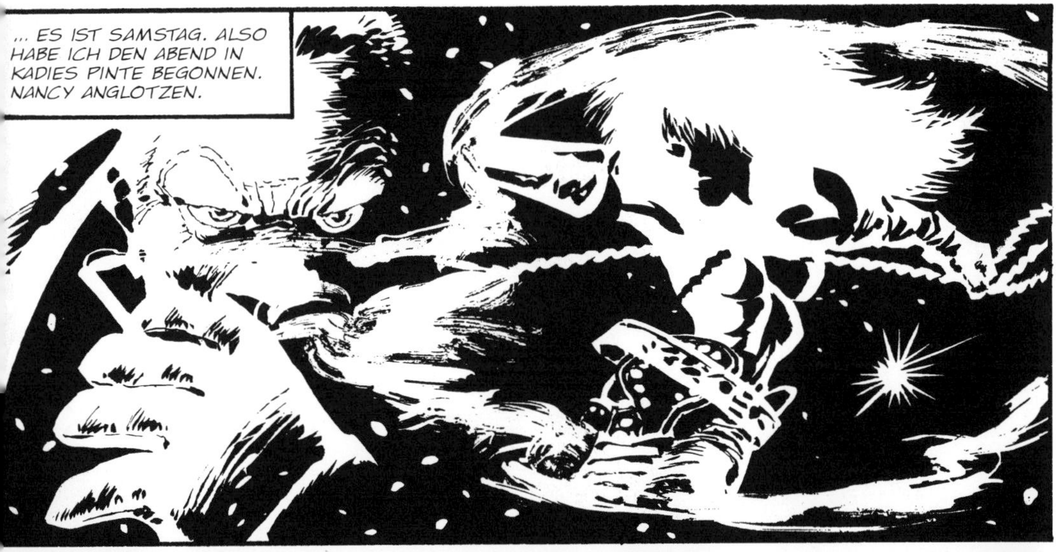
... ES IST SAMSTAG. ALSO HABE ICH DEN ABEND IN KADIES PINTE BEGONNEN. NANCY ANGLOTZEN.

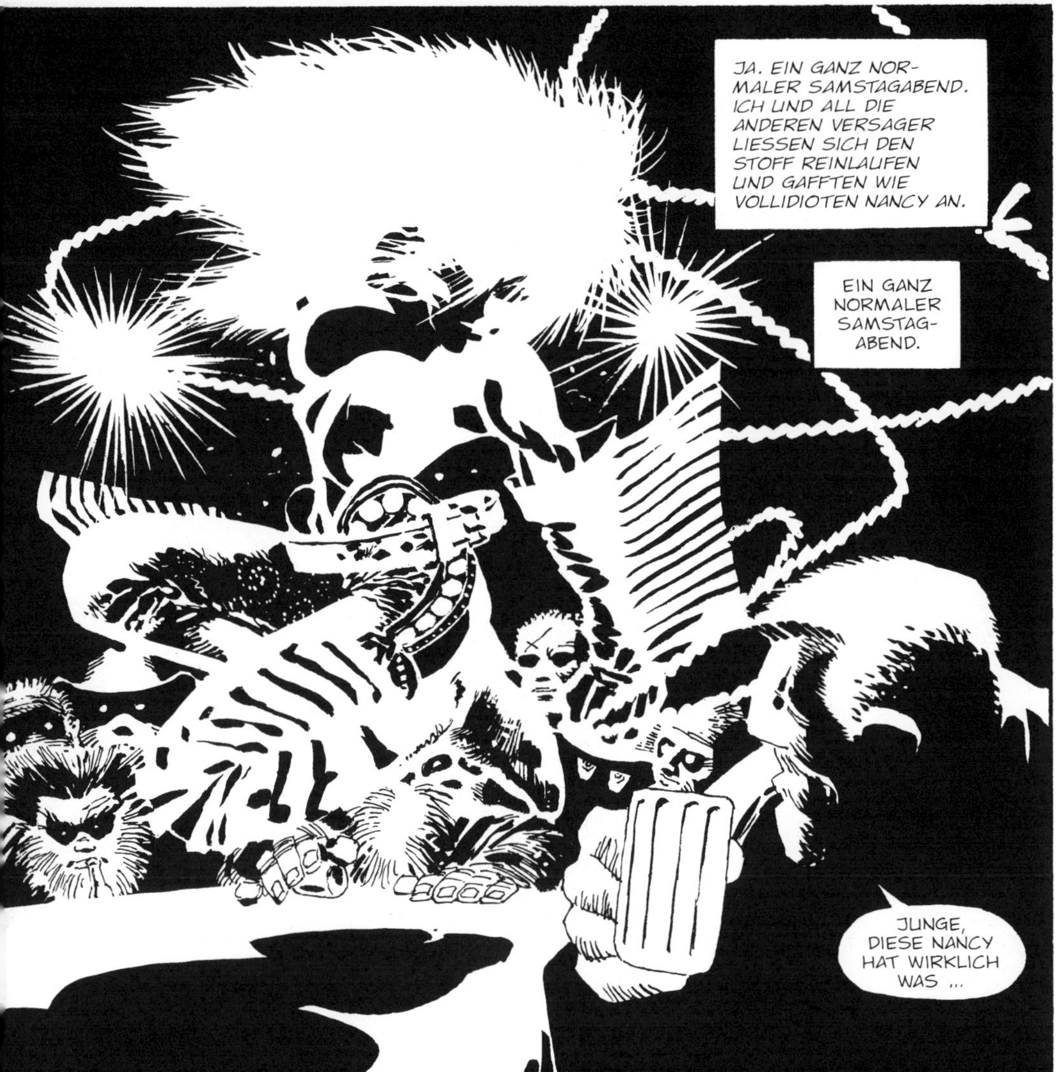
JA. EIN GANZ NORMALER SAMSTAGABEND. ICH UND ALL DIE ANDEREN VERSAGER LIESSEN SICH DEN STOFF REINLAUFEN UND GAFFTEN WIE VOLLIDIOTEN NANCY AN.
EIN GANZ NORMALER SAMSTAGABEND.
JUNGE, DIESE NANCY HAT WIRKLICH WAS ...

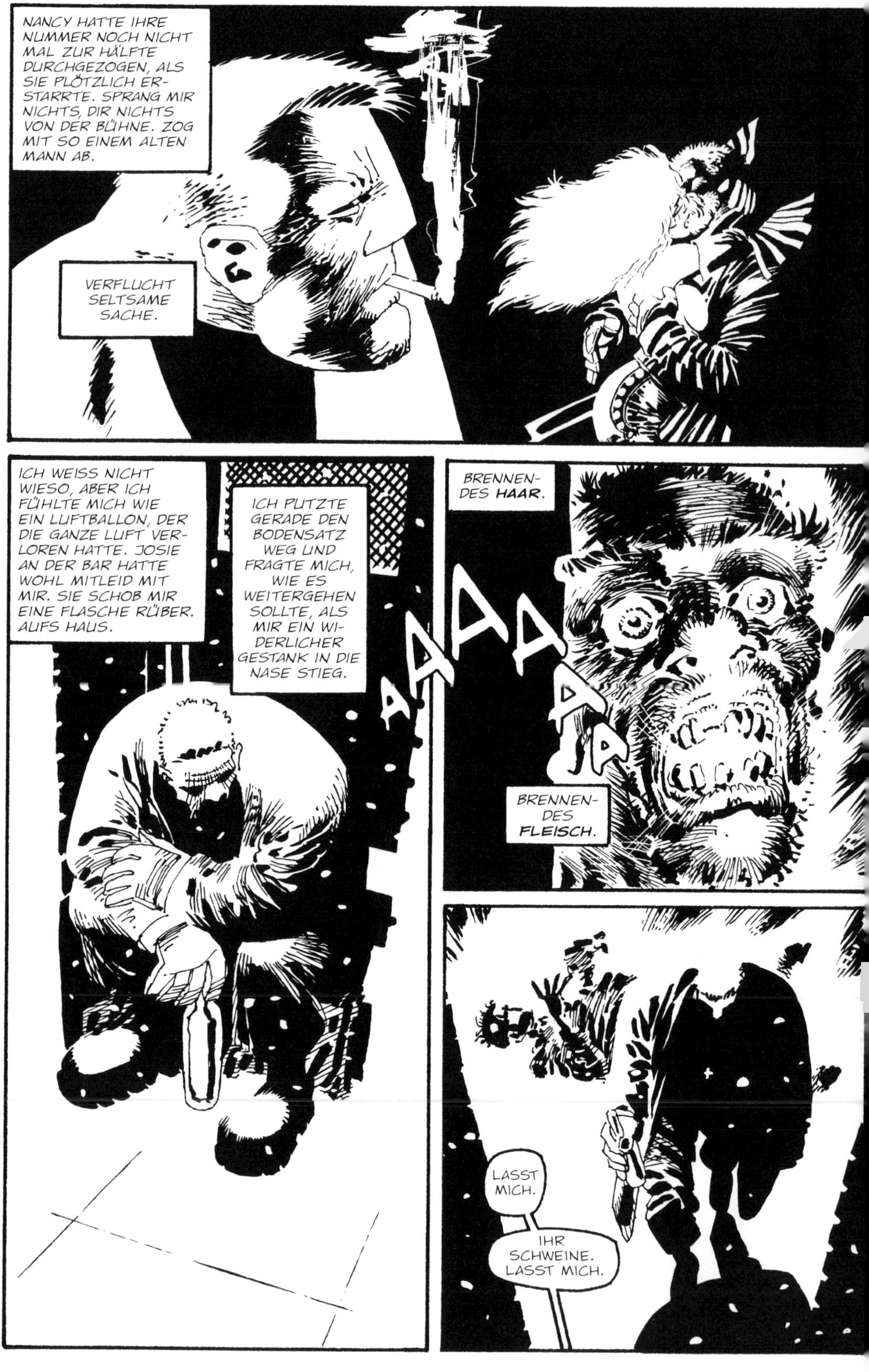

NANCY HATTE IHRE NUMMER NOCH NICHT MAL ZUR HÄLFTE DURCHGEZOGEN, ALS SIE PLÖTZLICH ERSTARRTE. SPRANG MIR NICHTS, DIR NICHTS VON DER BÜHNE. ZOG MIT SO EINEM ALTEN MANN AB.
VERFLUCHT SELTSAME SACHE.
ICH WEISS NICHT WIESO, ABER ICH FÜHLTE MICH WIE EIN LUFTBALLON, DER DIE GANZE LUFT VERLOREN HATTE. JOSIE AN DER BAR HATTE WOHL MITLEID MIT MIR. SIE SCHOB MIR EINE FLASCHE RÜBER. AUFS HAUS.
ICH PUTZTE GERADE DEN BODENSATZ WEG UND FRAGTE MICH, WIE ES WEITERGEHEN SOLLTE, ALS MIR EIN WIDERLICHER GESTANK IN DIE NASE STIEG.
BRENNENDES **HAAR**.
AAAAAAA
BRENNENDES **FLEISCH**.
LASST MICH.
IHR SCHWEINE. LASST MICH.

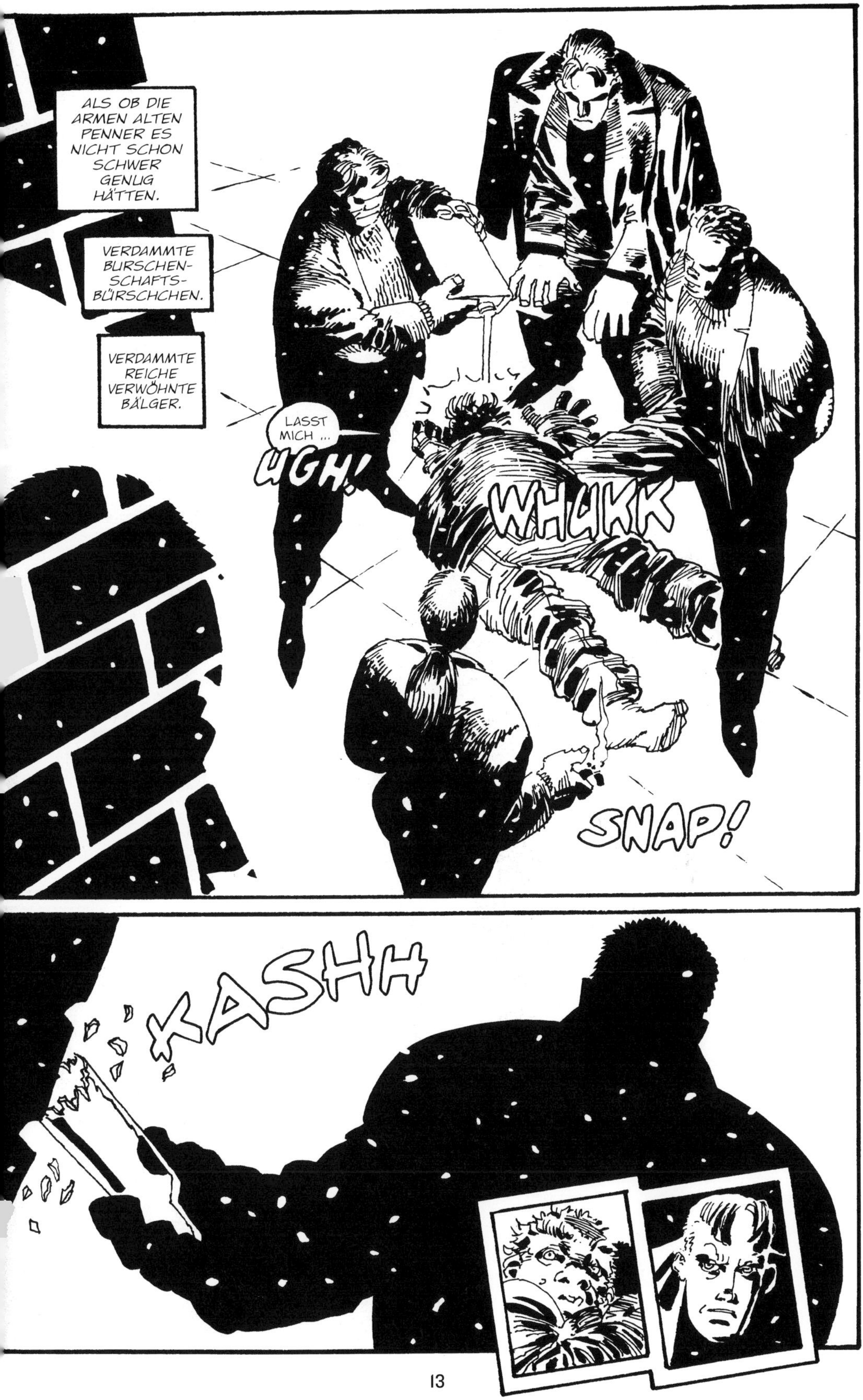

ALS OB DIE ARMEN ALTEN PENNER ES NICHT SCHON SCHWER GENUG HÄTTEN.
VERDAMMTE BURSCHEN-SCHAFTS-BÜRSCHCHEN.
VERDAMMTE REICHE VERWÖHNTE BÄLGER.
LASST MICH ...
UGH!
WHUKK
SNAP!
KASHH

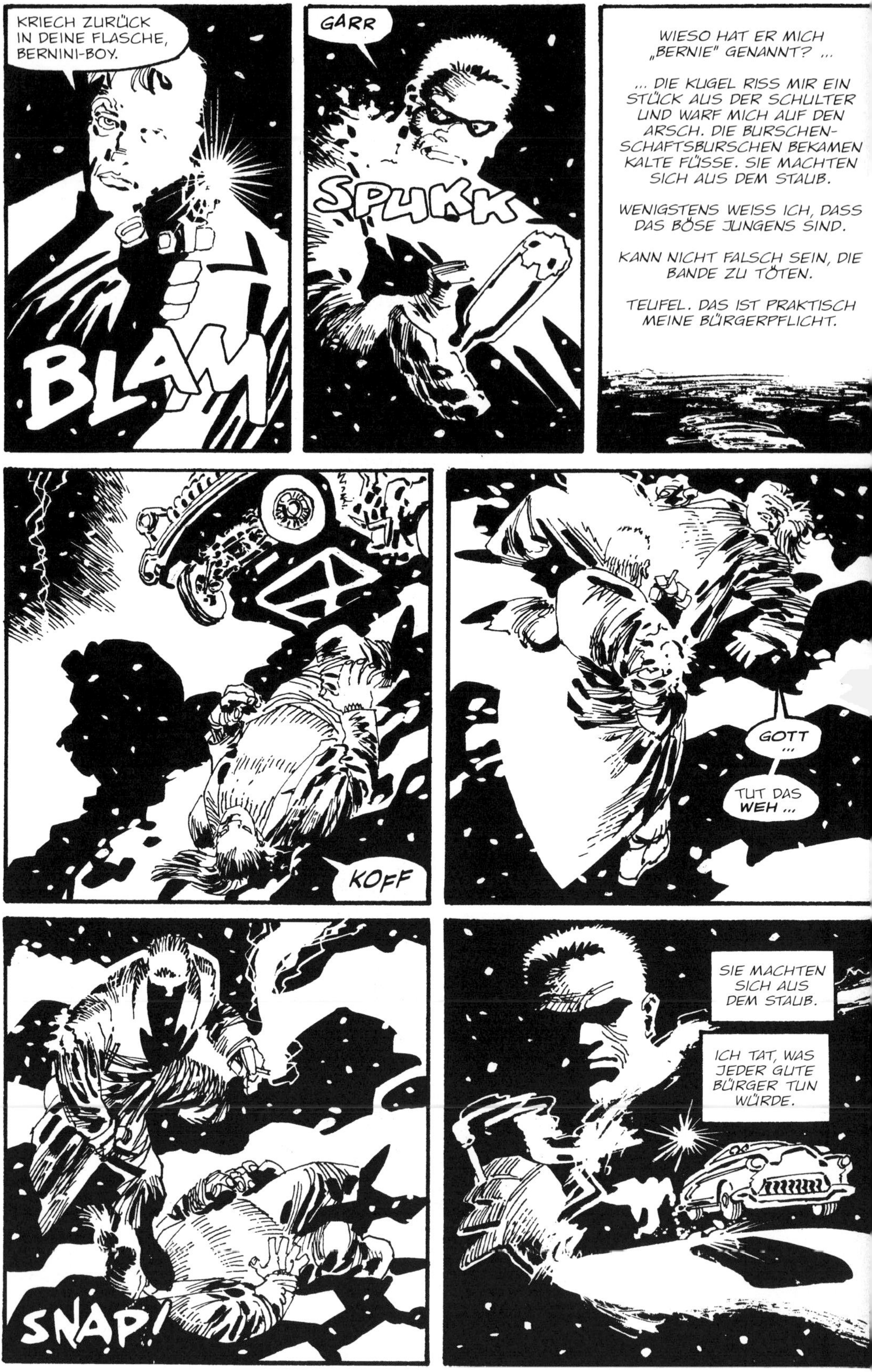
KRIECH ZURÜCK IN DEINE FLASCHE, BERNINI-BOY.
BLAM
GARR
SPUKK
WIESO HAT ER MICH „BERNIE" GENANNT? ...
... DIE KUGEL RISS MIR EIN STÜCK AUS DER SCHULTER UND WARF MICH AUF DEN ARSCH. DIE BURSCHENSCHAFTSBURSCHEN BEKAMEN KALTE FÜSSE. SIE MACHTEN SICH AUS DEM STAUB.
WENIGSTENS WEISS ICH, DASS DAS BÖSE JUNGENS SIND.
KANN NICHT FALSCH SEIN, DIE BANDE ZU TÖTEN.
TEUFEL. DAS IST PRAKTISCH MEINE BÜRGERPFLICHT.
KOFF
GOTT ...
TUT DAS WEH ...
SNAP!
SIE MACHTEN SICH AUS DEM STAUB.
ICH TAT, WAS JEDER GUTE BÜRGER TUN WÜRDE.

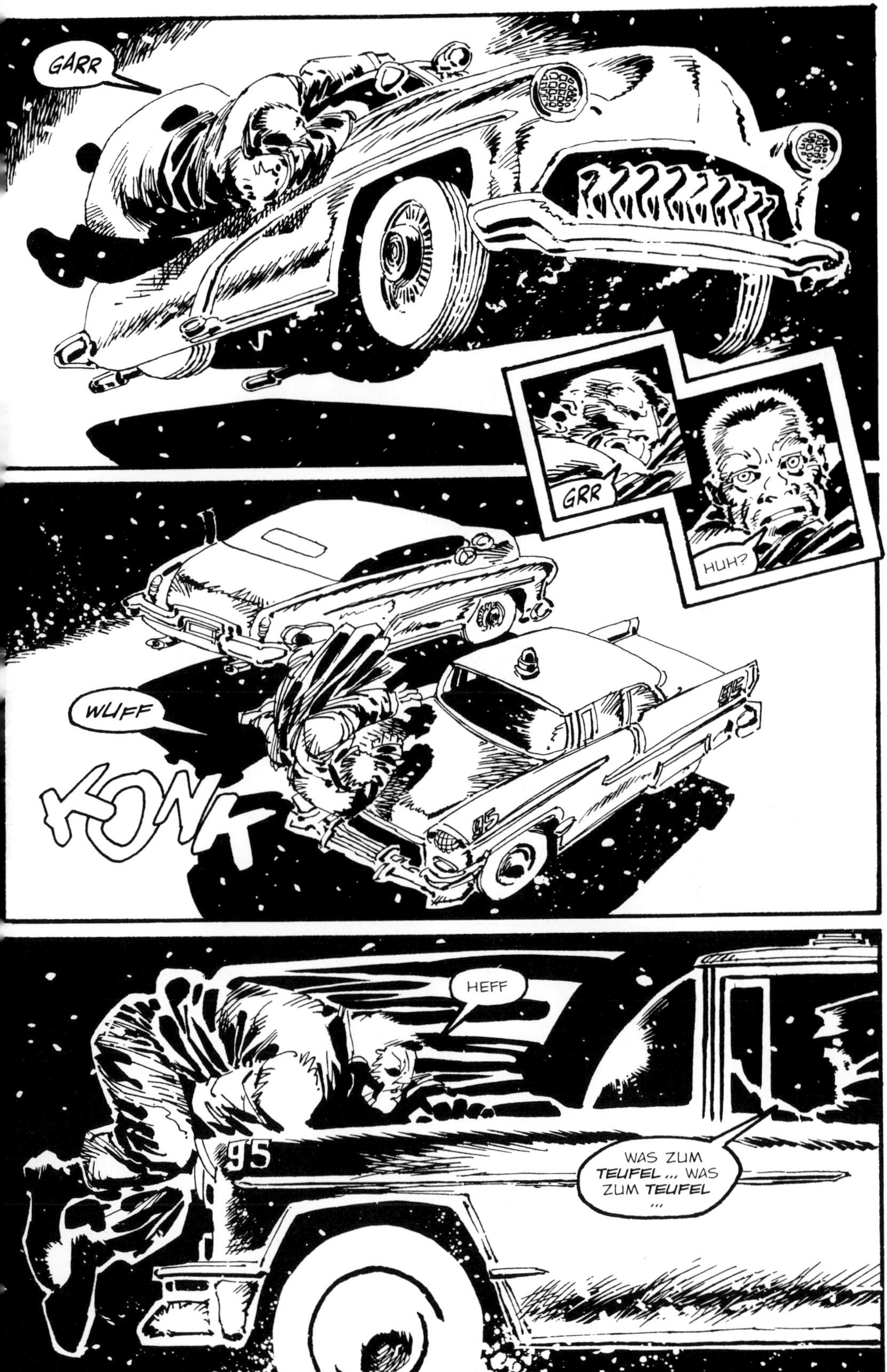
GARR
GRR
HUH?
WUFF
KONK
HEFF
WAS ZUM TEUFEL ... WAS ZUM TEUFEL ...

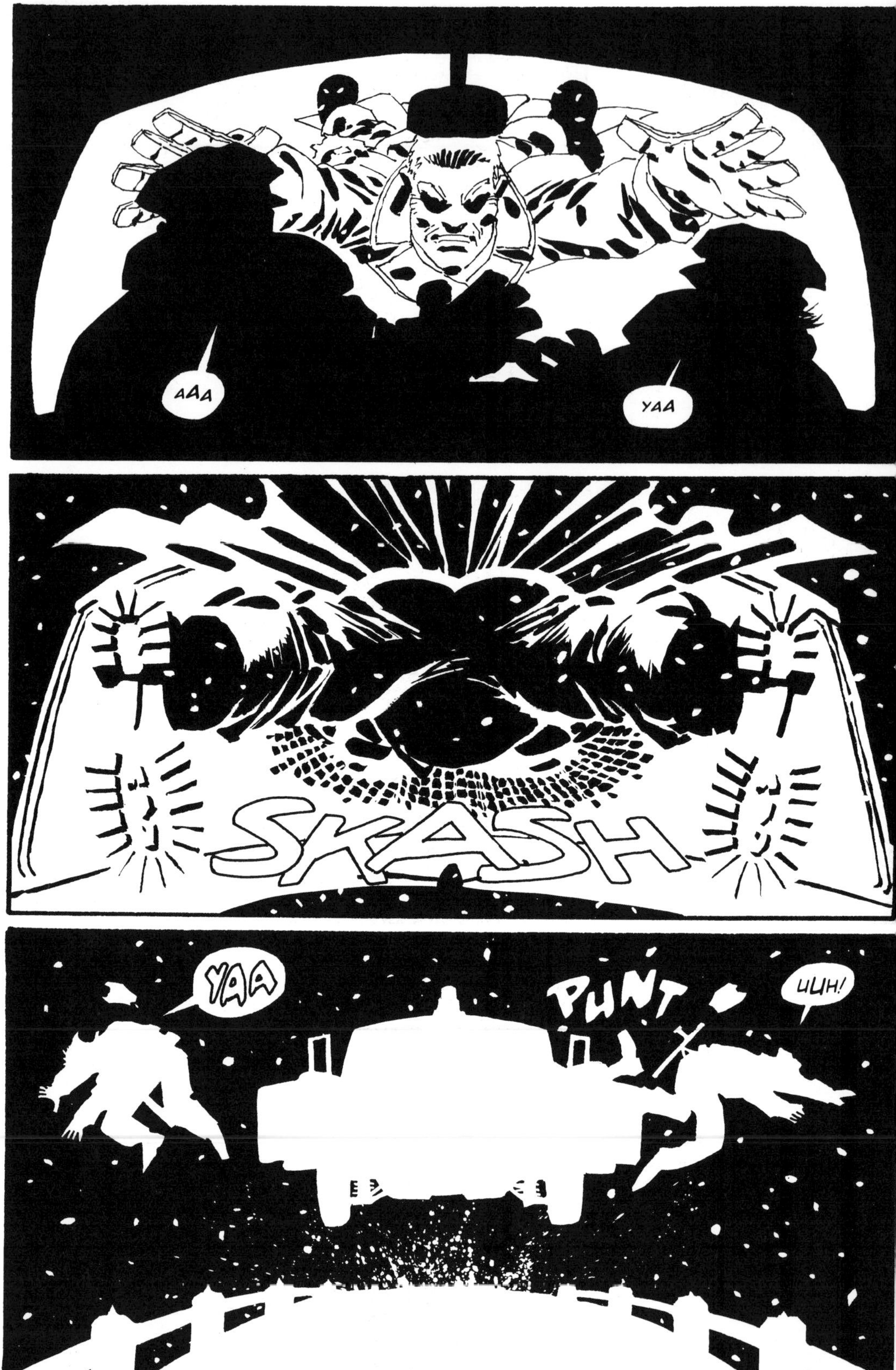
AAA
YAA
SKASH
YAA
PUNT
UUH!

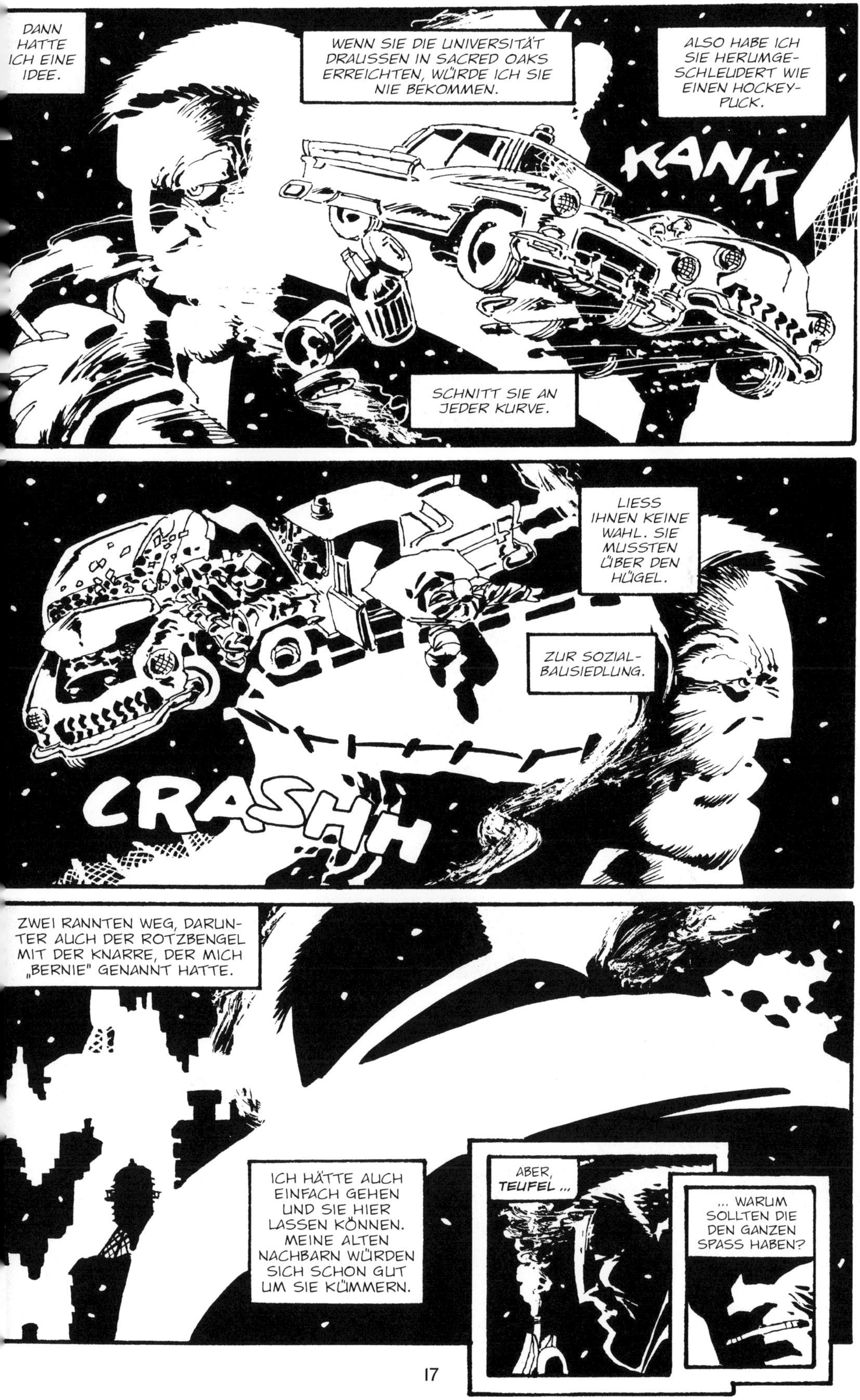
DANN HATTE ICH EINE IDEE.
WENN SIE DIE UNIVERSITÄT DRAUSSEN IN SACRED OAKS ERREICHTEN, WÜRDE ICH SIE NIE BEKOMMEN.
ALSO HABE ICH SIE HERUMGESCHLEUDERT WIE EINEN HOCKEY-PUCK.
KANK
SCHNITT SIE AN JEDER KURVE.
LIESS IHNEN KEINE WAHL. SIE MUSSTEN ÜBER DEN HÜGEL.
ZUR SOZIALBAUSIEDLUNG.
CRASHH
ZWEI RANNTEN WEG, DARUNTER AUCH DER ROTZBENGEL MIT DER KNARRE, DER MICH „BERNIE" GENANNT HATTE.
ICH HÄTTE AUCH EINFACH GEHEN UND SIE HIER LASSEN KÖNNEN. MEINE ALTEN NACHBARN WÜRDEN SICH SCHON GUT UM SIE KÜMMERN.
ABER, **TEUFEL** ...
... WARUM SOLLTEN DIE DEN GANZEN SPASS HABEN?

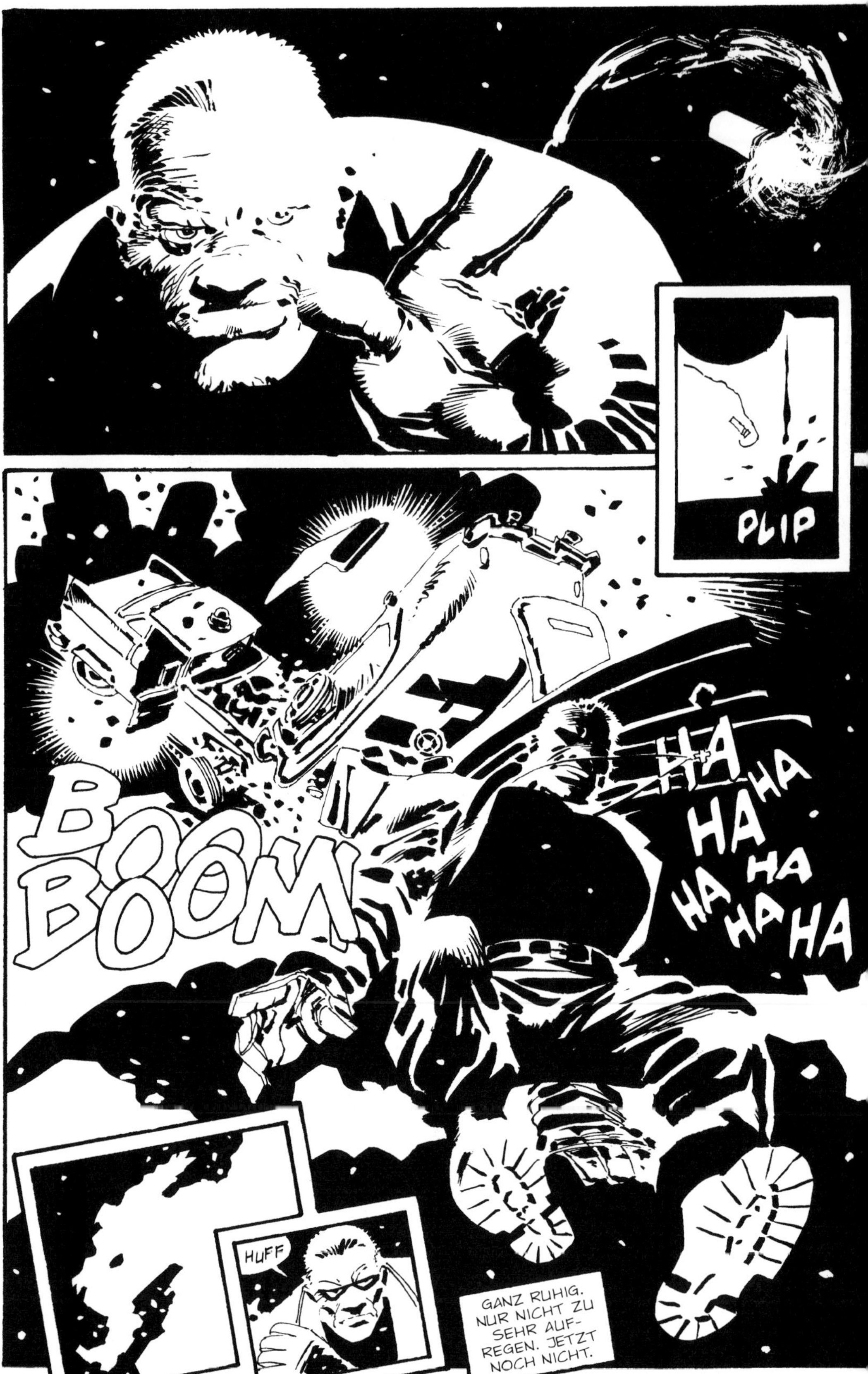
PLIP
BOOOOOM
HA HA HA HA HA HA HA HA
HUFF
GANZ RUHIG. NUR NICHT ZU SEHR AUF- REGEN. JETZT NOCH NICHT.

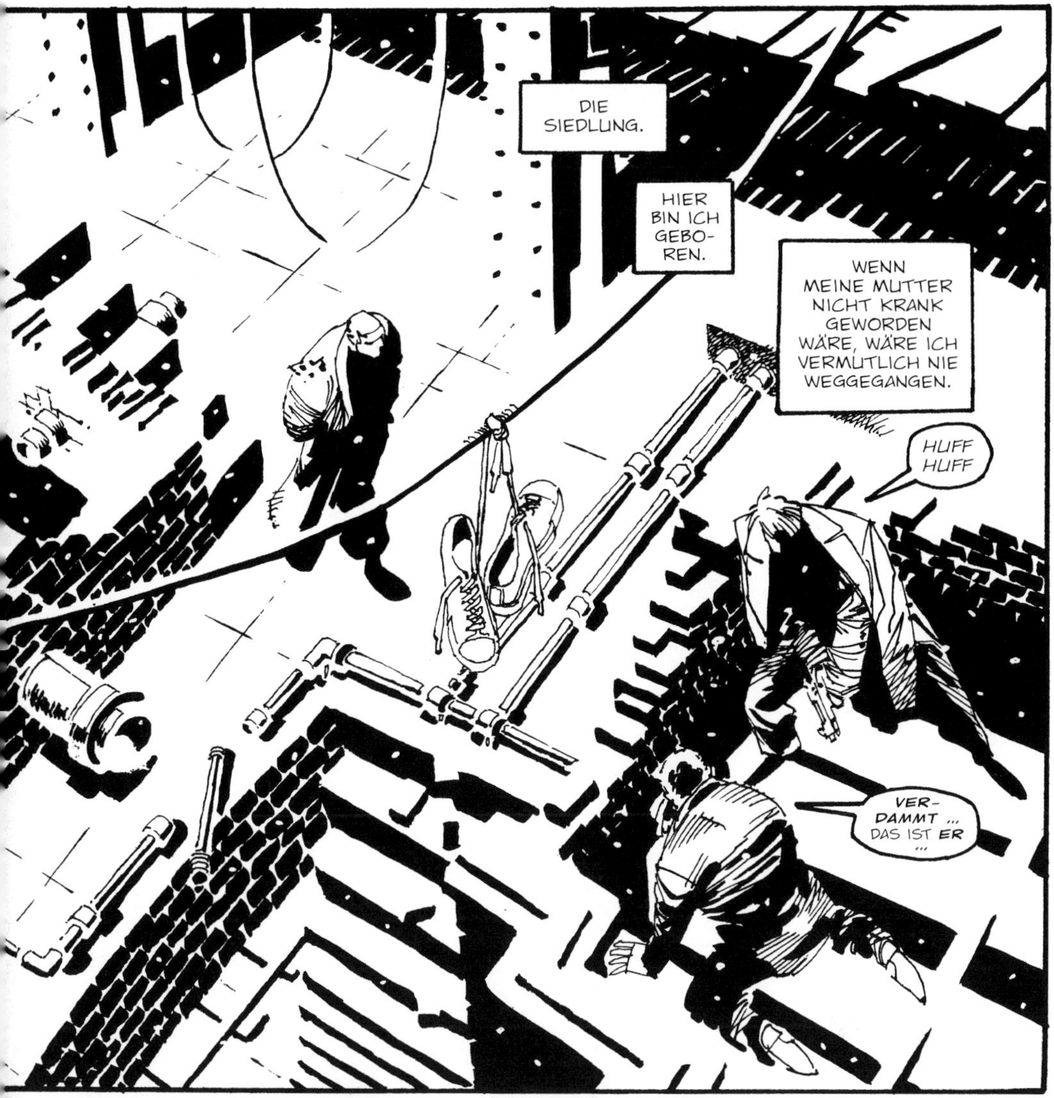
DIE SIEDLUNG.
HIER BIN ICH GEBO-REN.
WENN MEINE MUTTER NICHT KRANK GEWORDEN WÄRE, WÄRE ICH VERMUTLICH NIE WEGGEGANGEN.
HUFF HUFF
VER-DAMMT ... DAS IST ER ...

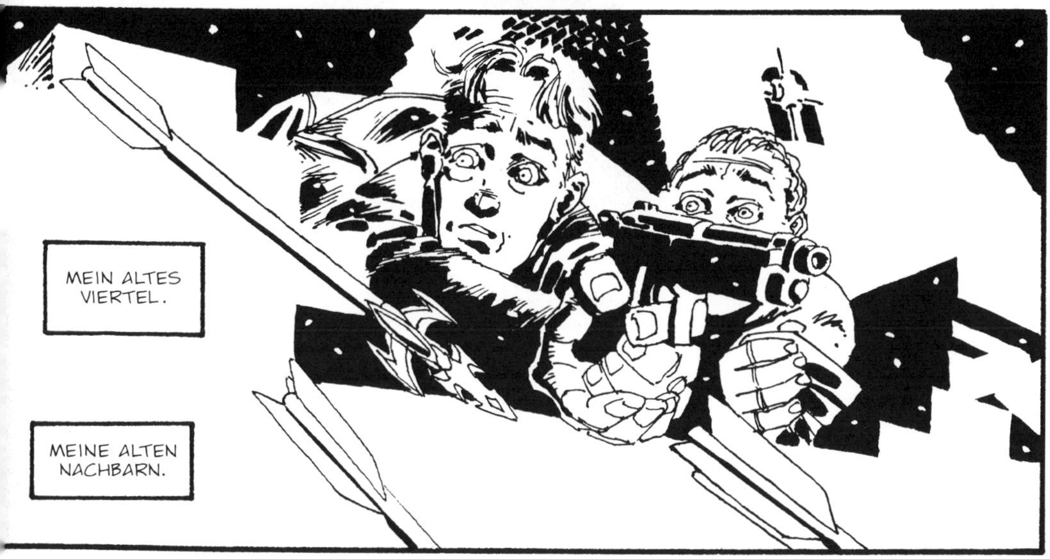
MEIN ALTES VIERTEL.
MEINE ALTEN NACHBARN.

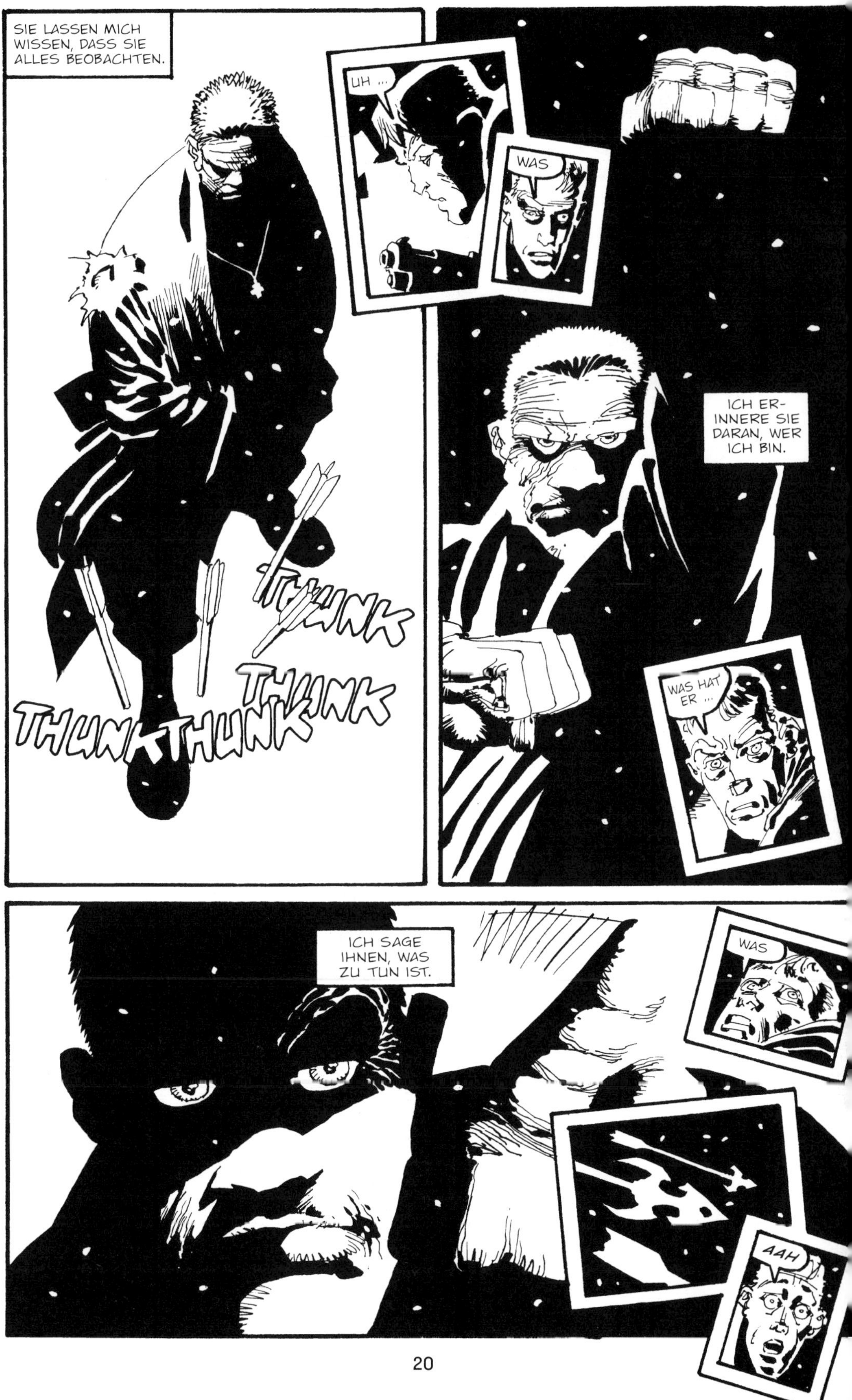
SIE LASSEN MICH WISSEN, DASS SIE ALLES BEOBACHTEN.
THUNK
THUNK
THUNKTHUNK
UH ...
WAS
ICH ERINNERE SIE DARAN, WER ICH BIN.
WAS HAT ER ...
ICH SAGE IHNEN, WAS ZU TUN IST.
WAS
AAH

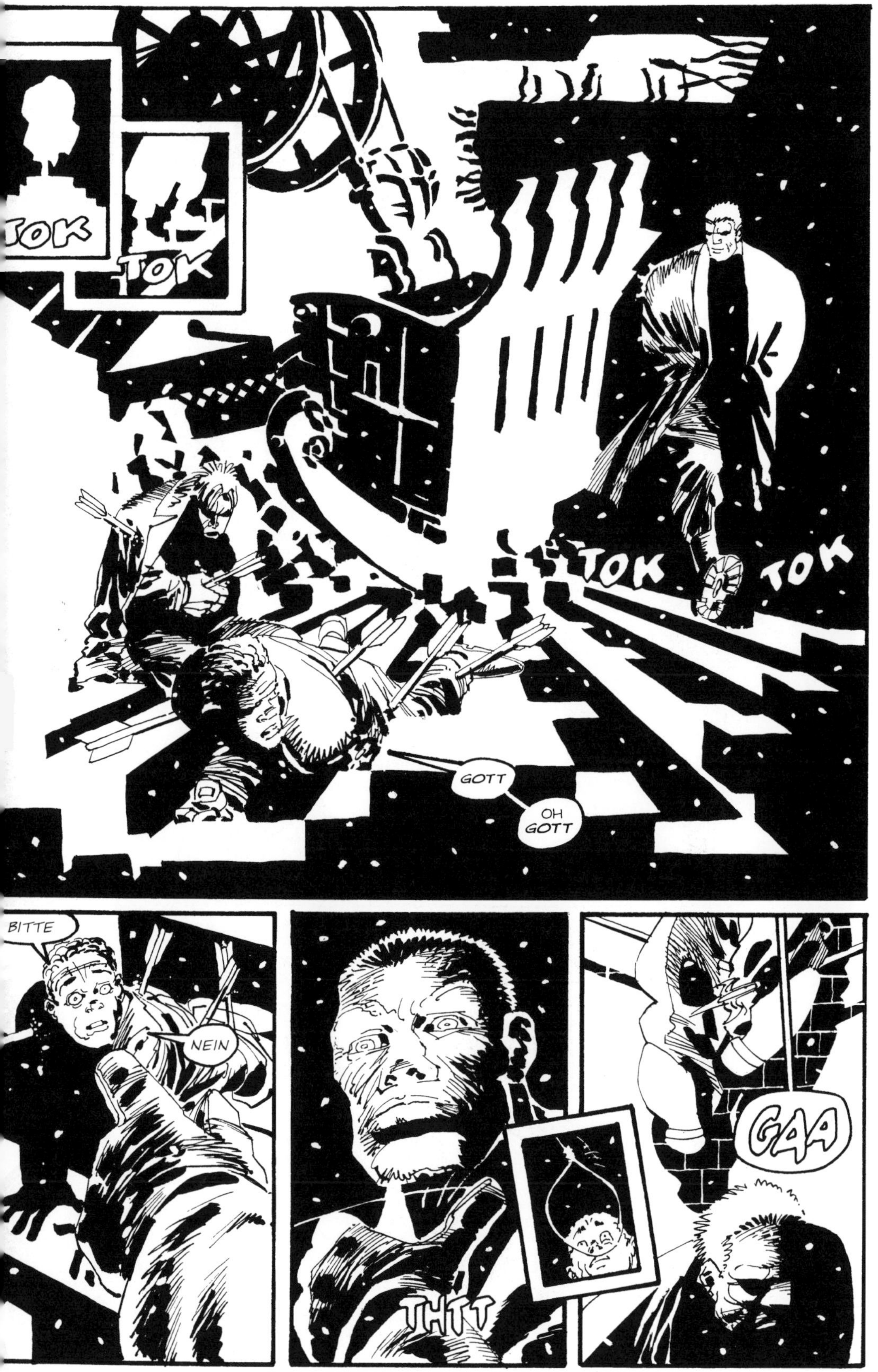

TOK
TOK
TOK
TOK
GOTT
OH GOTT
BITTE
NEIN
THTT
GAA

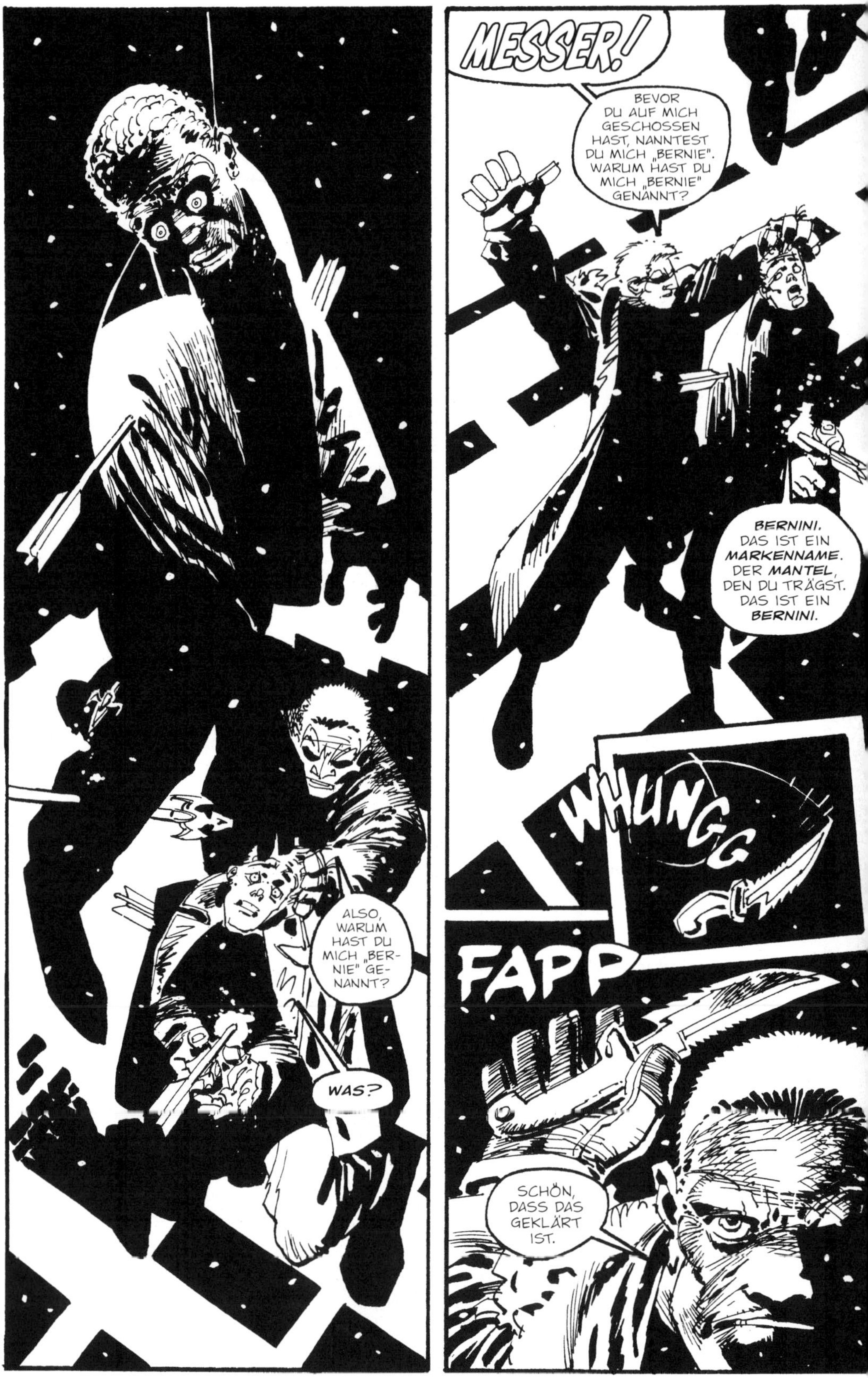
ALSO, WARUM HAST DU MICH „BERNIE" GENANNT?
WAS?
MESSER!
BEVOR DU AUF MICH GESCHOSSEN HAST, NANNTEST DU MICH „BERNIE". WARUM HAST DU MICH „BERNIE" GENANNT?
BERNINI. DAS IST EIN **MARKENNAME**. DER **MANTEL**, DEN DU TRÄGST. DAS IST EIN **BERNINI**.
WHUNGG
FAPP
SCHÖN, DASS DAS GEKLÄRT IST.

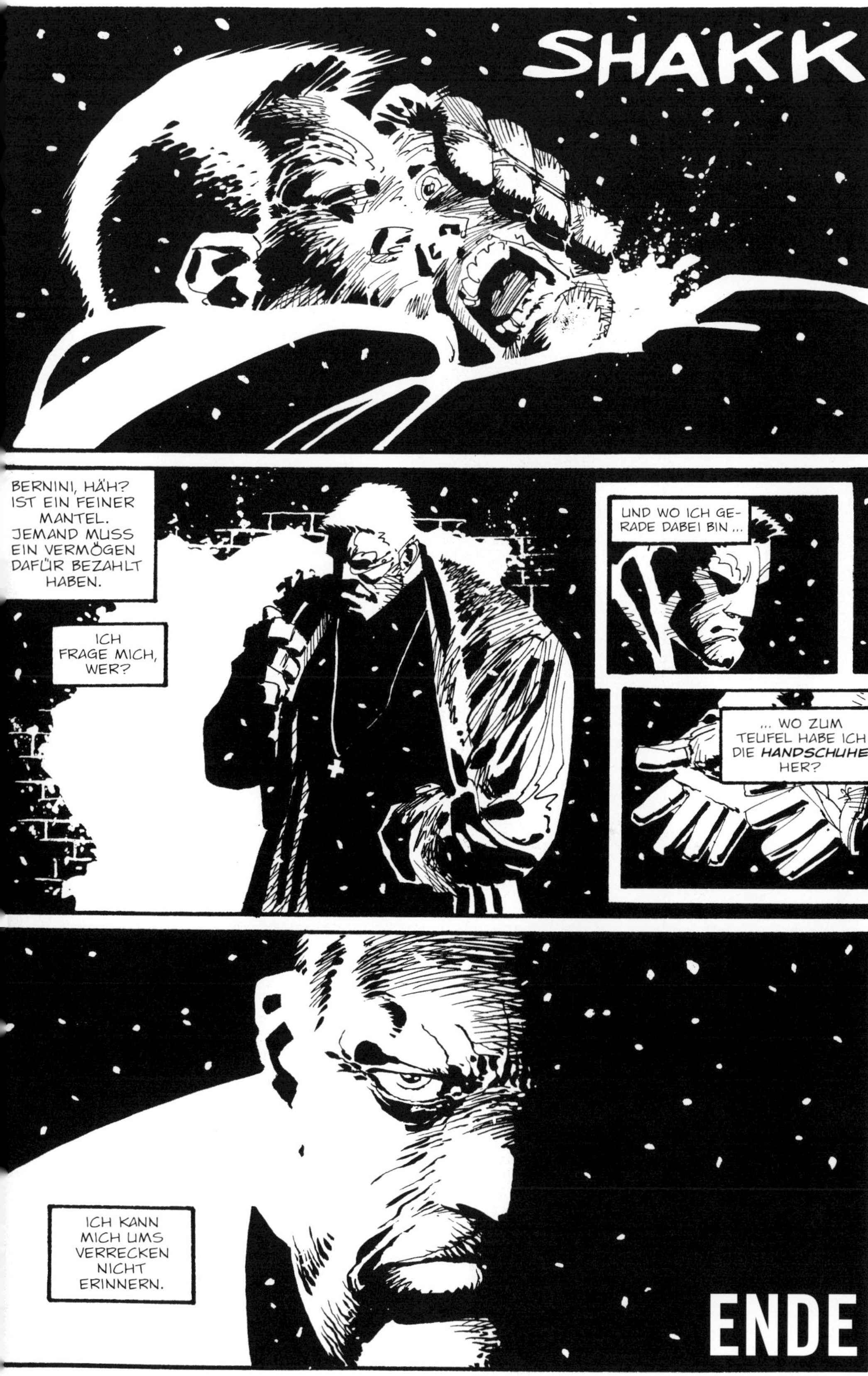
SHAKK
BERNINI, HÄH? IST EIN FEINER MANTEL. JEMAND MUSS EIN VERMÖGEN DAFÜR BEZAHLT HABEN.
ICH FRAGE MICH, WER?
UND WO ICH GERADE DABEI BIN ...
... WO ZUM TEUFEL HABE ICH DIE **HANDSCHUHE** HER?
ICH KANN MICH UMS VERRECKEN NICHT ERINNERN.
ENDE

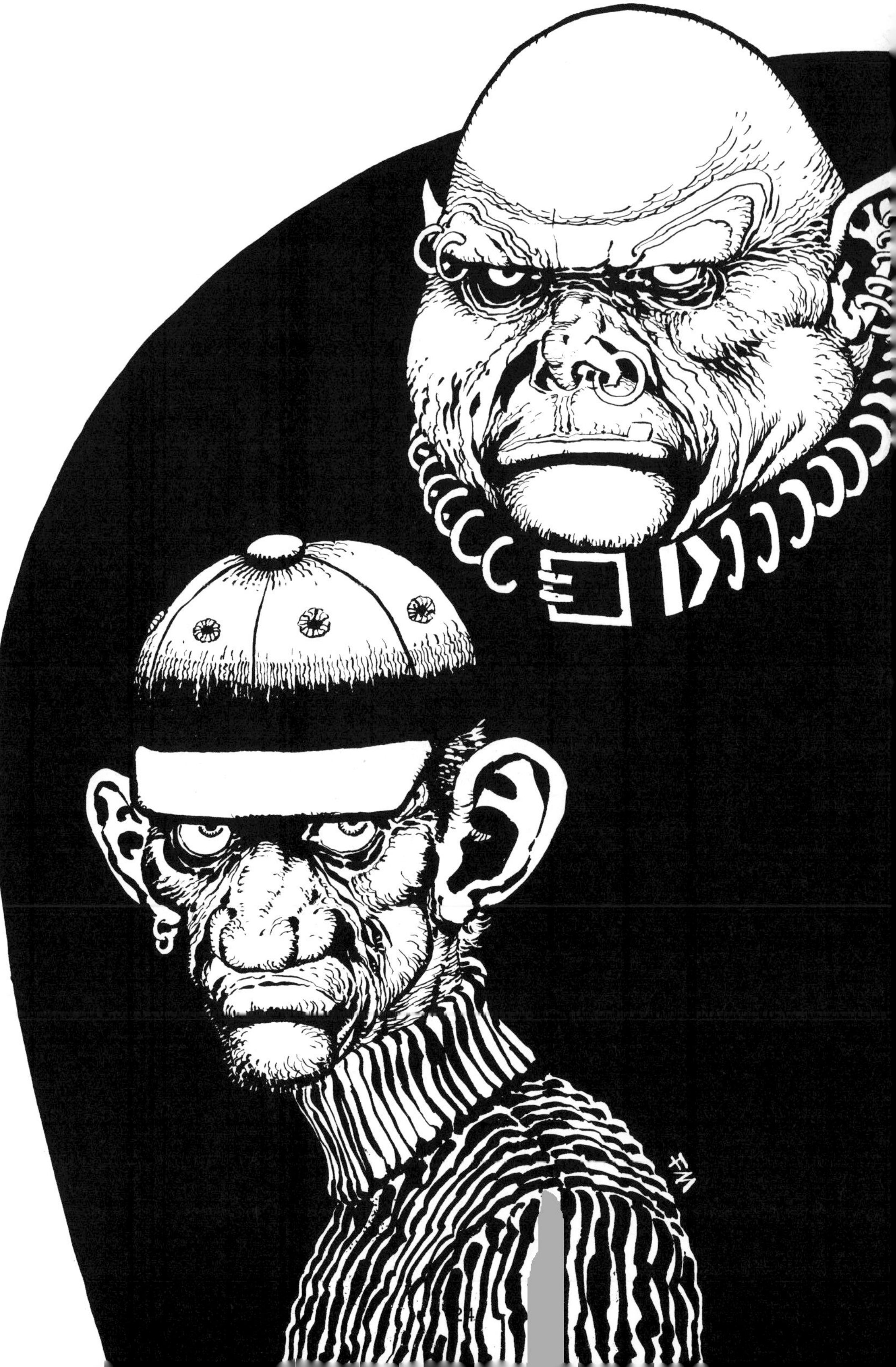

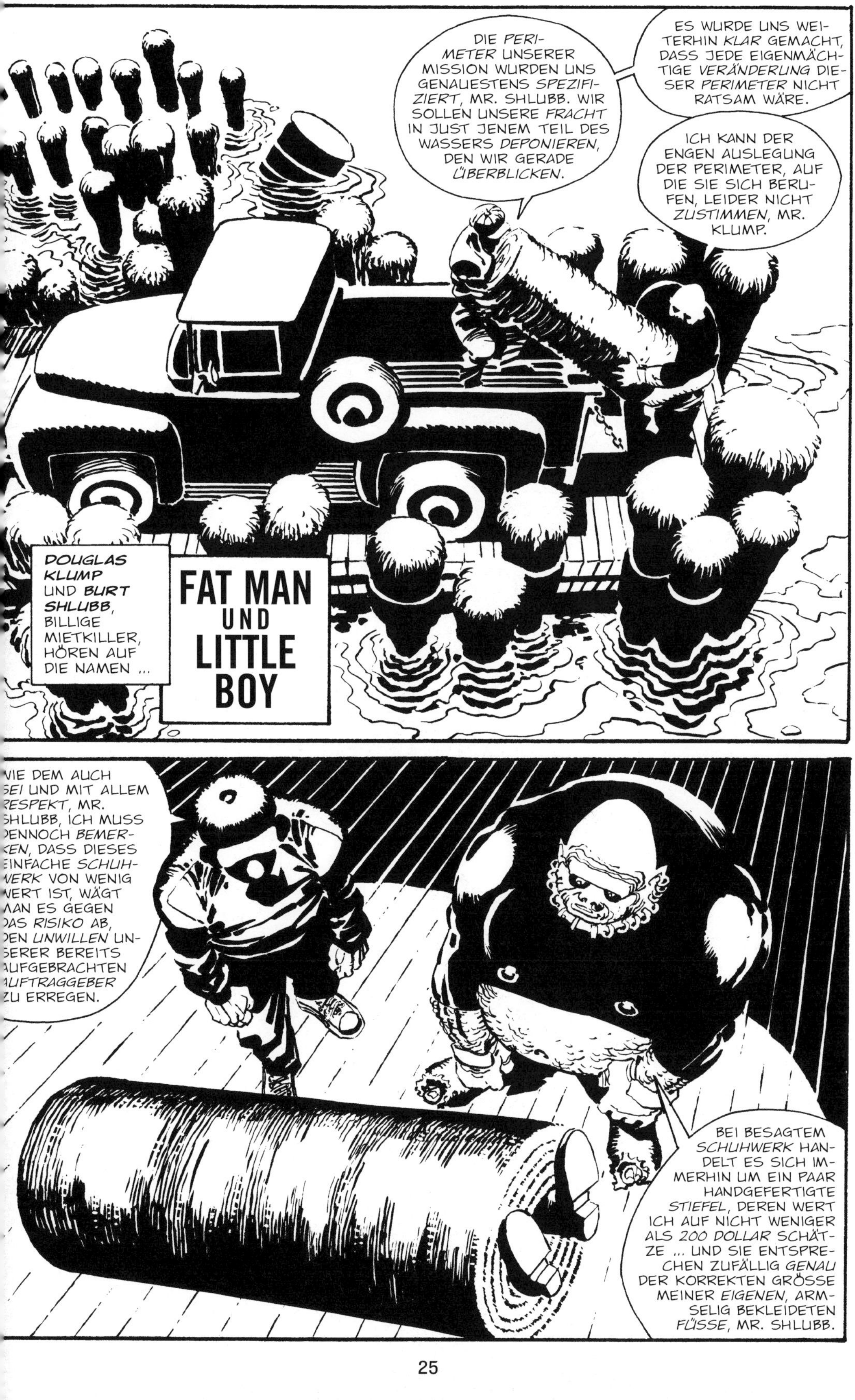
DOUGLAS KLUMP UND BURT SHLUBB, BILLIGE MIETKILLER, HÖREN AUF DIE NAMEN ...
FAT MAN UND LITTLE BOY
DIE PERIMETER UNSERER MISSION WURDEN UNS GENAUESTENS SPEZIFIZIERT, MR. SHLUBB. WIR SOLLEN UNSERE FRACHT IN JUST JENEM TEIL DES WASSERS DEPONIEREN, DEN WIR GERADE ÜBERBLICKEN.
ES WURDE UNS WEITERHIN KLAR GEMACHT, DASS JEDE EIGENMÄCHTIGE VERÄNDERUNG DIESER PERIMETER NICHT RATSAM WÄRE.
ICH KANN DER ENGEN AUSLEGUNG DER PERIMETER, AUF DIE SIE SICH BERUFEN, LEIDER NICHT ZUSTIMMEN, MR. KLUMP.
VIE DEM AUCH SEI UND MIT ALLEM RESPEKT, MR. SHLUBB, ICH MUSS DENNOCH BEMERKEN, DASS DIESES EINFACHE SCHUHWERK VON WENIG WERT IST, WÄGT MAN ES GEGEN DAS RISIKO AB, DEN UNWILLEN UNSERER BEREITS AUFGEBRACHTEN AUFTRAGGEBER ZU ERREGEN.
BEI BESAGTEM SCHUHWERK HANDELT ES SICH IMMERHIN UM EIN PAAR HANDGEFERTIGTE STIEFEL, DEREN WERT ICH AUF NICHT WENIGER ALS 200 DOLLAR SCHÄTZE ... UND SIE ENTSPRECHEN ZUFÄLLIG GENAU DER KORREKTEN GRÖSSE MEINER EIGENEN, ARMSELIG BEKLEIDETEN FÜSSE, MR. SHLUBB.

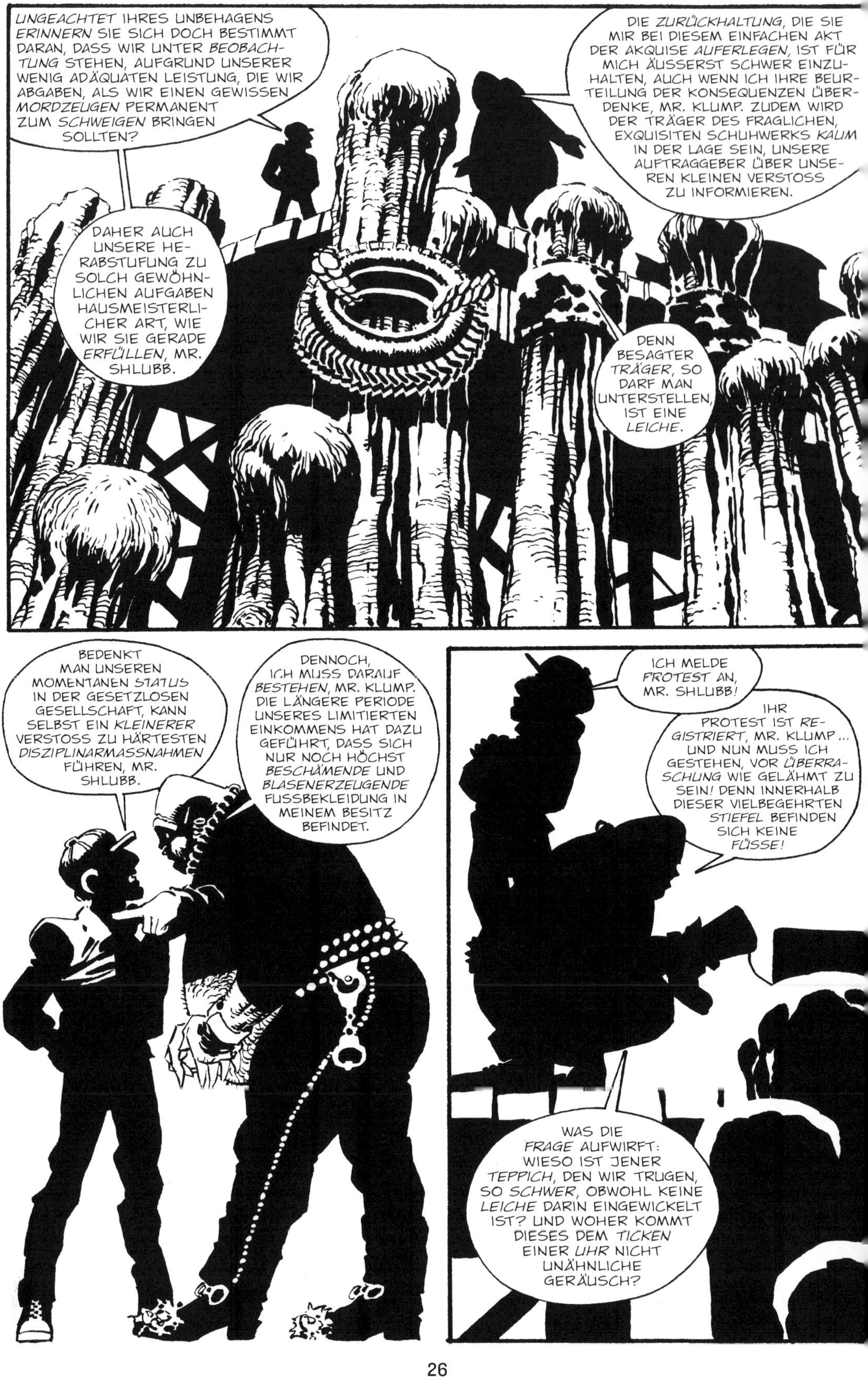
UNGEACHTET IHRES UNBEHAGENS ERINNERN SIE SICH DOCH BESTIMMT DARAN, DASS WIR UNTER BEOBACHTUNG STEHEN, AUFGRUND UNSERER WENIG ADÄQUATEN LEISTUNG, DIE WIR ABGABEN, ALS WIR EINEN GEWISSEN MORDZEUGEN PERMANENT ZUM SCHWEIGEN BRINGEN SOLLTEN?
DAHER AUCH UNSERE HERABSTUFUNG ZU SOLCH GEWÖHNLICHEN AUFGABEN HAUSMEISTERLICHER ART, WIE WIR SIE GERADE ERFÜLLEN, MR. SHLUBB.
DIE ZURÜCKHALTUNG, DIE SIE MIR BEI DIESEM EINFACHEN AKT DER AKQUISE AUFERLEGEN, IST FÜR MICH ÄUSSERST SCHWER EINZUHALTEN, AUCH WENN ICH IHRE BEURTEILUNG DER KONSEQUENZEN ÜBERDENKE, MR. KLUMP. ZUDEM WIRD DER TRÄGER DES FRAGLICHEN, EXQUISITEN SCHUHWERKS KAUM IN DER LAGE SEIN, UNSERE AUFTRAGGEBER ÜBER UNSEREN KLEINEN VERSTOSS ZU INFORMIEREN.
DENN BESAGTER TRÄGER, SO DARF MAN UNTERSTELLEN, IST EINE LEICHE.
BEDENKT MAN UNSEREN MOMENTANEN STATUS IN DER GESETZLOSEN GESELLSCHAFT, KANN SELBST EIN KLEINERER VERSTOSS ZU HÄRTESTEN DISZIPLINARMASSNAHMEN FÜHREN, MR. SHLUBB.
DENNOCH, ICH MUSS DARAUF BESTEHEN, MR. KLUMP. DIE LÄNGERE PERIODE UNSERES LIMITIERTEN EINKOMMENS HAT DAZU GEFÜHRT, DASS SICH NUR NOCH HÖCHST BESCHÄMENDE UND BLASENERZEUGENDE FUSSBEKLEIDUNG IN MEINEM BESITZ BEFINDET.
ICH MELDE PROTEST AN, MR. SHLUBB!
IHR PROTEST IST REGISTRIERT, MR. KLUMP ... UND NUN MUSS ICH GESTEHEN, VOR ÜBERRASCHUNG WIE GELÄHMT ZU SEIN! DENN INNERHALB DIESER VIELBEGEHRTEN STIEFEL BEFINDEN SICH KEINE FÜSSE!
WAS DIE FRAGE AUFWIRFT: WIESO IST JENER TEPPICH, DEN WIR TRUGEN, SO SCHWER, OBWOHL KEINE LEICHE DARIN EINGEWICKELT IST? UND WOHER KOMMT DIESES DEM TICKEN EINER UHR NICHT UNÄHNLICHE GERÄUSCH?

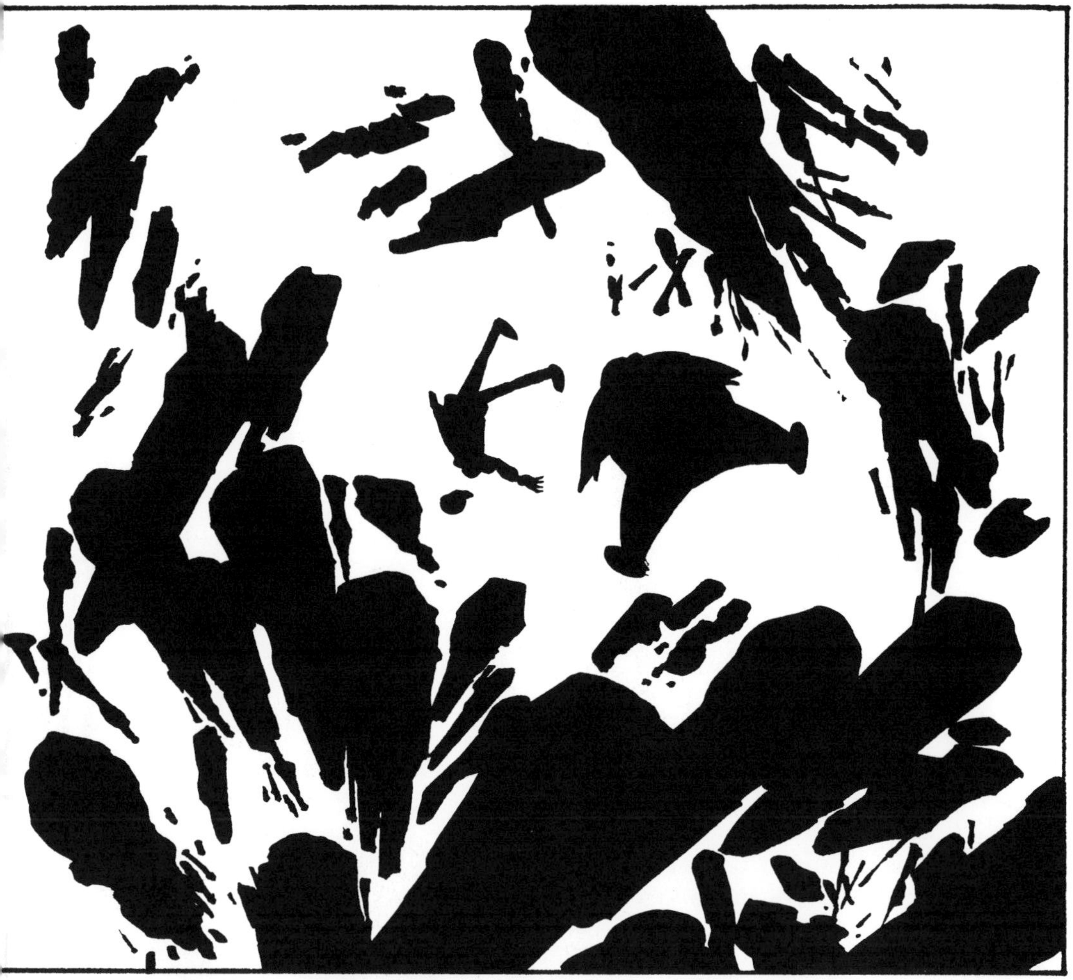

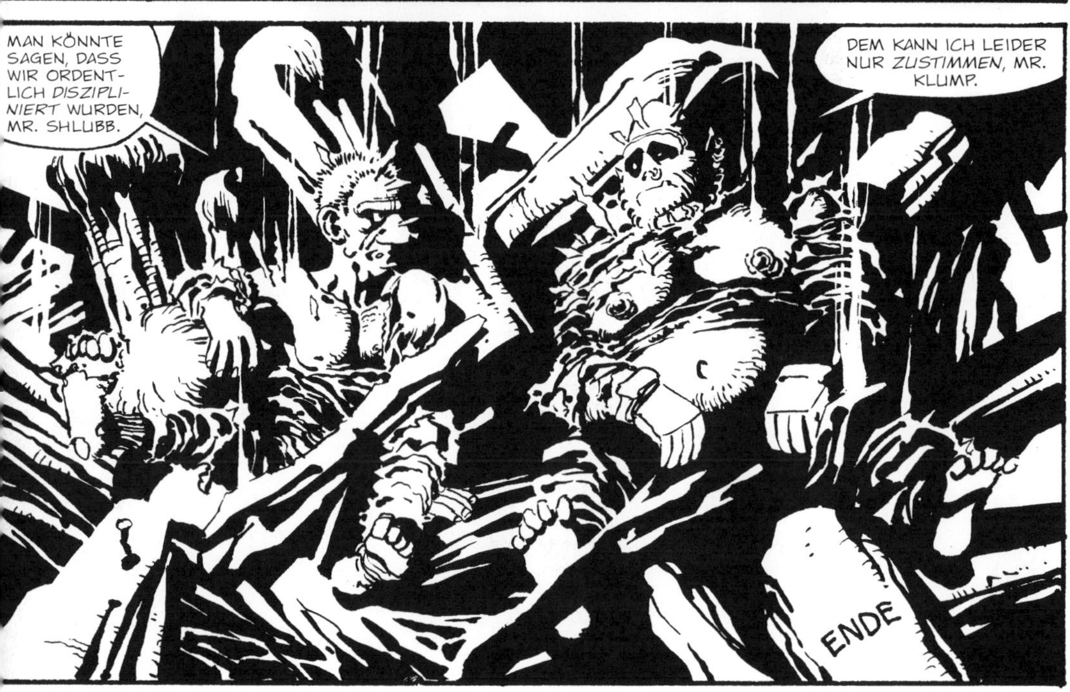
MAN KÖNNTE SAGEN, DASS WIR ORDENTLICH *DISZIPLINIERT* WURDEN, MR. SHLUBB.
DEM KANN ICH LEIDER NUR *ZUSTIMMEN*, MR. KLUMP.
ENDE

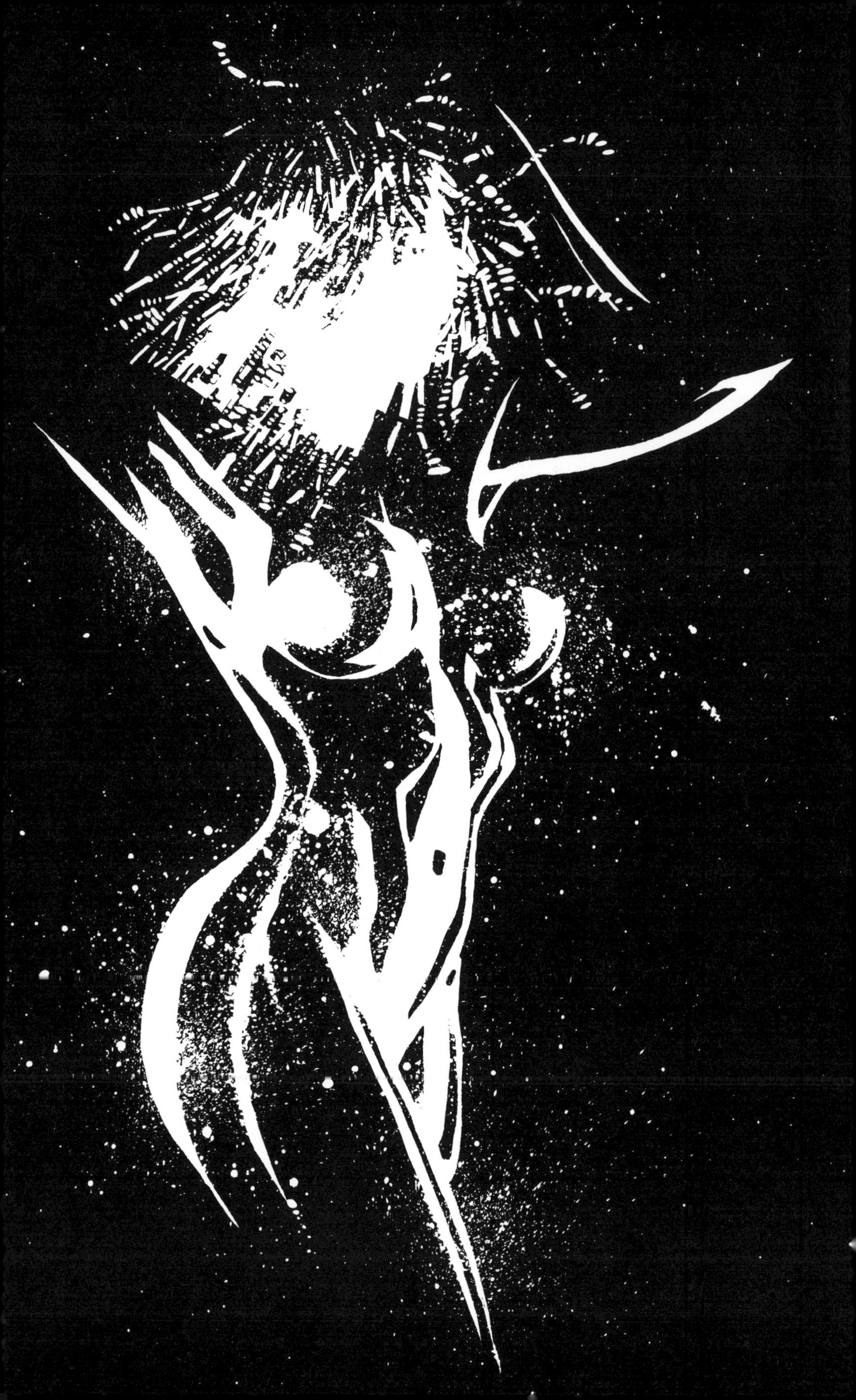

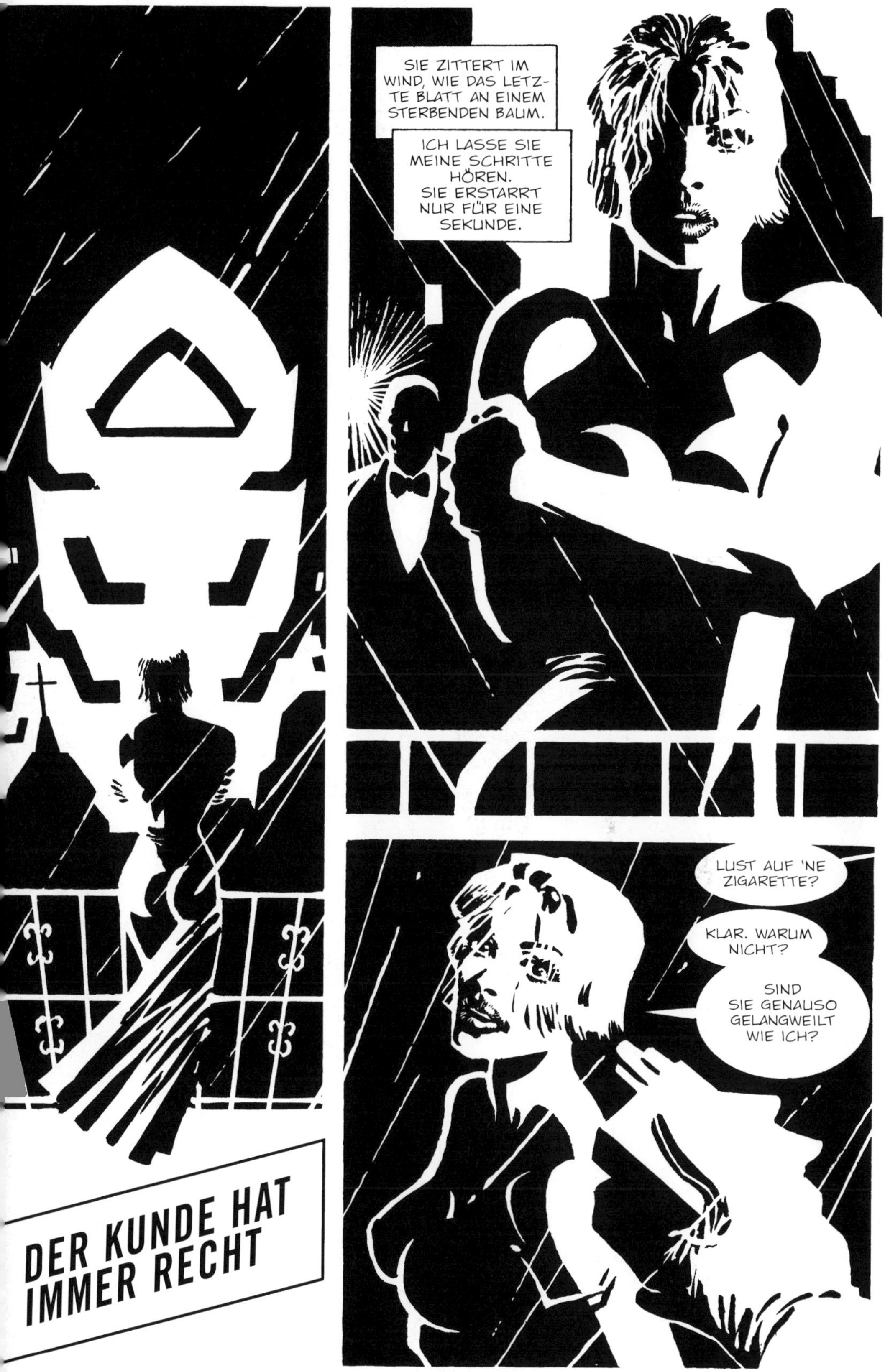
DER KUNDE HAT
IMMER RECHT
SIE ZITTERT IM WIND, WIE DAS LETZTE BLATT AN EINEM STERBENDEN BAUM.
ICH LASSE SIE MEINE SCHRITTE HÖREN. SIE ERSTARRT NUR FÜR EINE SEKUNDE.
LUST AUF 'NE ZIGARETTE?
KLAR. WARUM NICHT?
SIND SIE GENAUSO GELANGWEILT WIE ICH?

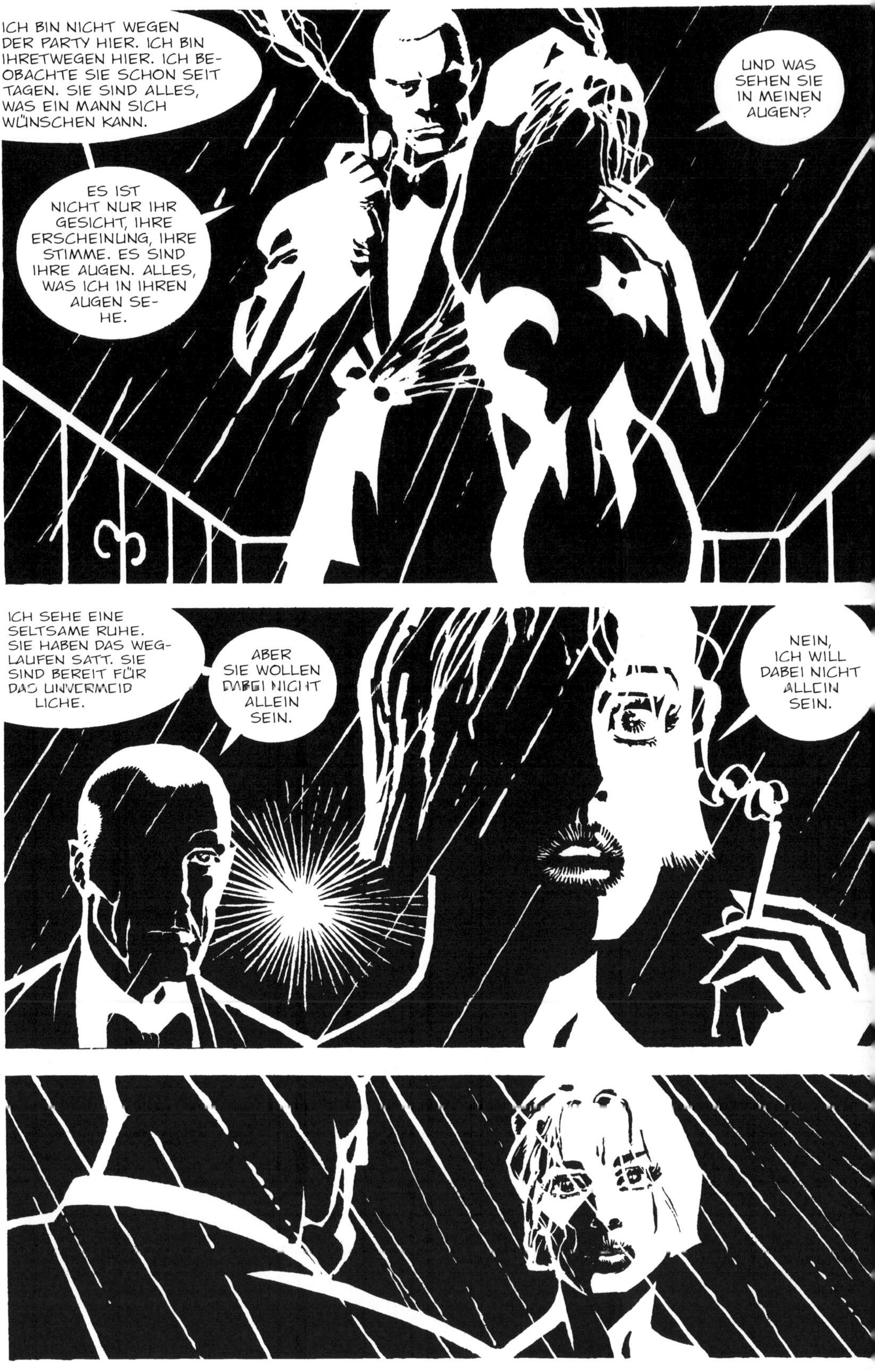
ICH BIN NICHT WEGEN DER PARTY HIER. ICH BIN IHRETWEGEN HIER. ICH BEOBACHTE SIE SCHON SEIT TAGEN. SIE SIND ALLES, WAS EIN MANN SICH WÜNSCHEN KANN.
UND WAS SEHEN SIE IN MEINEN AUGEN?
ES IST NICHT NUR IHR GESICHT, IHRE ERSCHEINUNG, IHRE STIMME. ES SIND IHRE AUGEN. ALLES, WAS ICH IN IHREN AUGEN SEHE.
ICH SEHE EINE SELTSAME RUHE. SIE HABEN DAS WEGLAUFEN SATT. SIE SIND BEREIT FÜR DAS UNVERMEIDLICHE.
ABER SIE WOLLEN DABEI NICHT ALLEIN SEIN.
NEIN, ICH WILL DABEI NICHT ALLEIN SEIN.

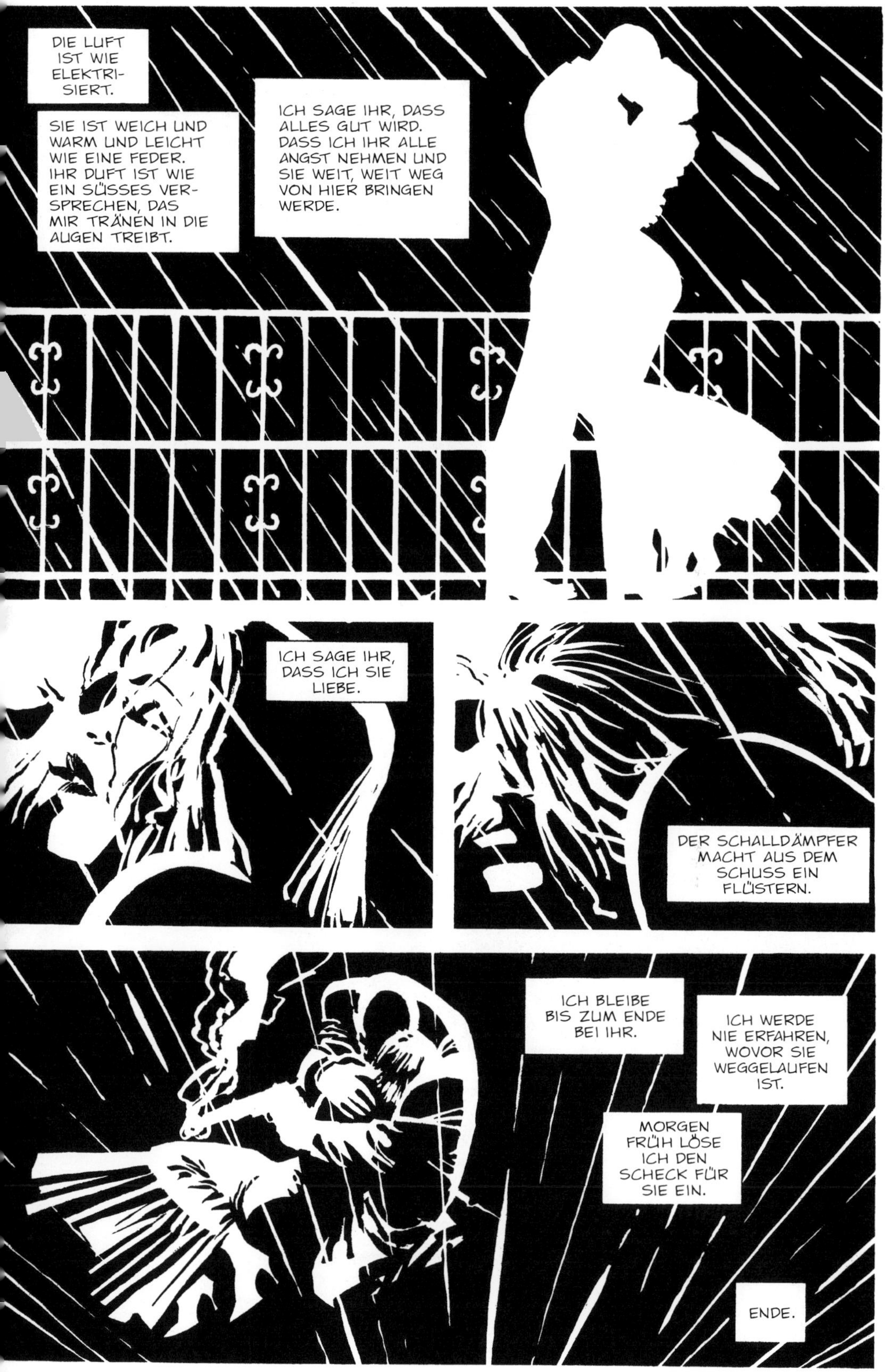
DIE LUFT IST WIE ELEKTRI-SIERT.
SIE IST WEICH UND WARM UND LEICHT WIE EINE FEDER. IHR DUFT IST WIE EIN SÜSSES VER-SPRECHEN, DAS MIR TRÄNEN IN DIE AUGEN TREIBT.
ICH SAGE IHR, DASS ALLES GUT WIRD. DASS ICH IHR ALLE ANGST NEHMEN UND SIE WEIT, WEIT WEG VON HIER BRINGEN WERDE.
ICH SAGE IHR, DASS ICH SIE LIEBE.
DER SCHALLDÄMPFER MACHT AUS DEM SCHUSS EIN FLÜSTERN.
ICH BLEIBE BIS ZUM ENDE BEI IHR.
ICH WERDE NIE ERFAHREN, WOVOR SIE WEGGELAUFEN IST.
MORGEN FRÜH LÖSE ICH DEN SCHECK FÜR SIE EIN.
ENDE.

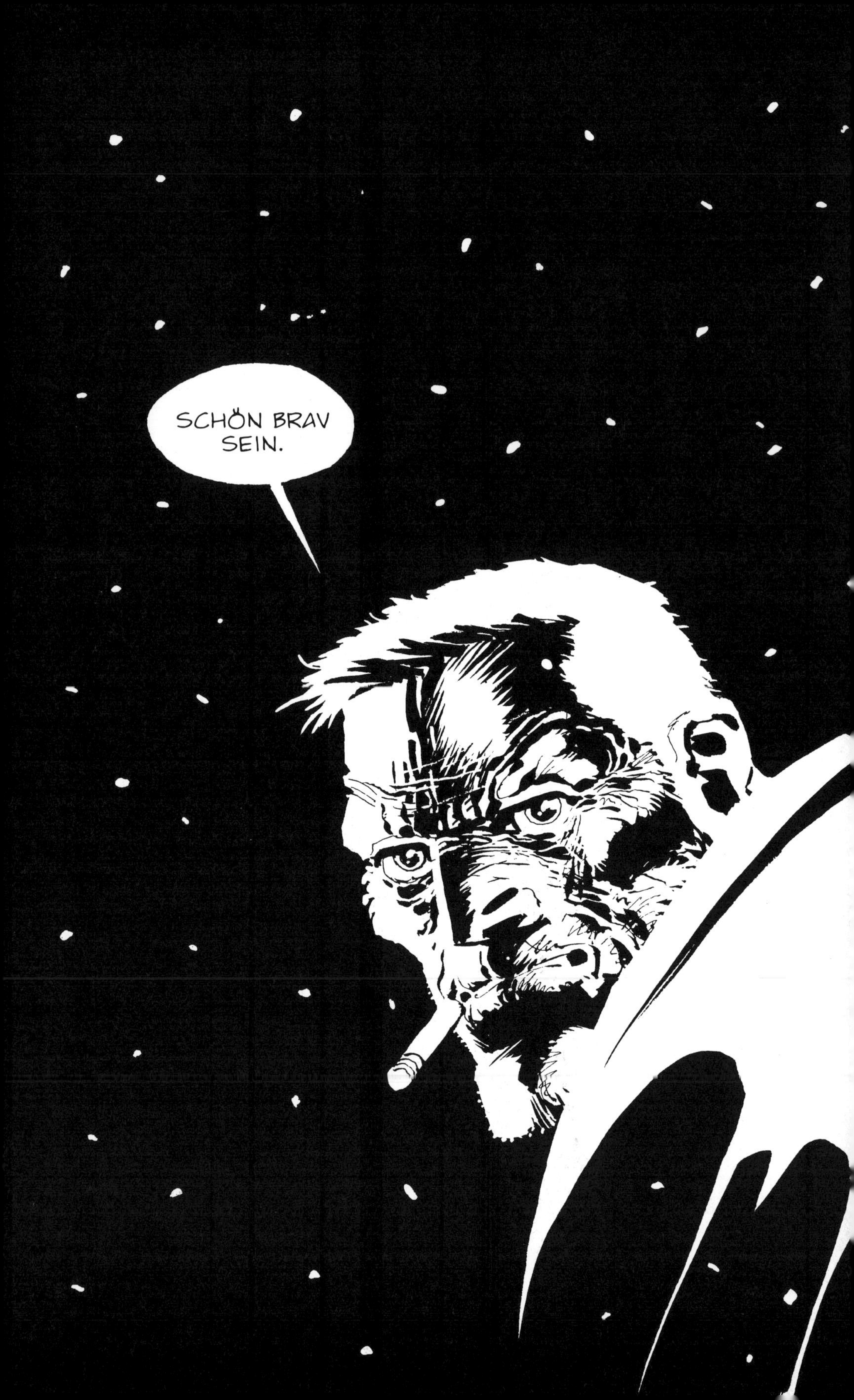
SCHÖN BRAV SEIN.

STILLE NACHT

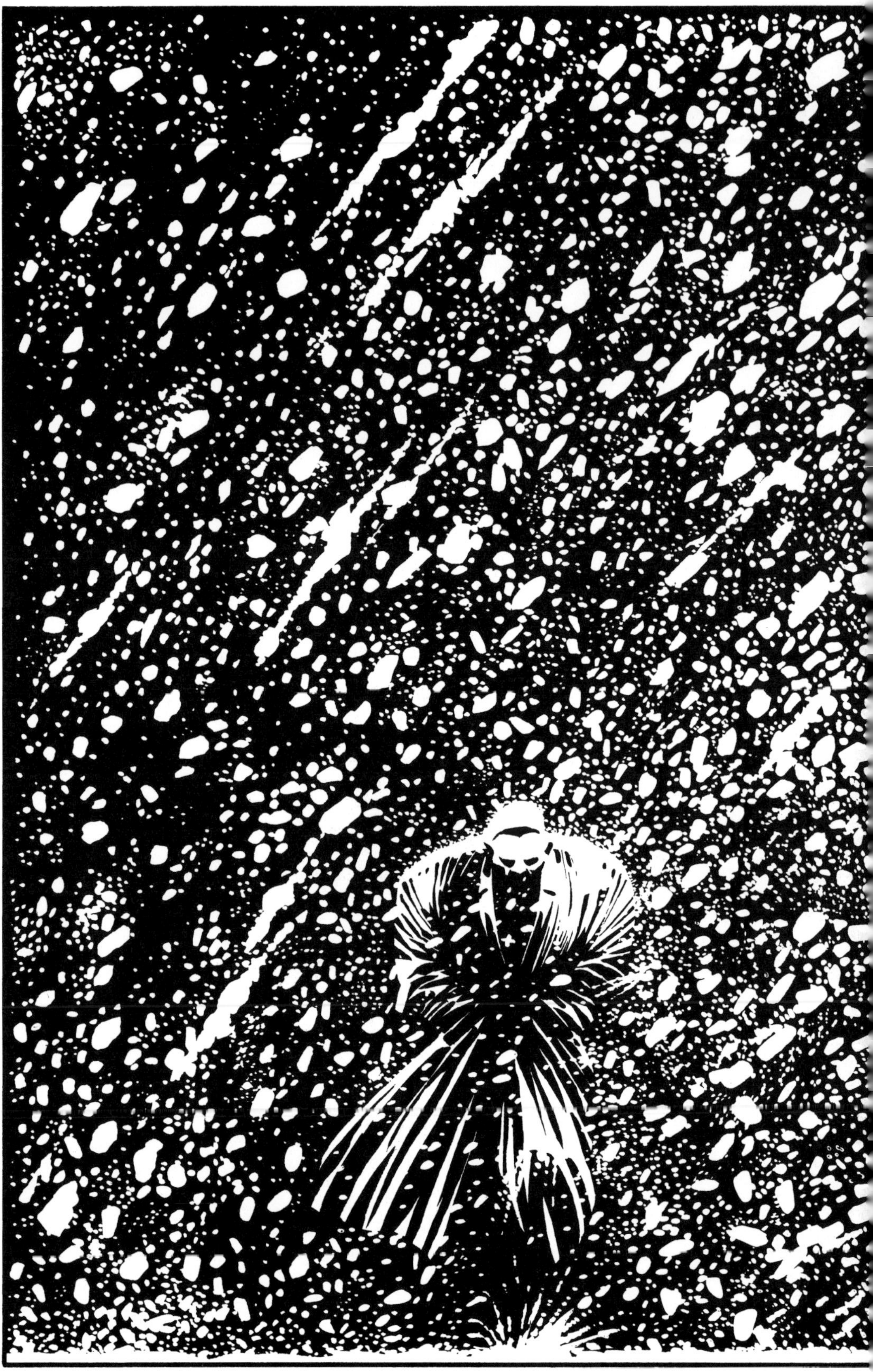

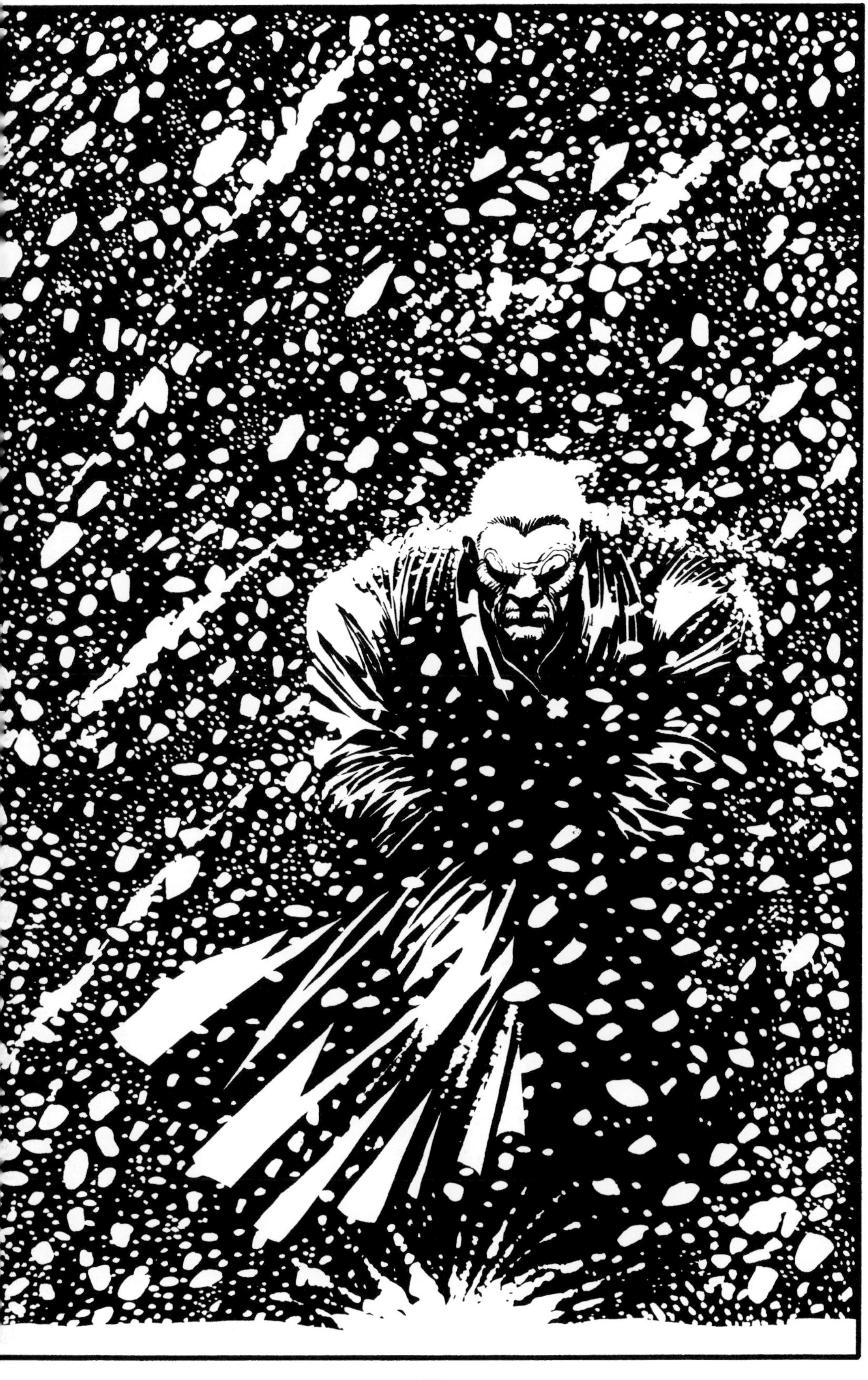

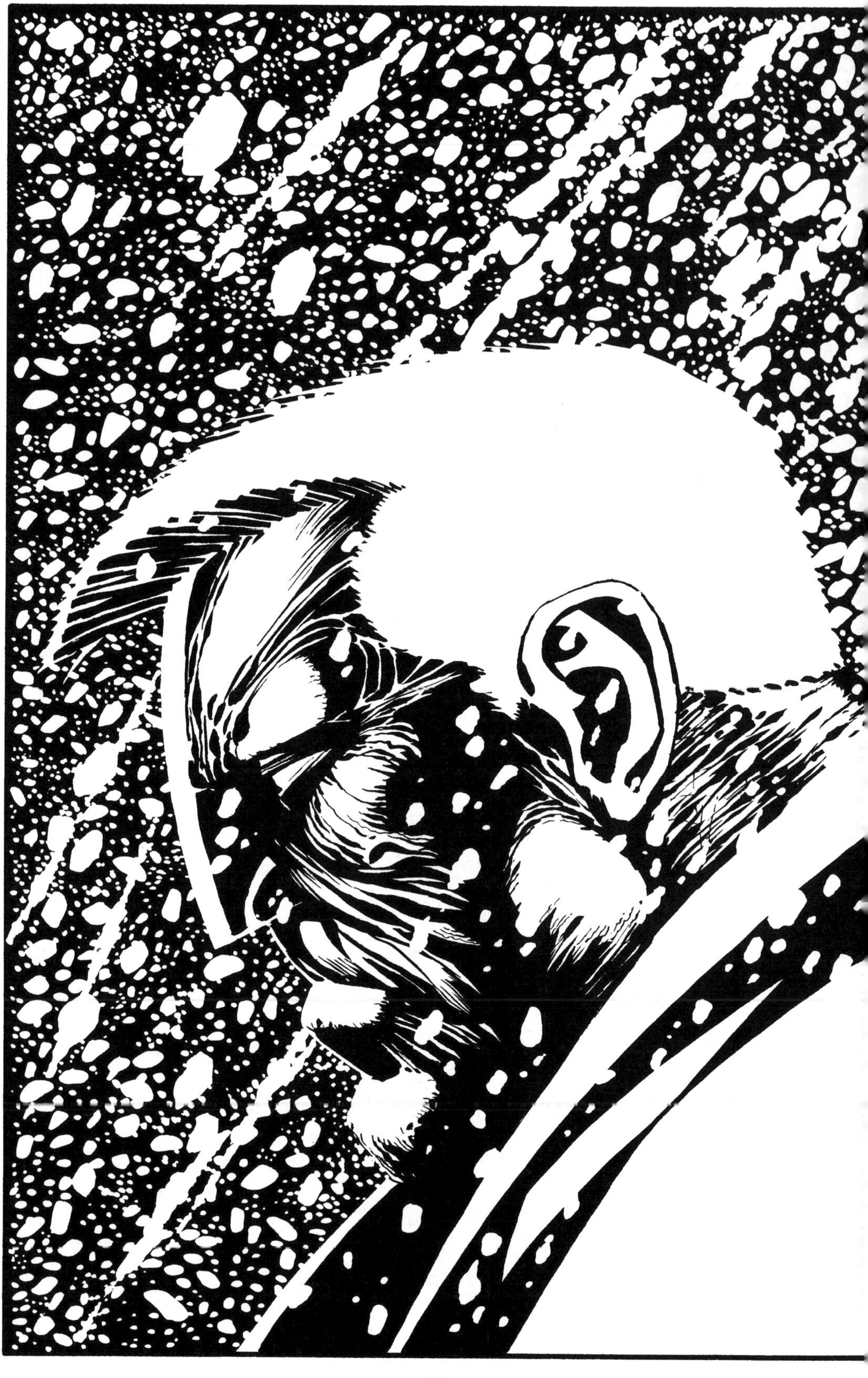

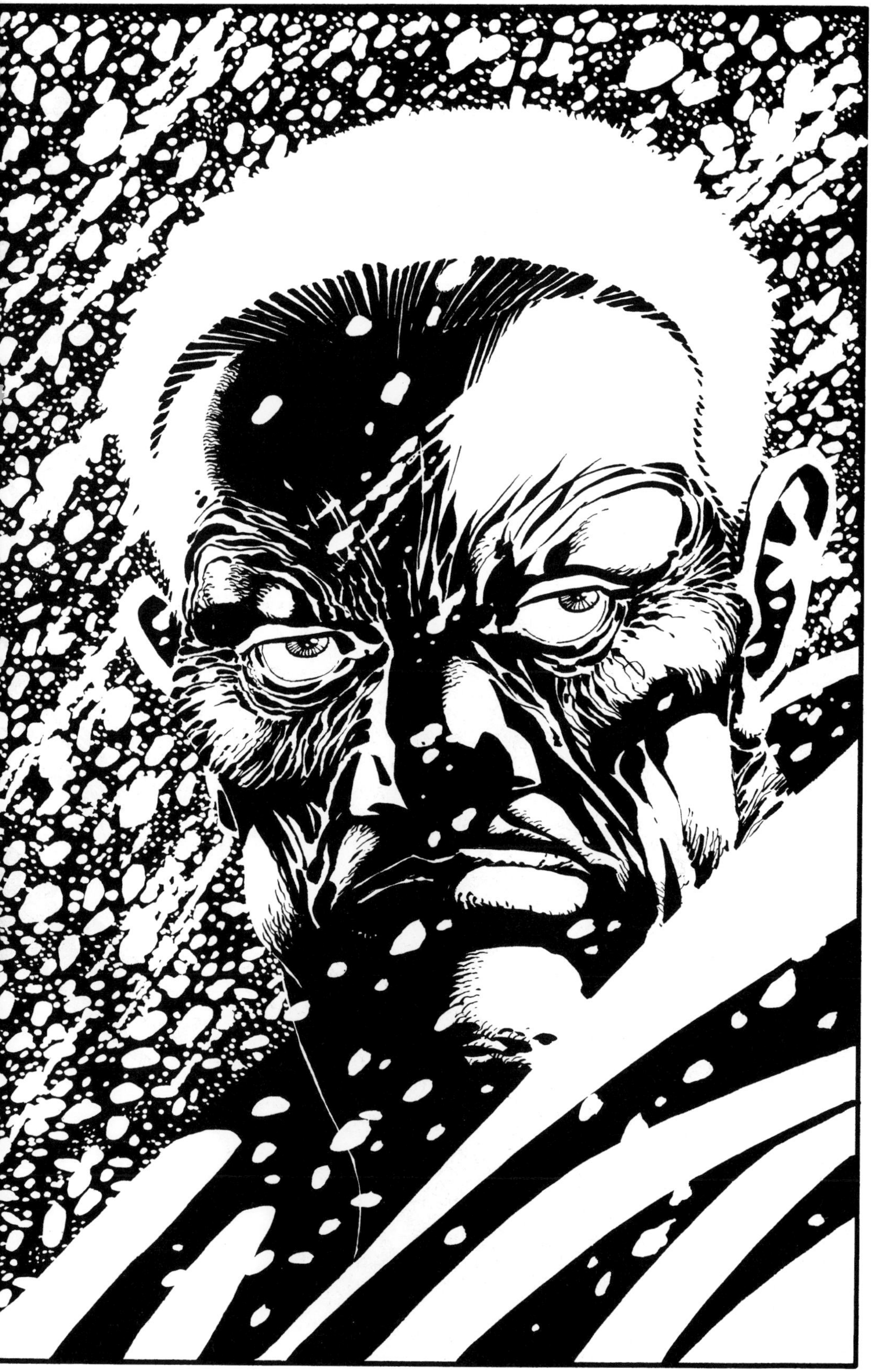

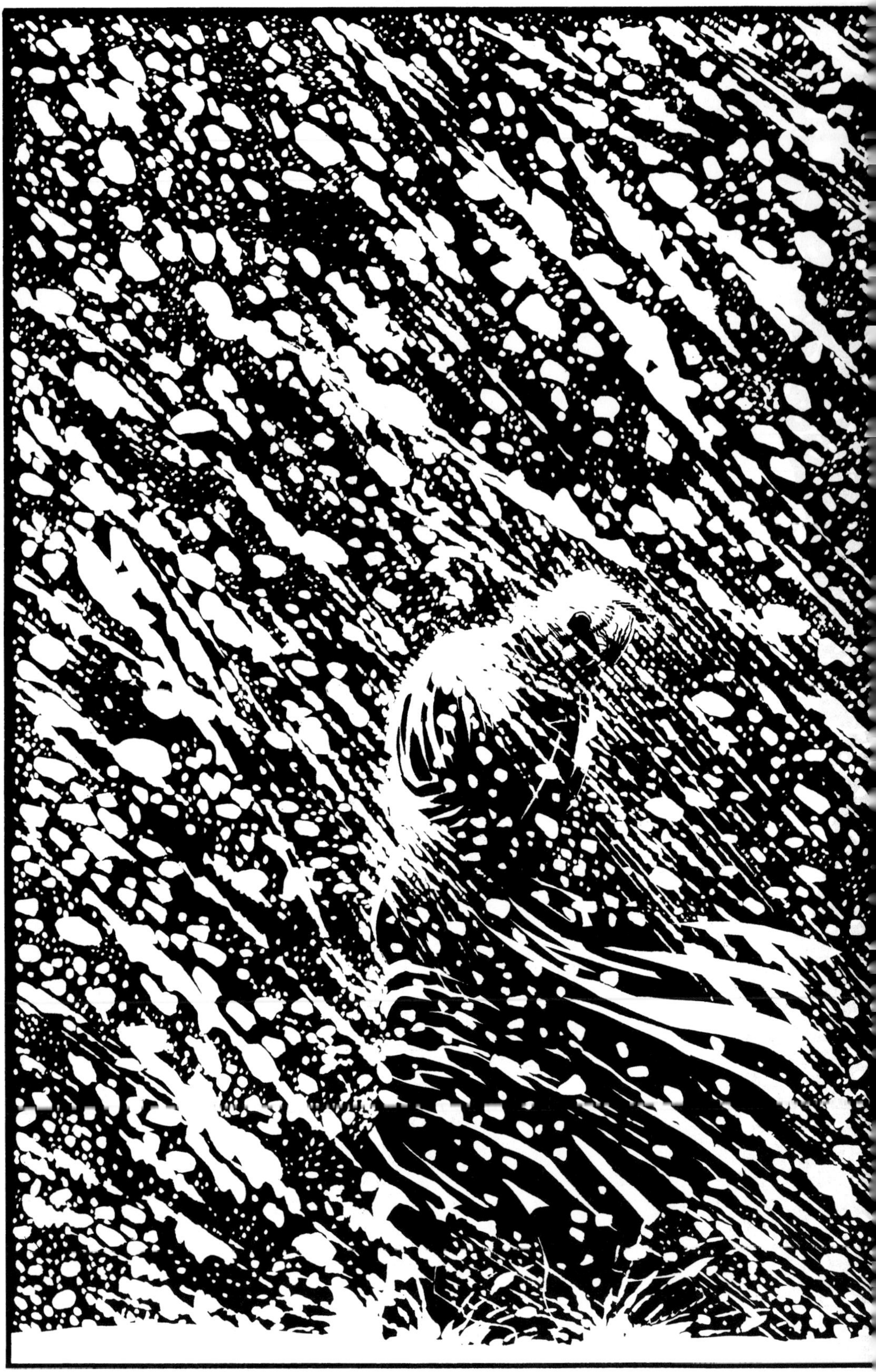

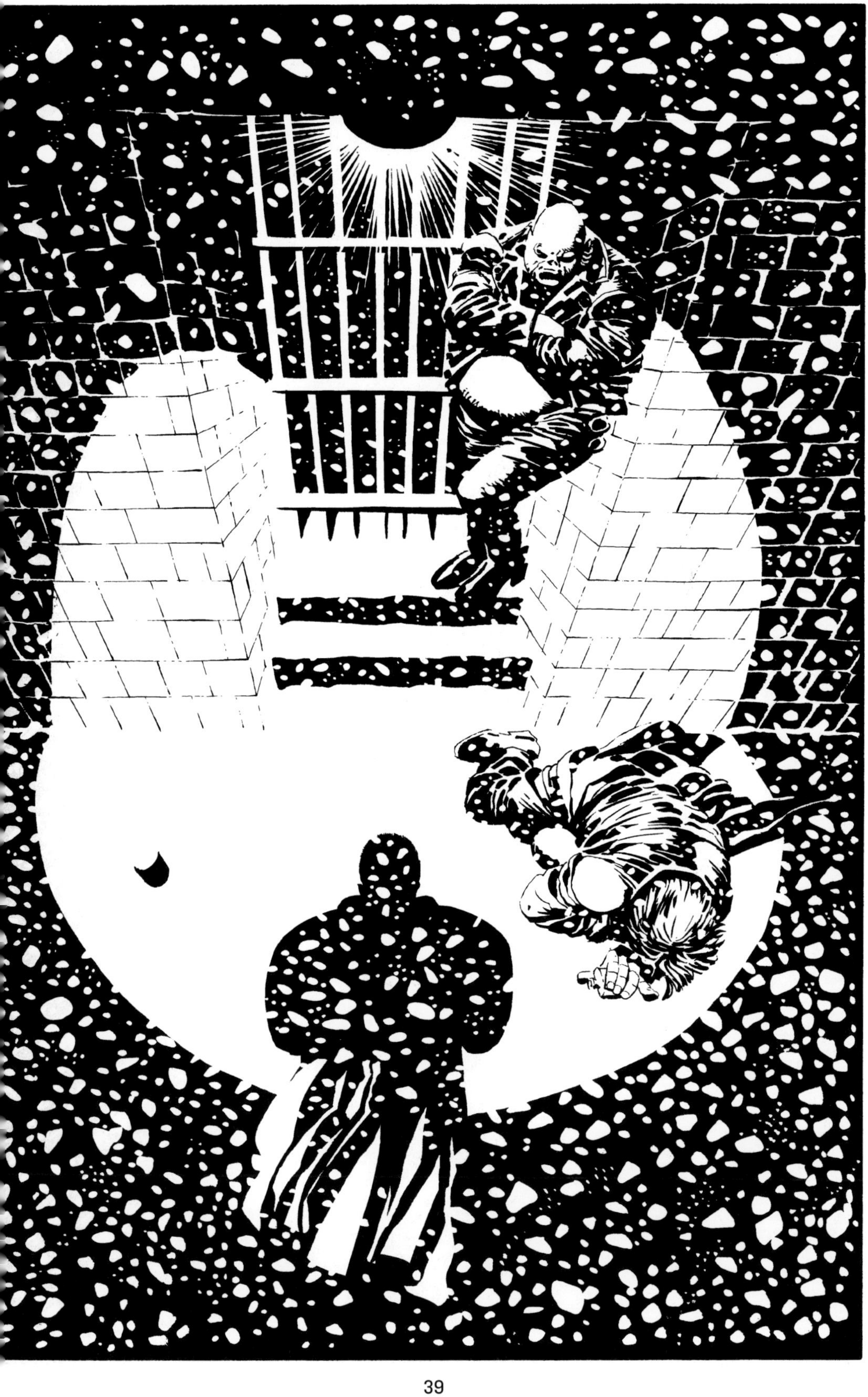

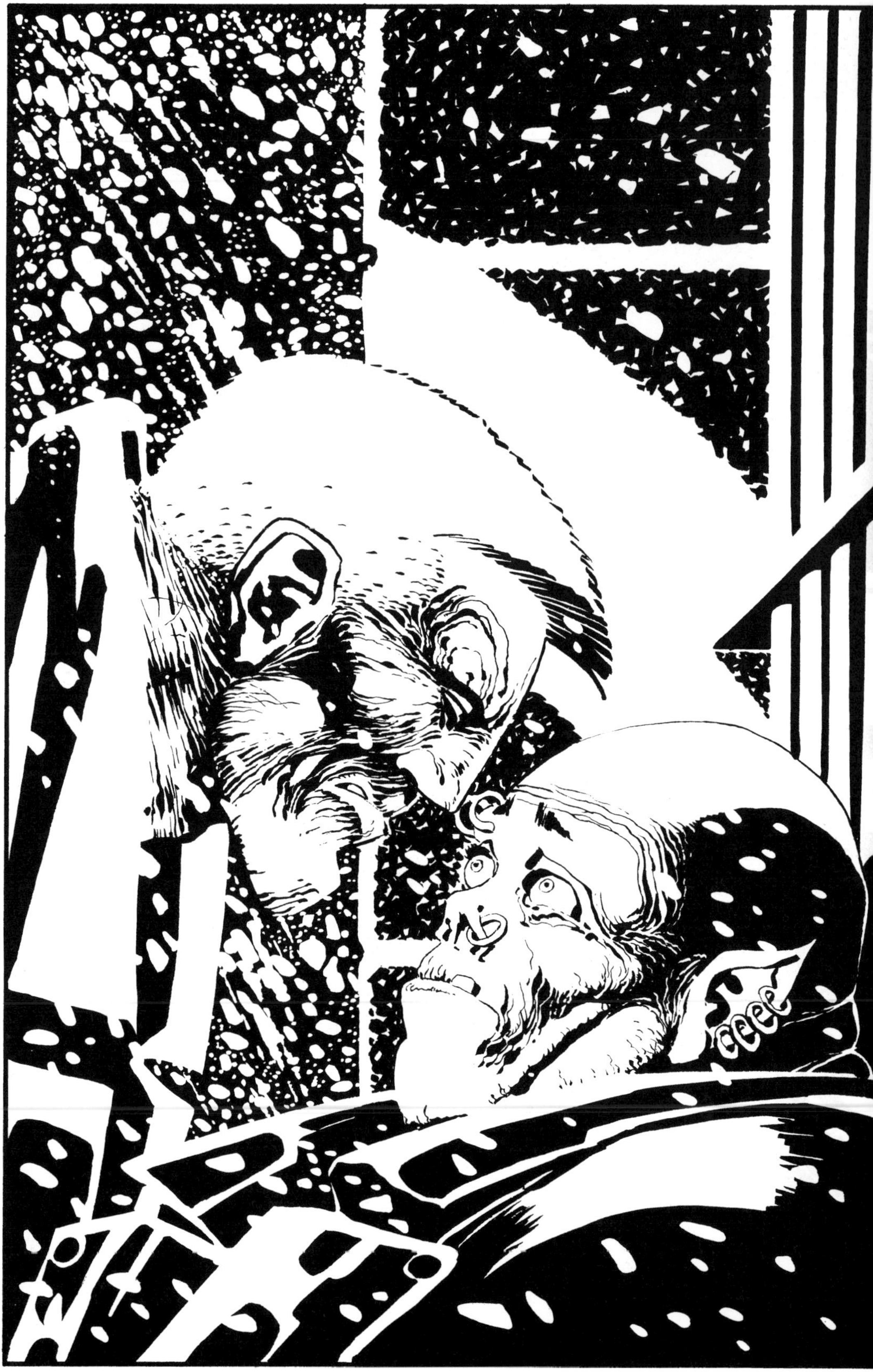

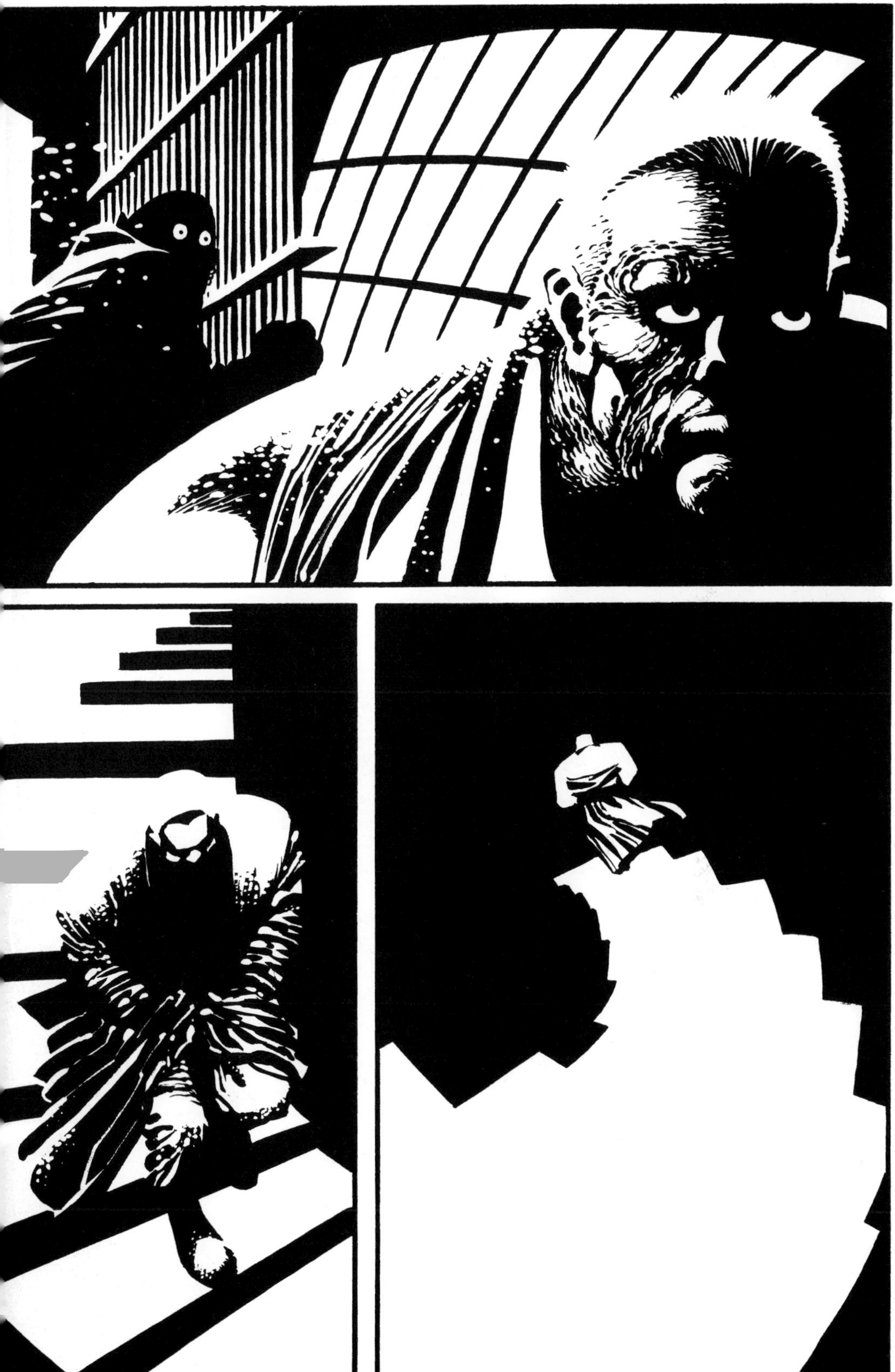

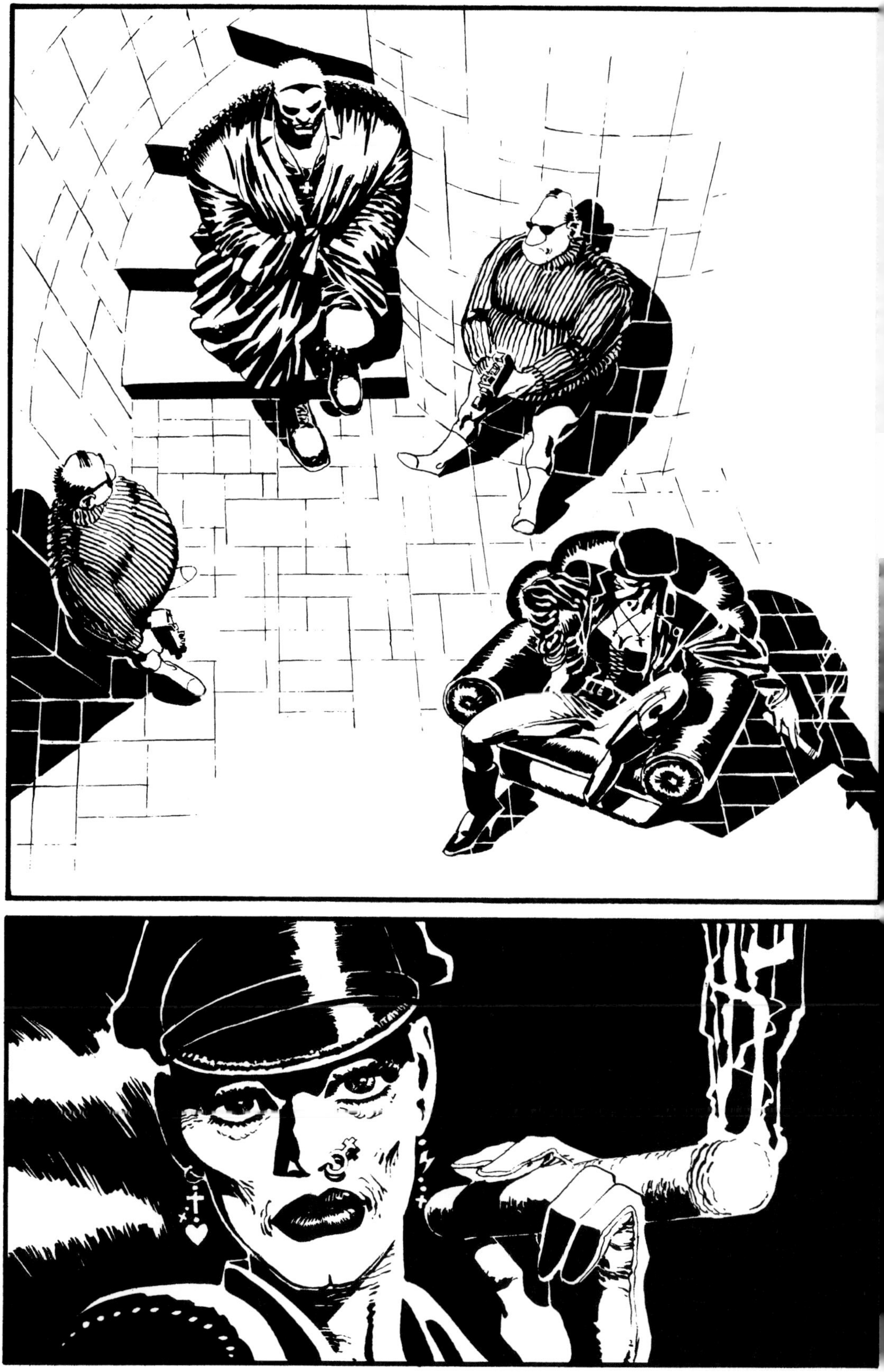

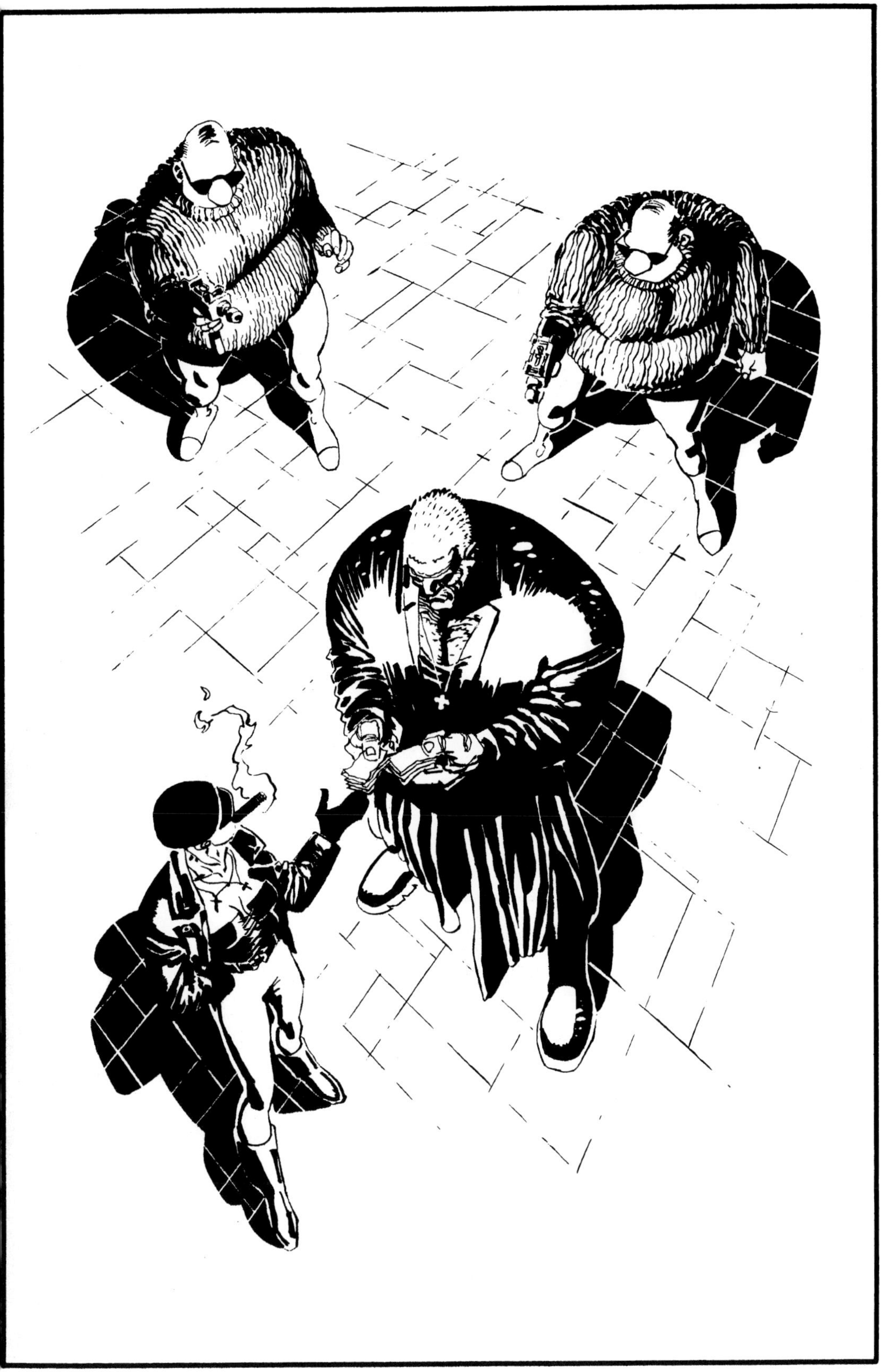

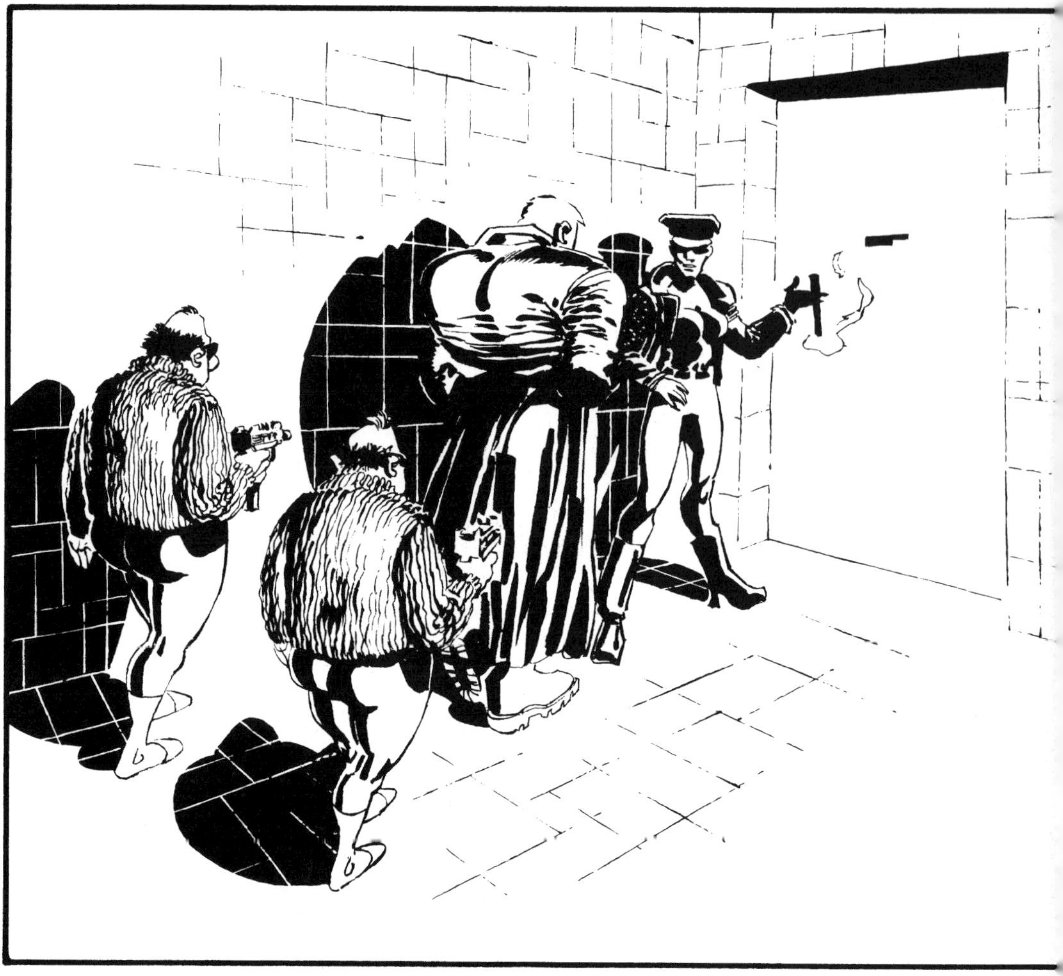

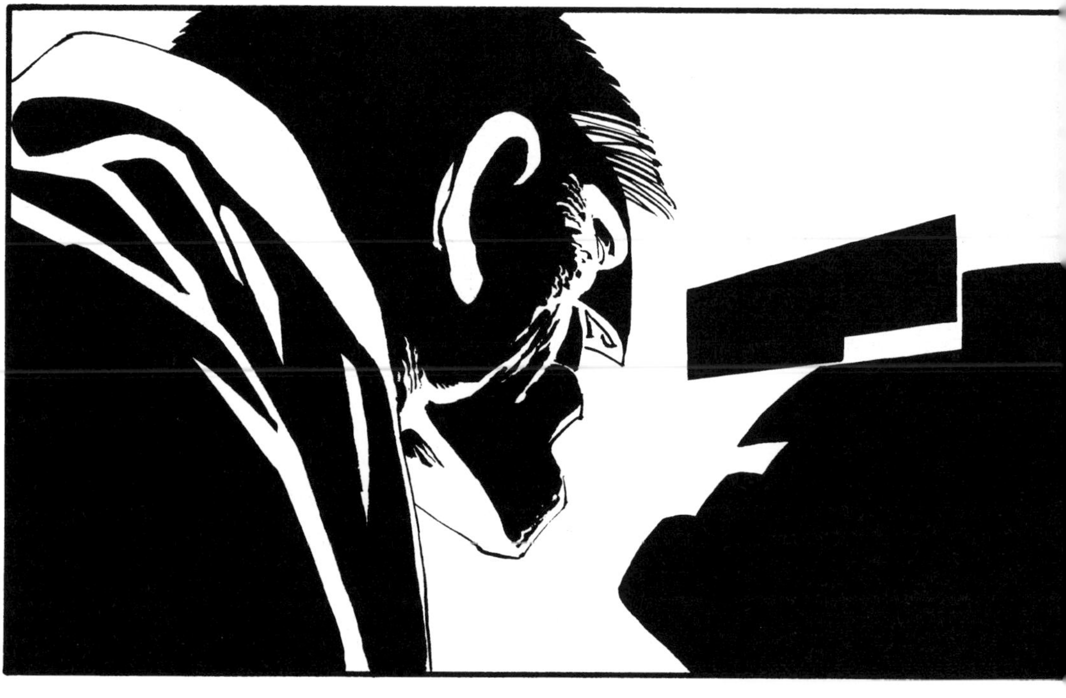

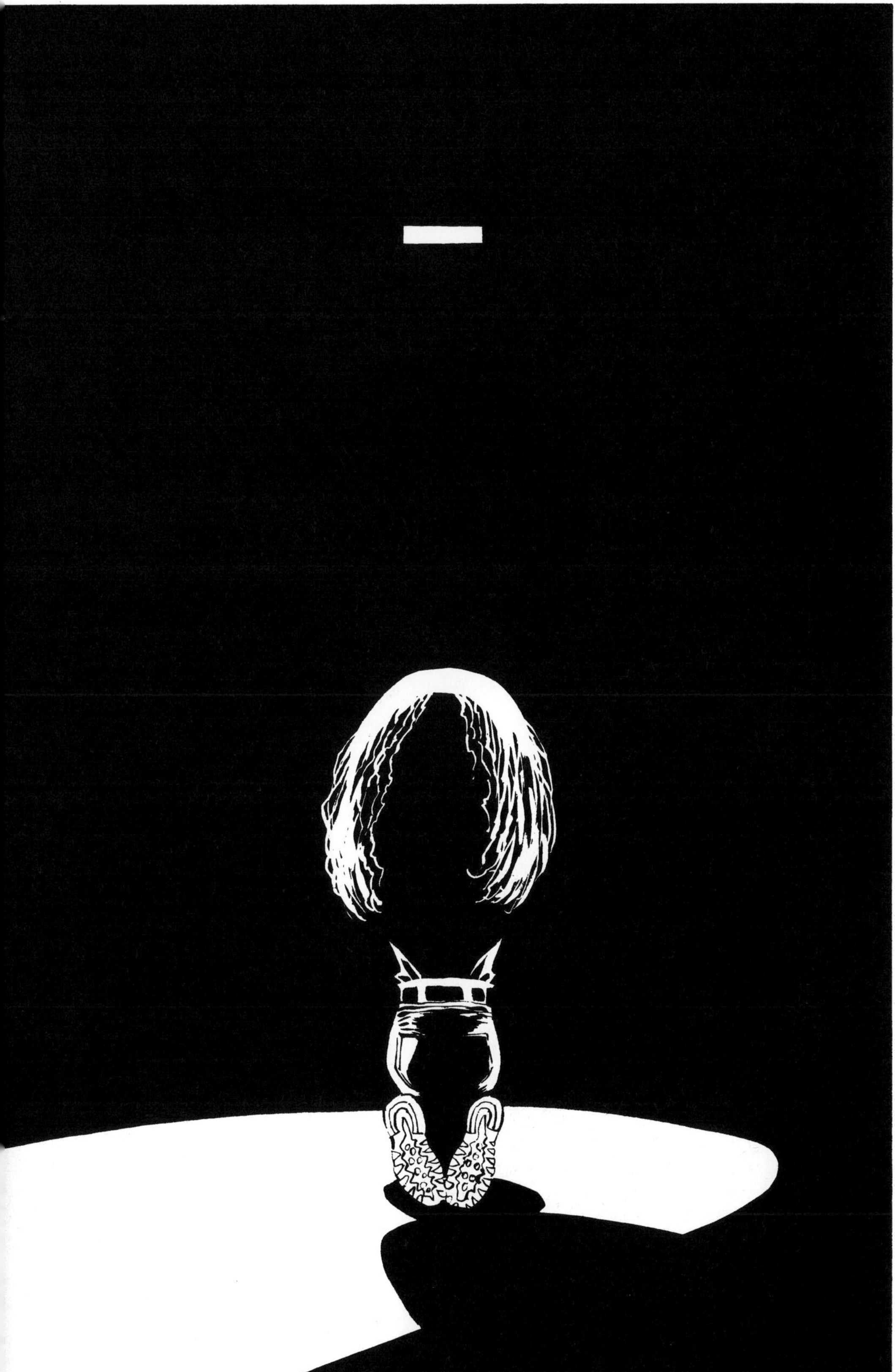

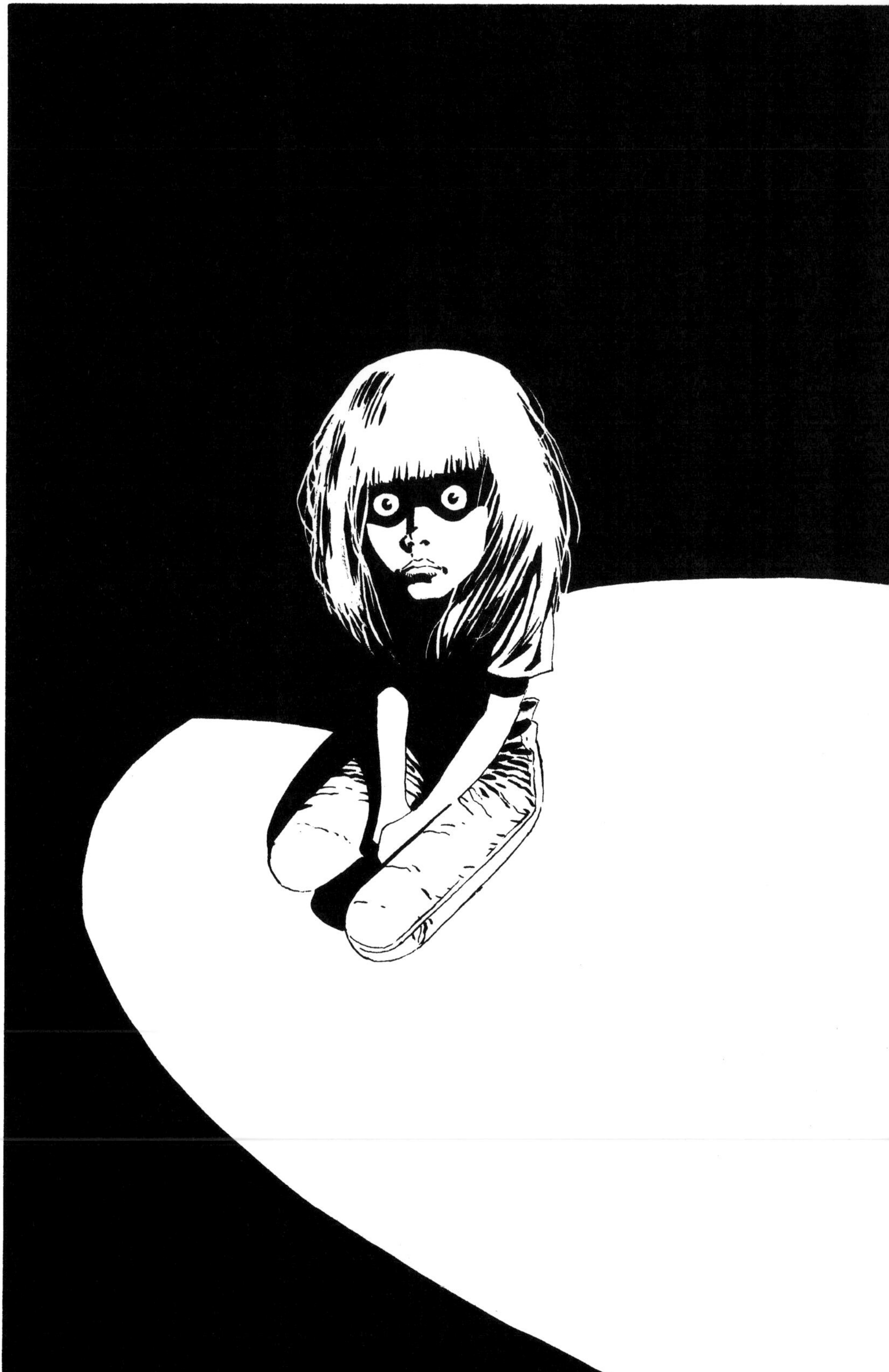

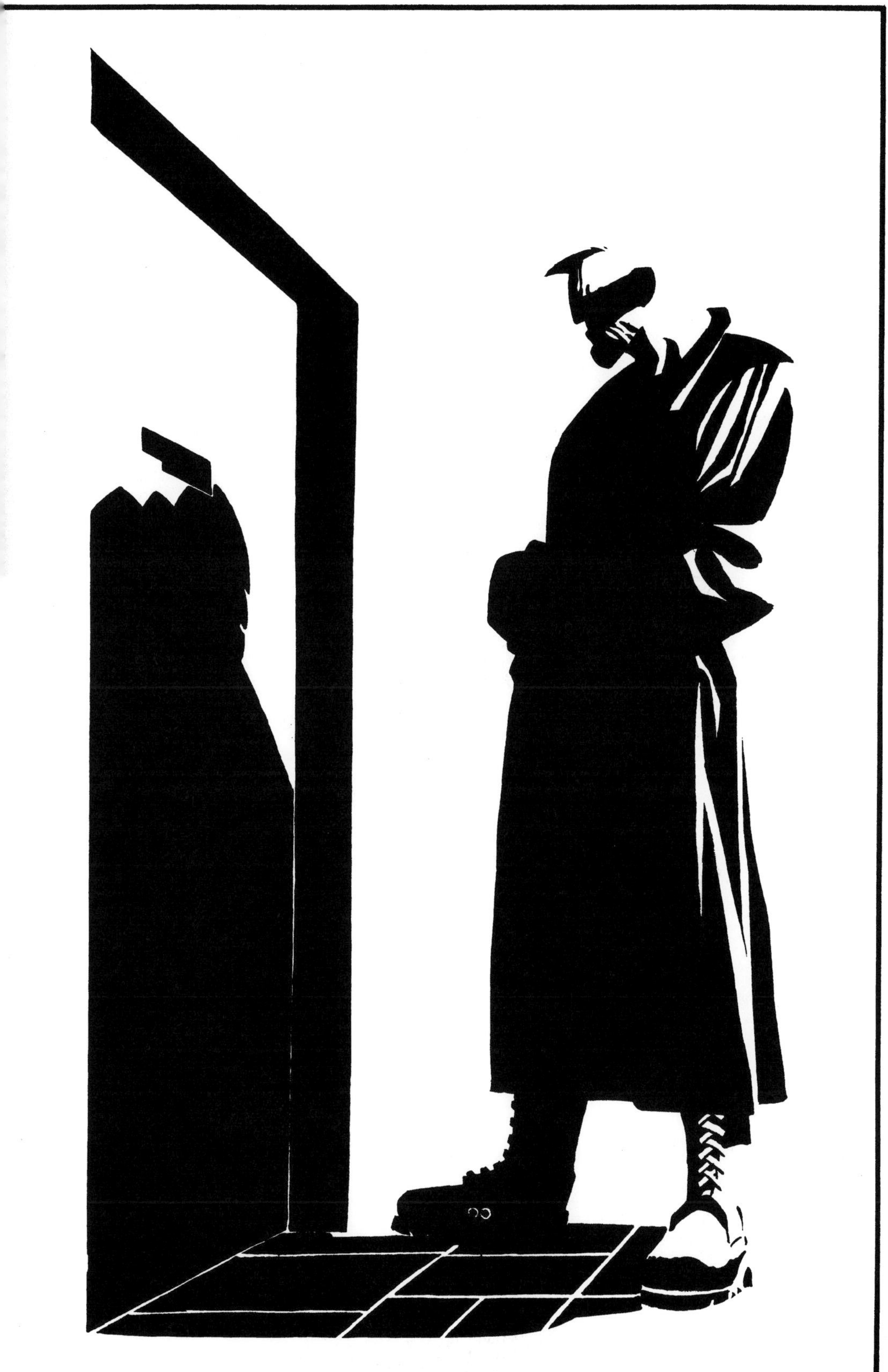

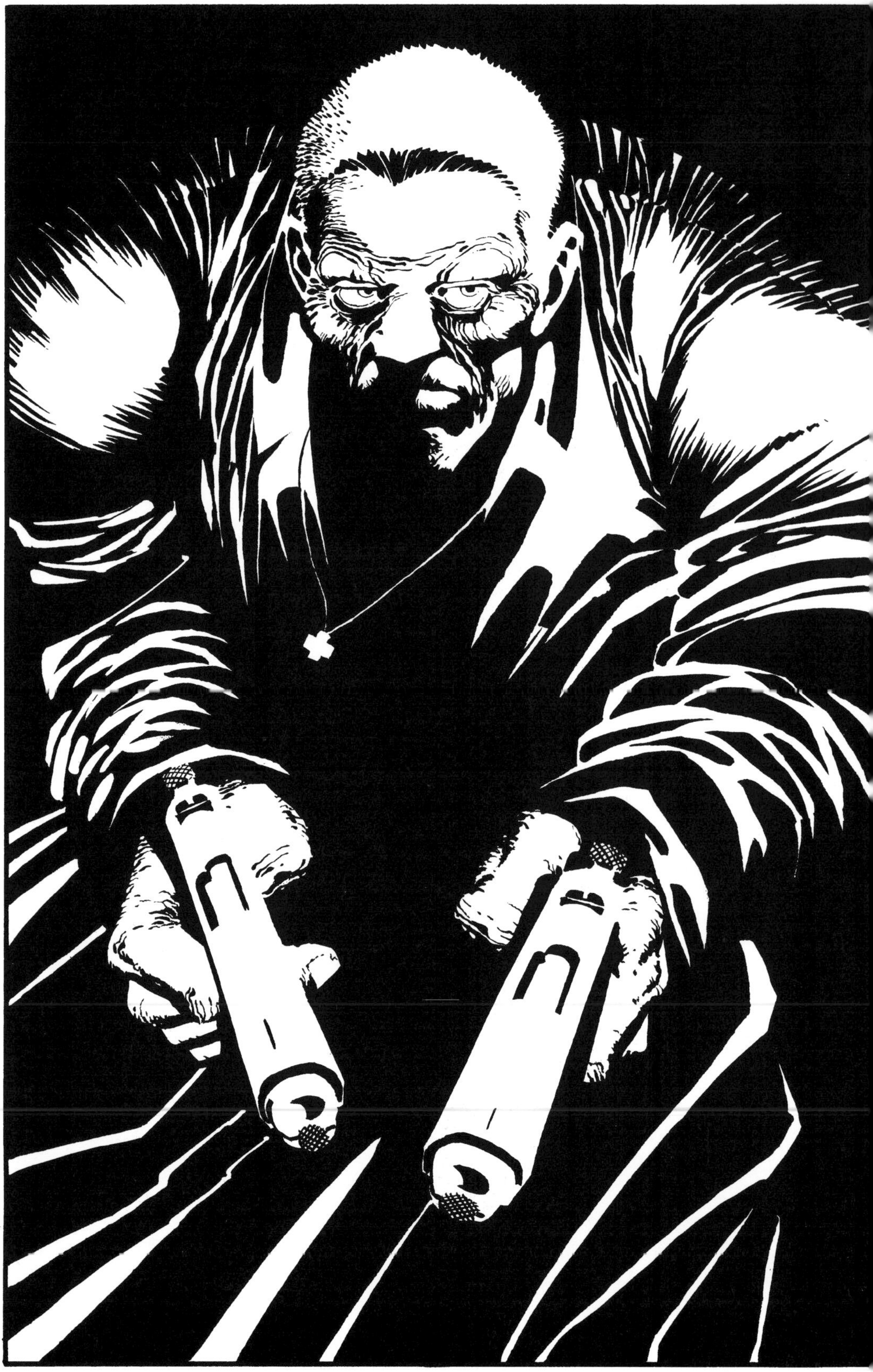

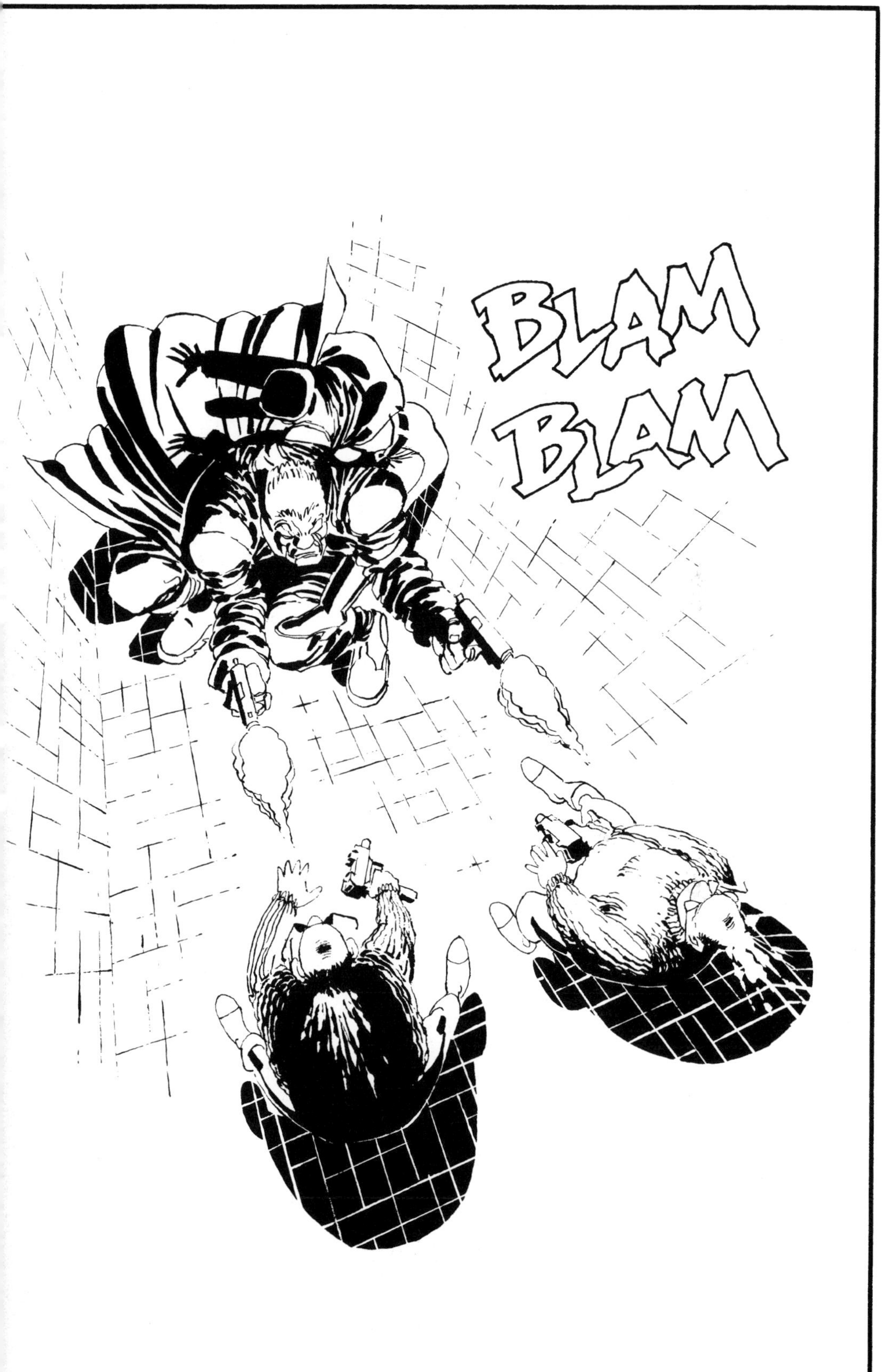
BLAM
BLAM

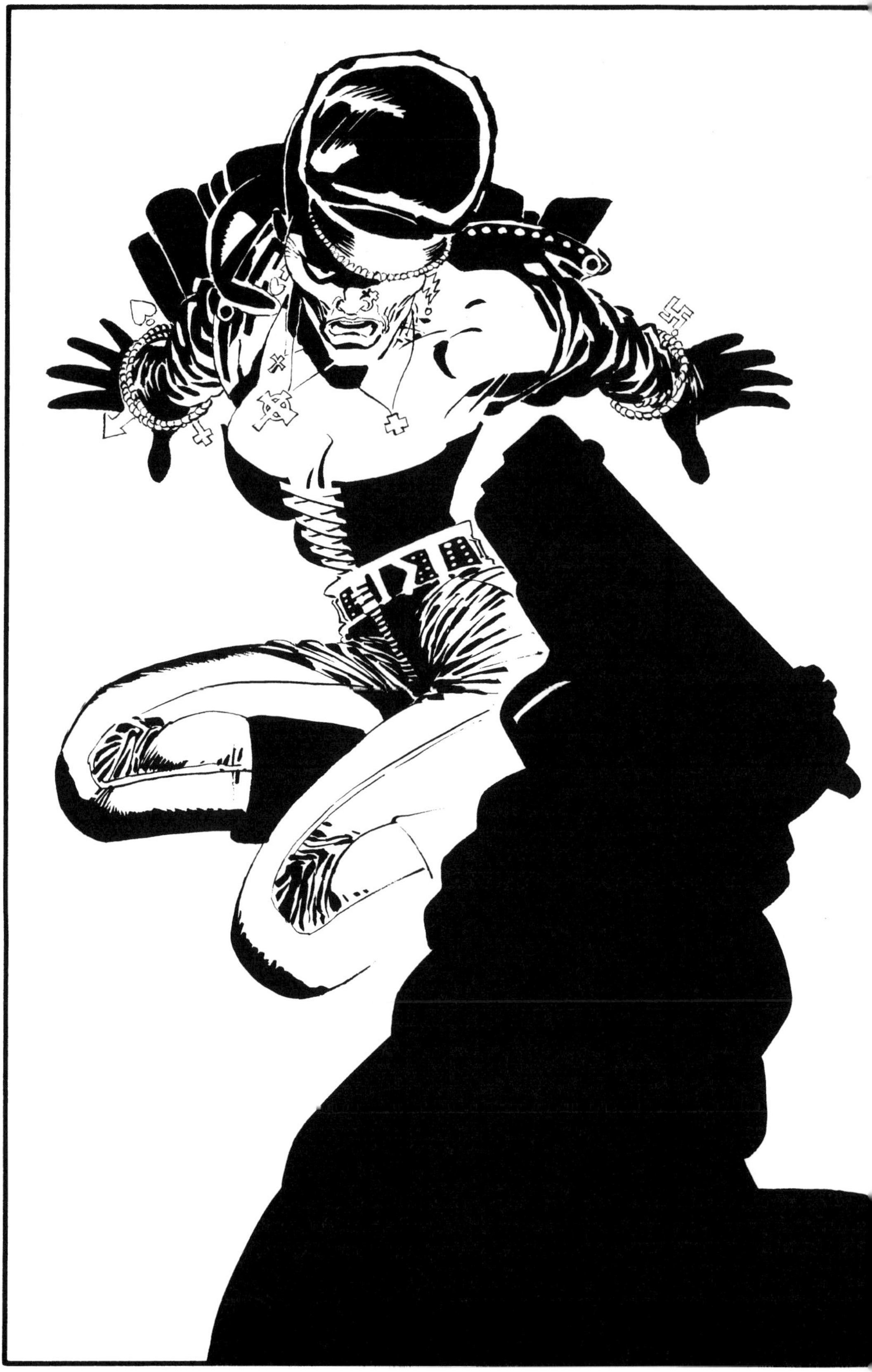

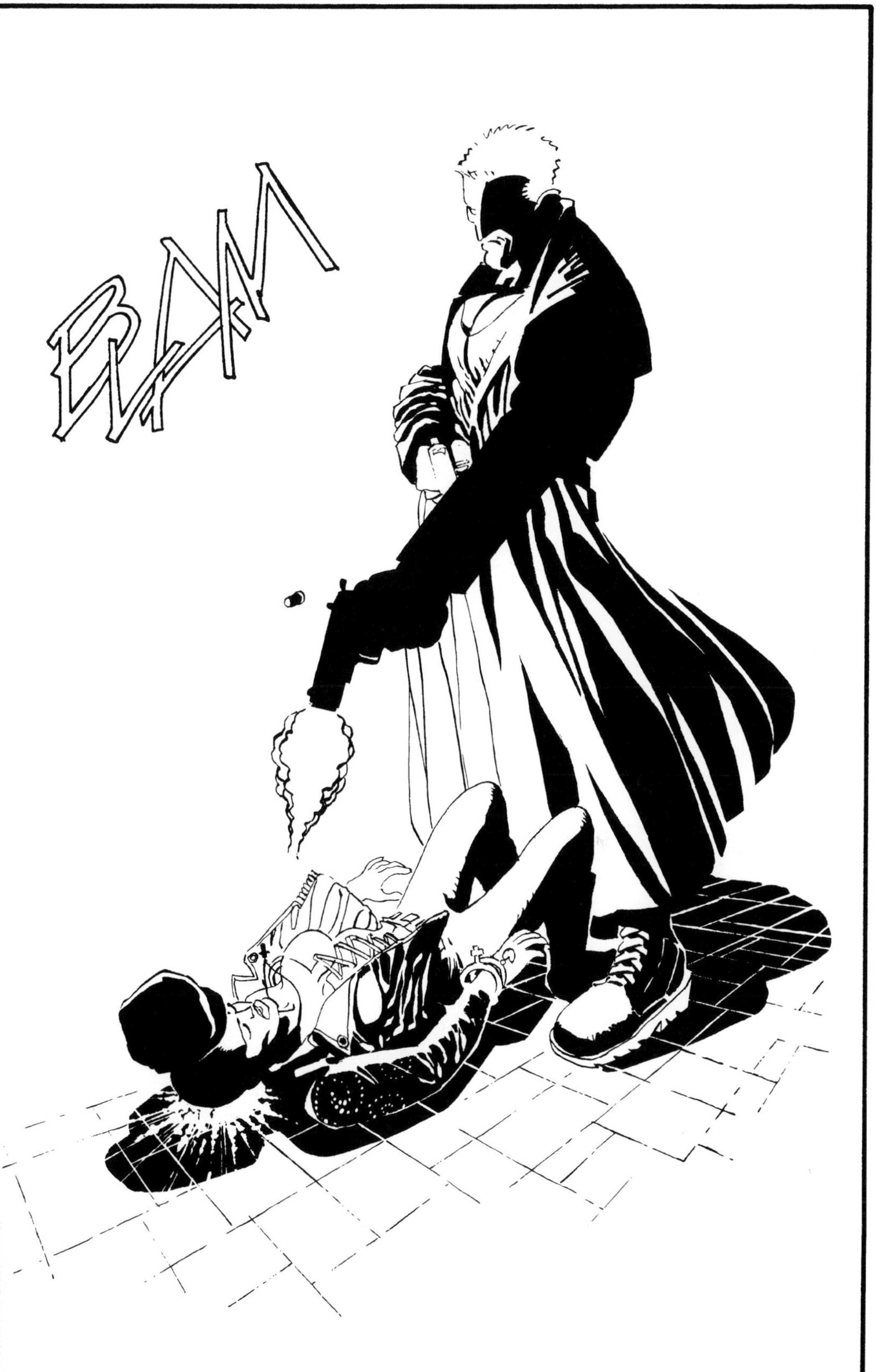
BLAM

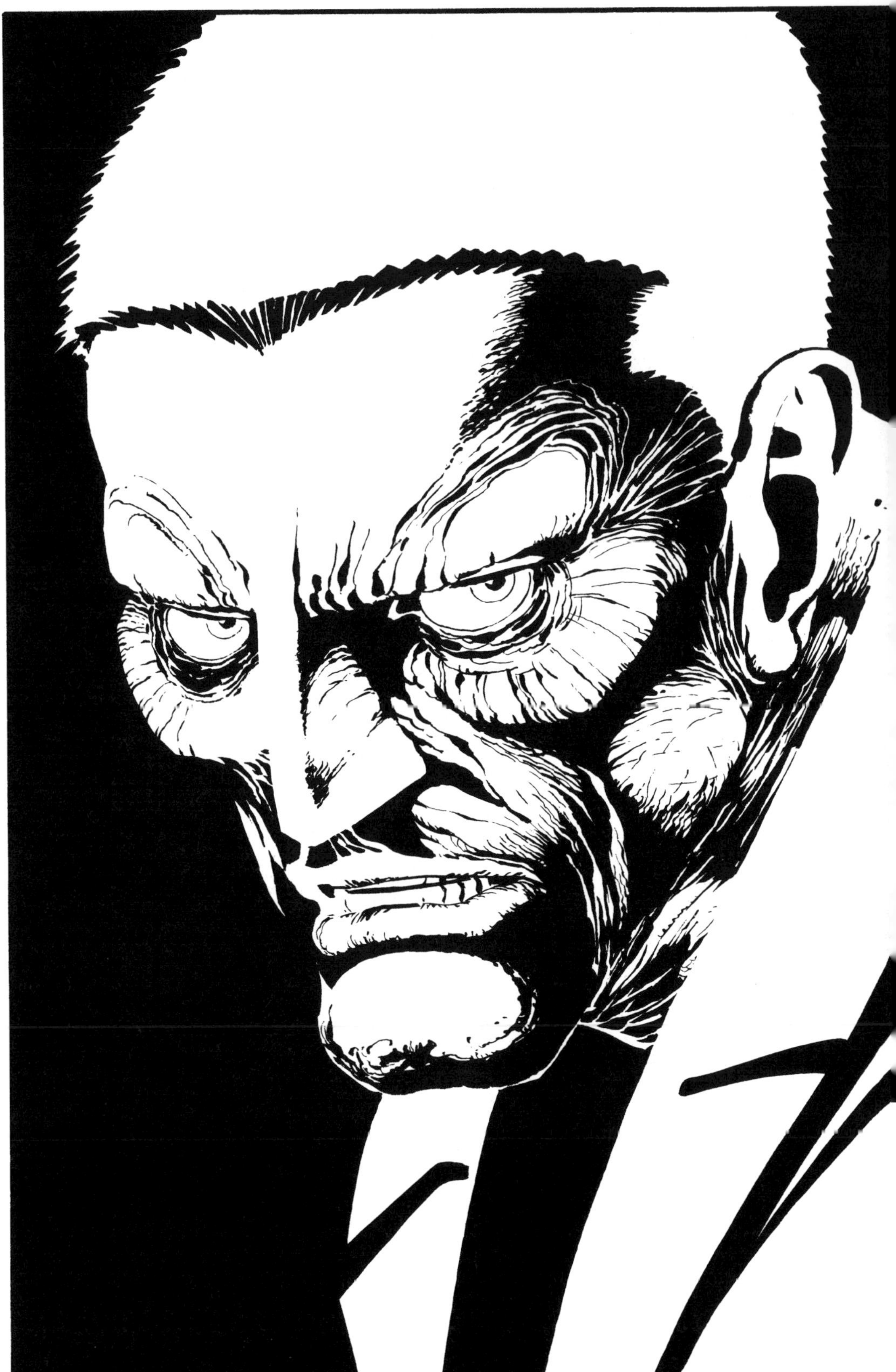

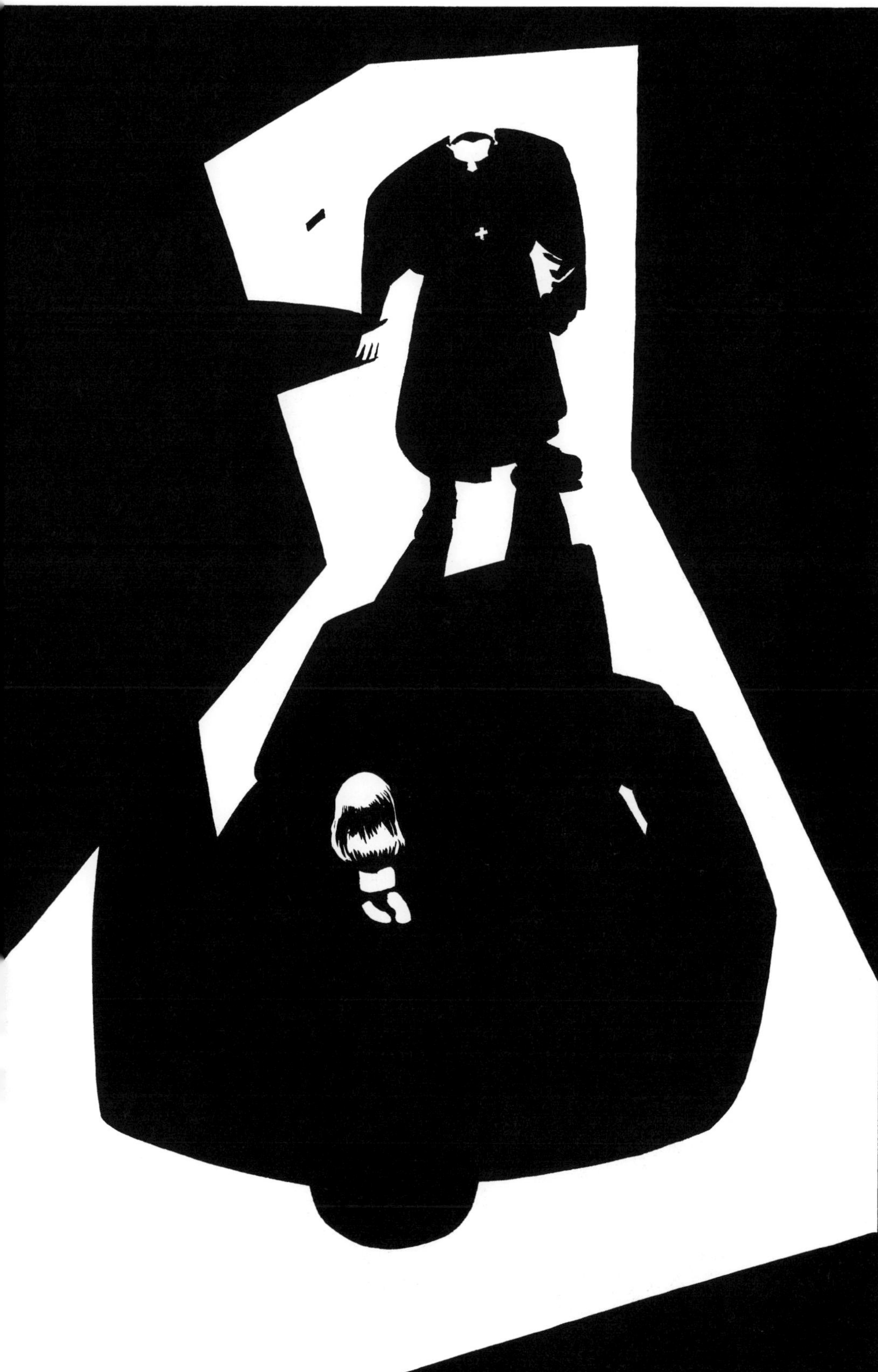

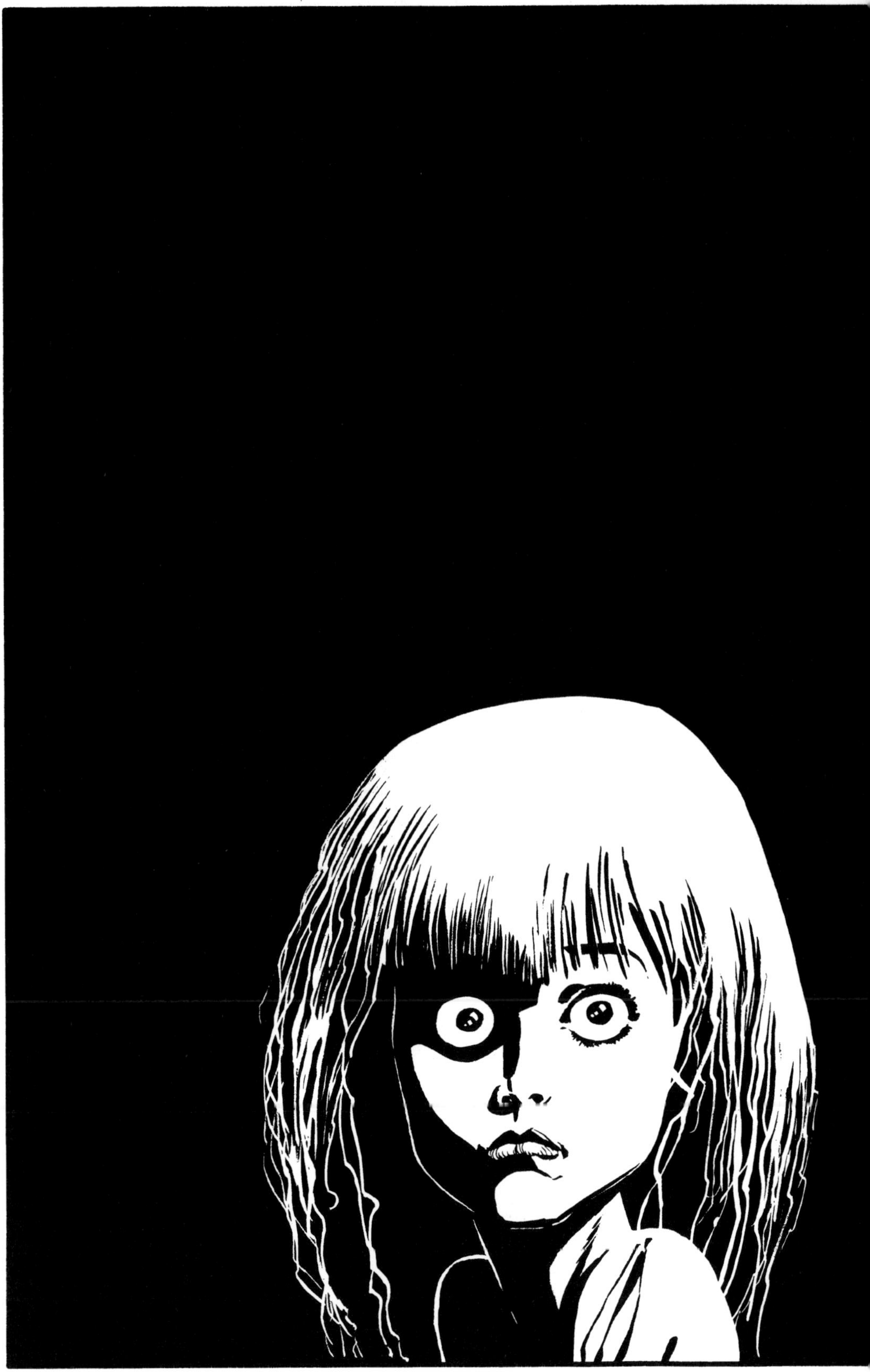

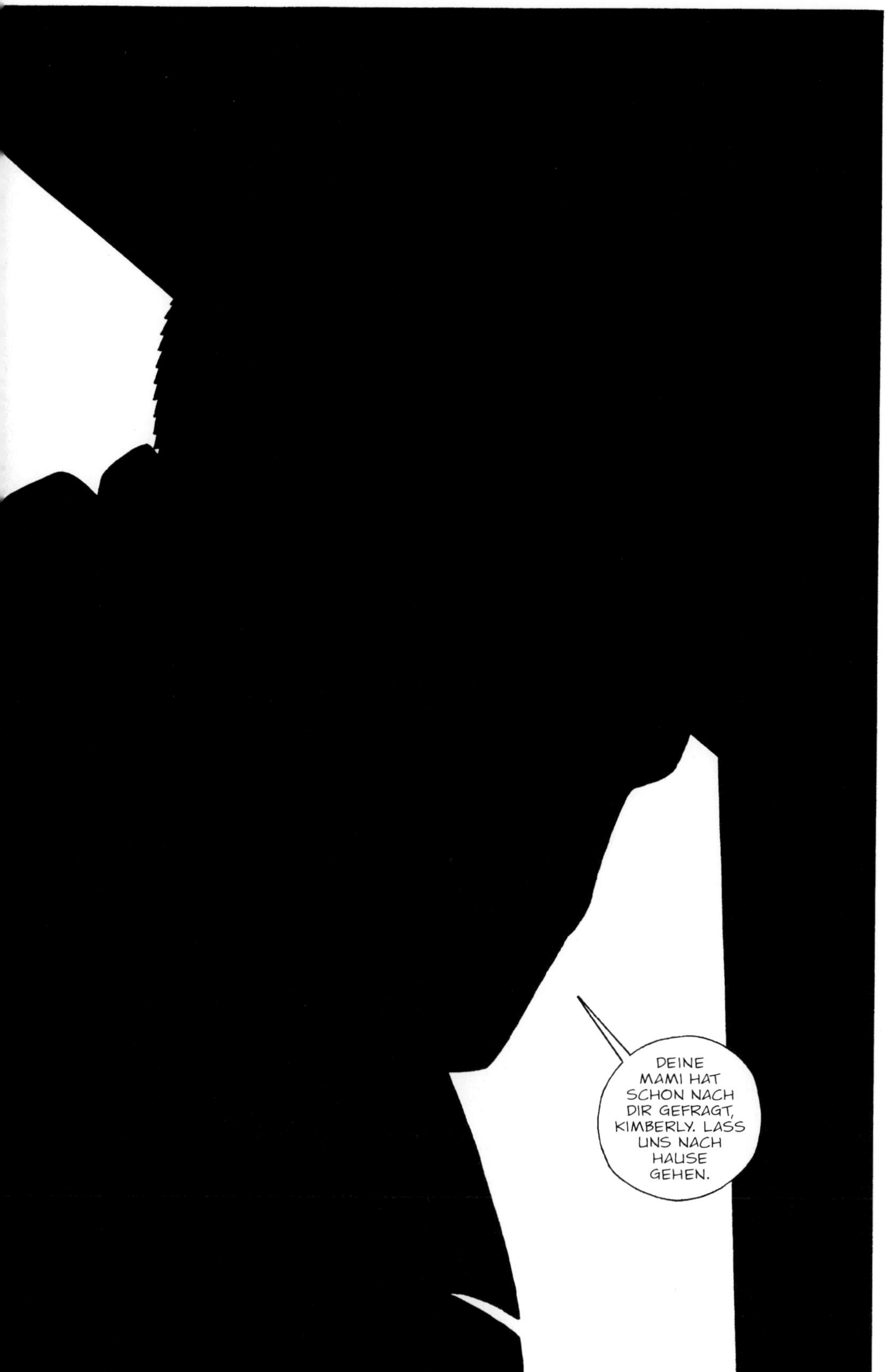
DEINE MAMI HAT SCHON NACH DIR GEFRAGT, KIMBERLY. LASS UNS NACH HAUSE GEHEN.

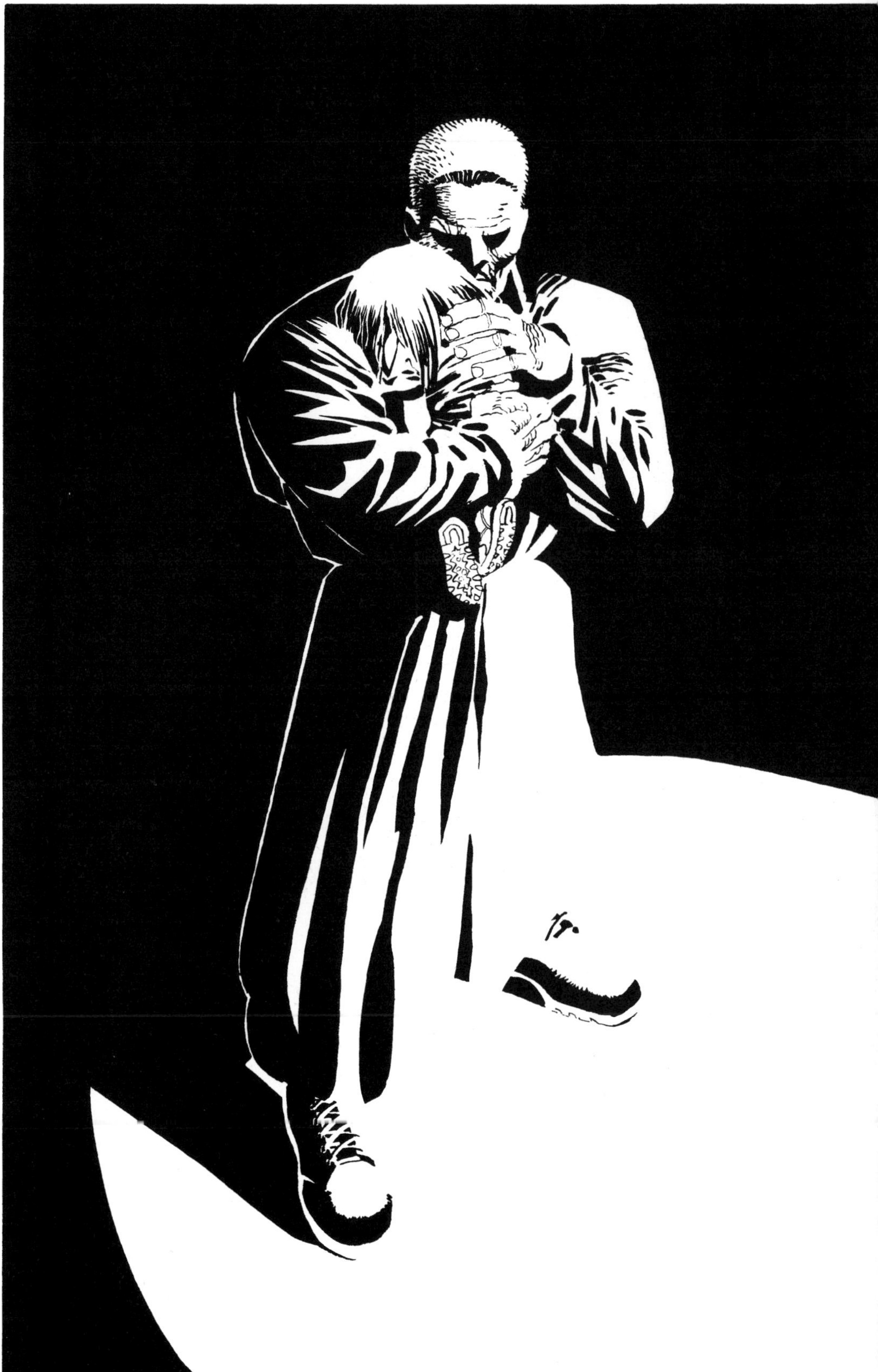

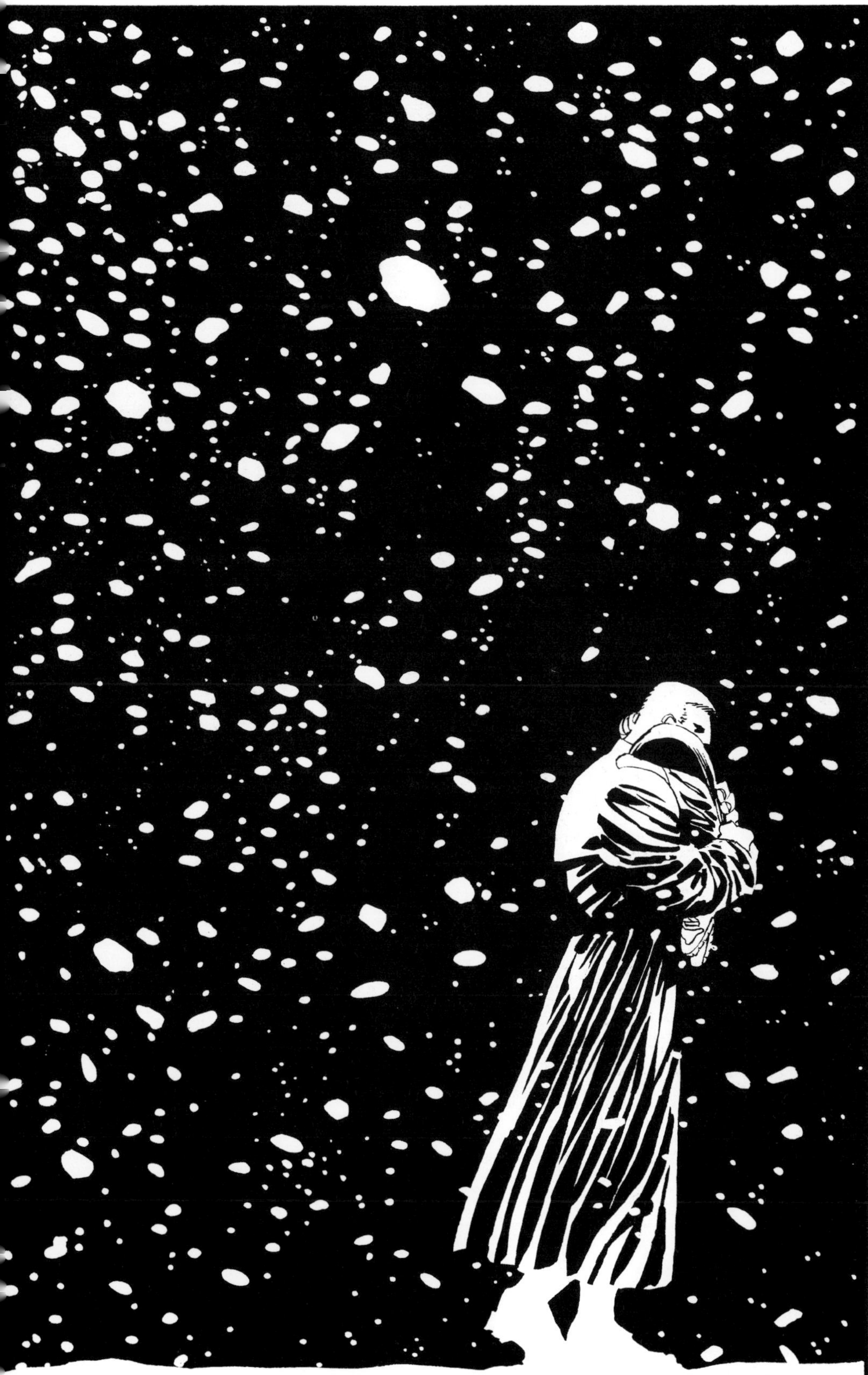

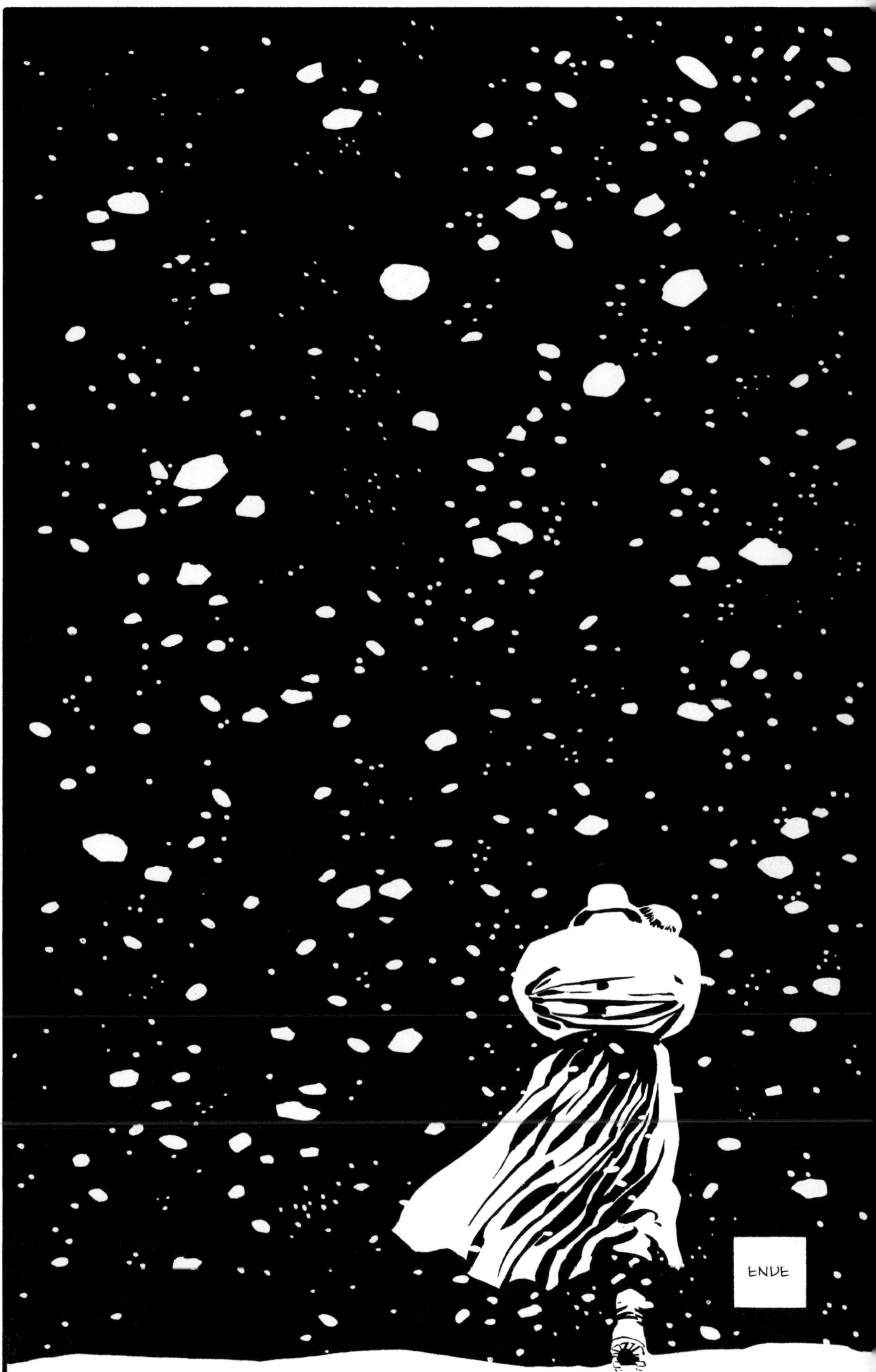
ENDE

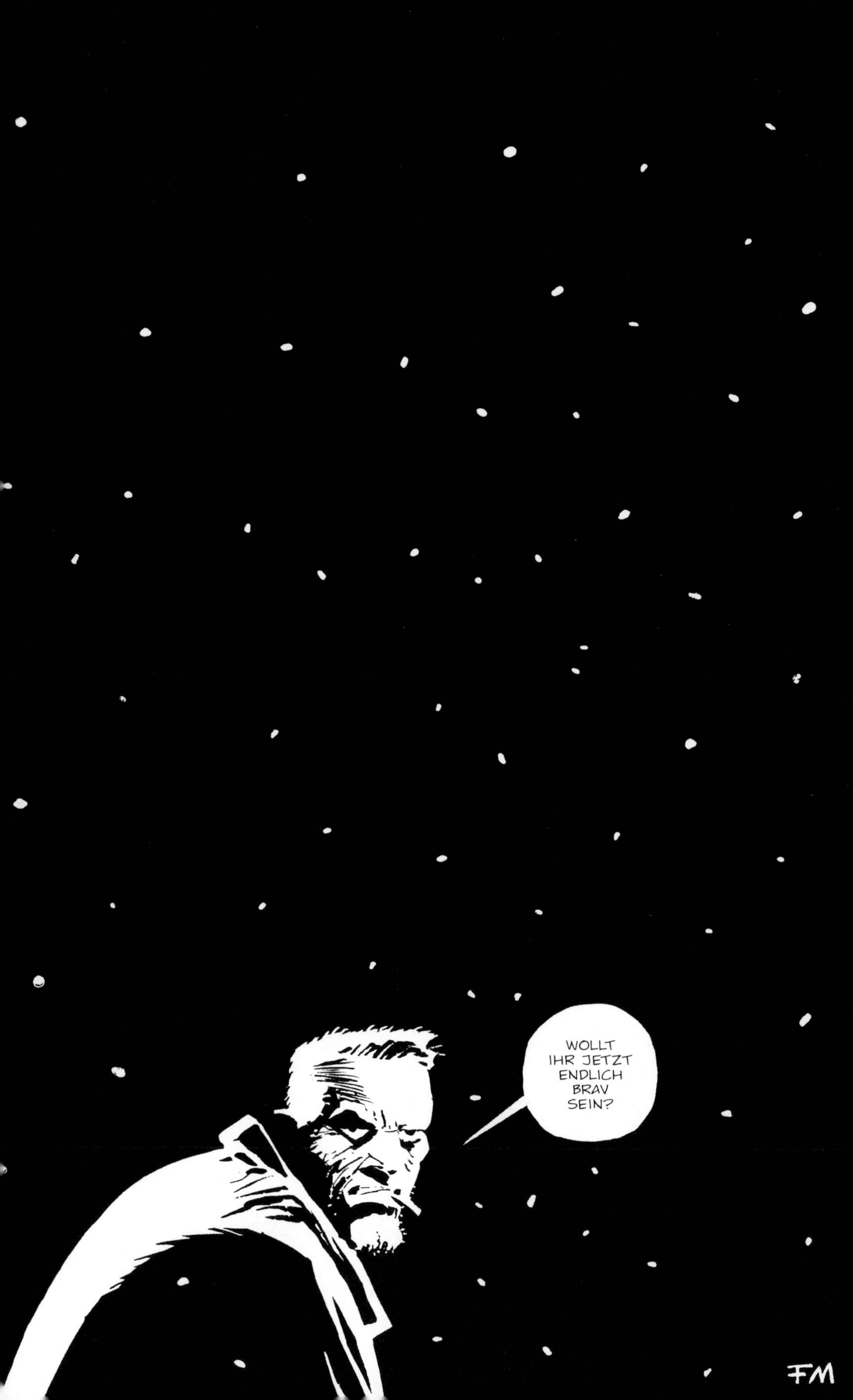
WOLLT IHR JETZT ENDLICH BRAV SEIN?
FM

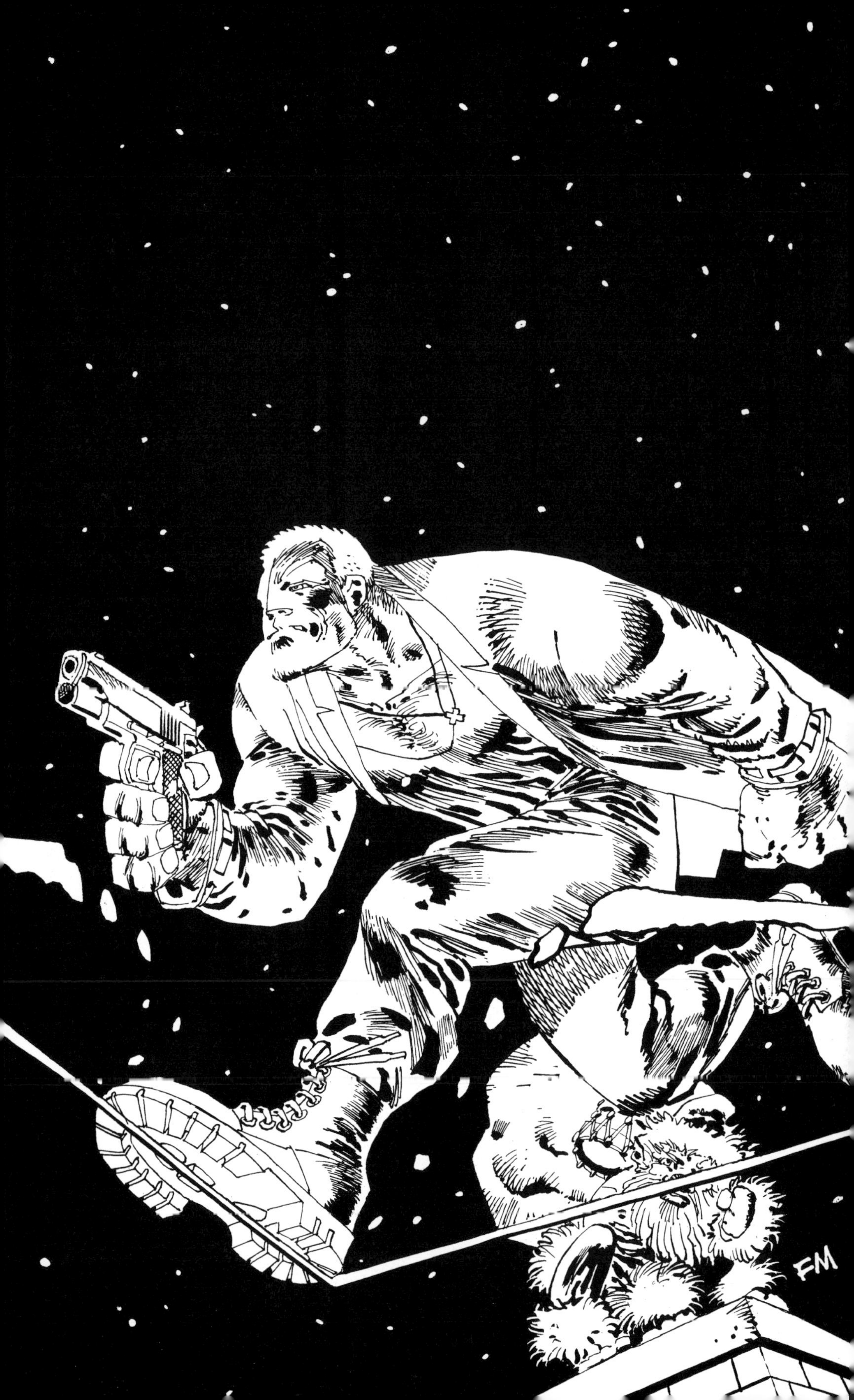
FM

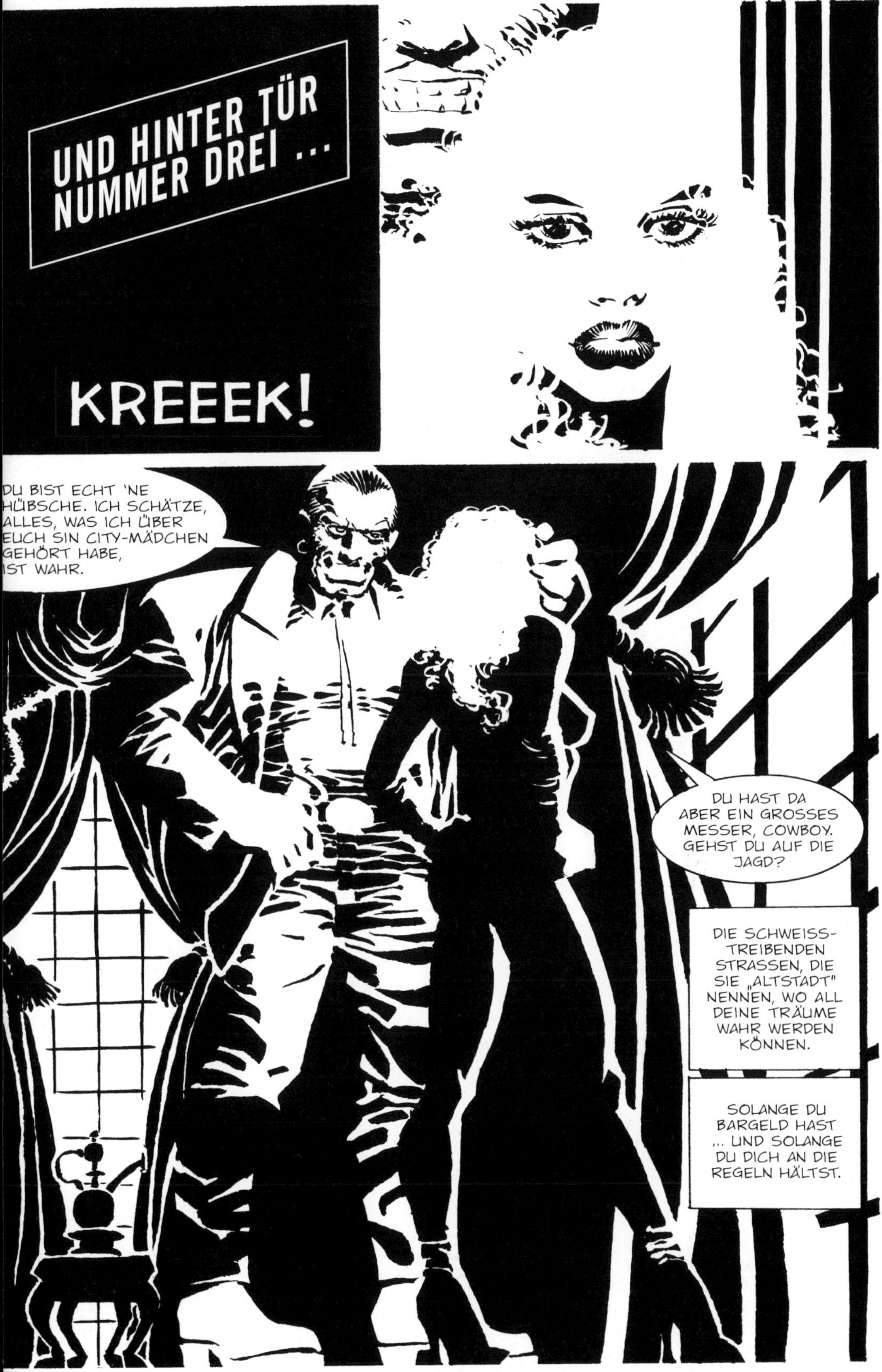
UND HINTER TÜR NUMMER DREI ...
KREEEK!
DU BIST ECHT 'NE HÜBSCHE. ICH SCHÄTZE, ALLES, WAS ICH ÜBER EUCH SIN CITY-MÄDCHEN GEHÖRT HABE, IST WAHR.
DU HAST DA ABER EIN GROSSES MESSER, COWBOY. GEHST DU AUF DIE JAGD?
DIE SCHWEISS-TREIBENDEN STRASSEN, DIE SIE „ALTSTADT" NENNEN, WO ALL DEINE TRÄUME WAHR WERDEN KÖNNEN.
SOLANGE DU BARGELD HAST ... UND SOLANGE DU DICH AN DIE REGELN HÄLTST.

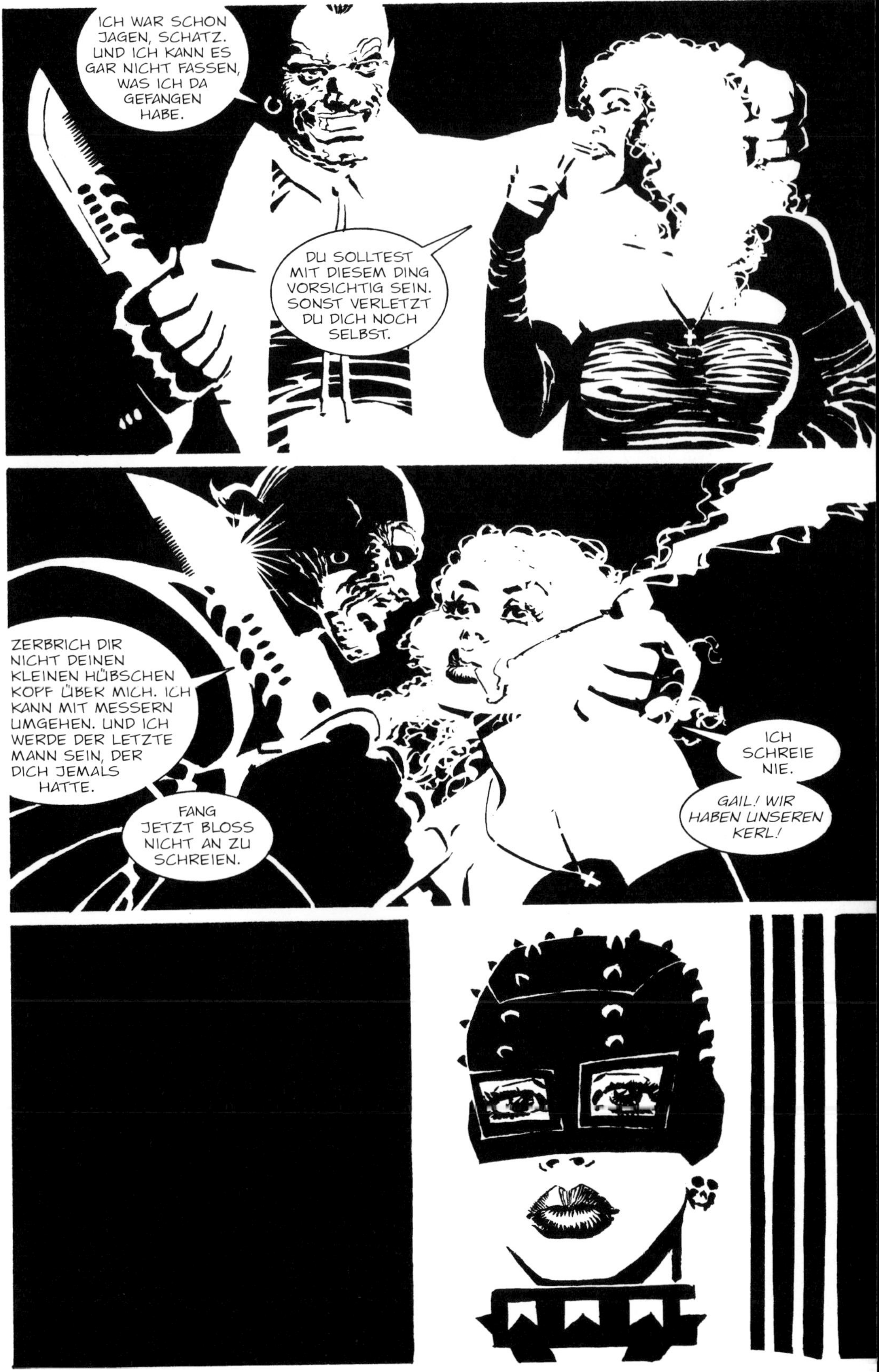
ICH WAR SCHON JAGEN, SCHATZ. UND ICH KANN ES GAR NICHT FASSEN, WAS ICH DA GEFANGEN HABE.
DU SOLLTEST MIT DIESEM DING VORSICHTIG SEIN. SONST VERLETZT DU DICH NOCH SELBST.
ZERBRICH DIR NICHT DEINEN KLEINEN HÜBSCHEN KOPF ÜBER MICH. ICH KANN MIT MESSERN UMGEHEN. UND ICH WERDE DER LETZTE MANN SEIN, DER DICH JEMALS HATTE.
FANG JETZT BLOSS NICHT AN ZU SCHREIEN.
ICH SCHREIE NIE.
GAIL! WIR HABEN UNSEREN KERL!

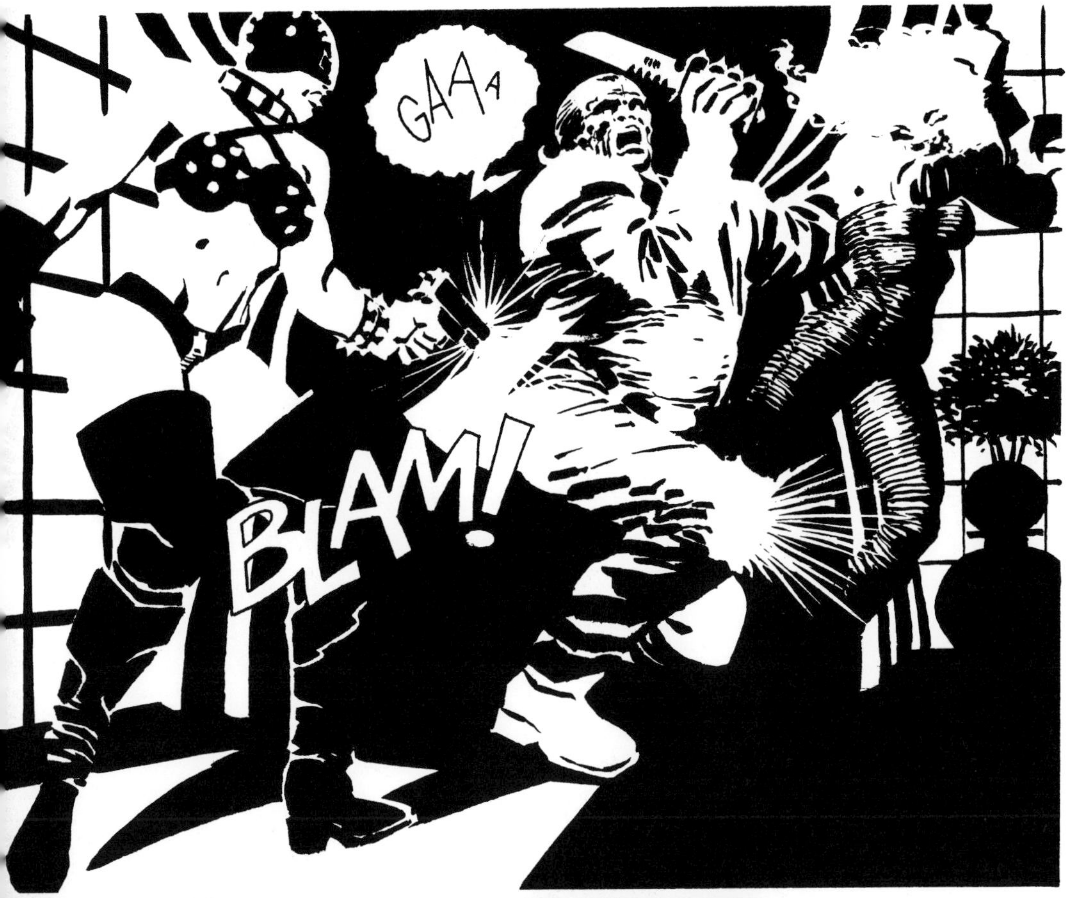
GAAA
BLAM!

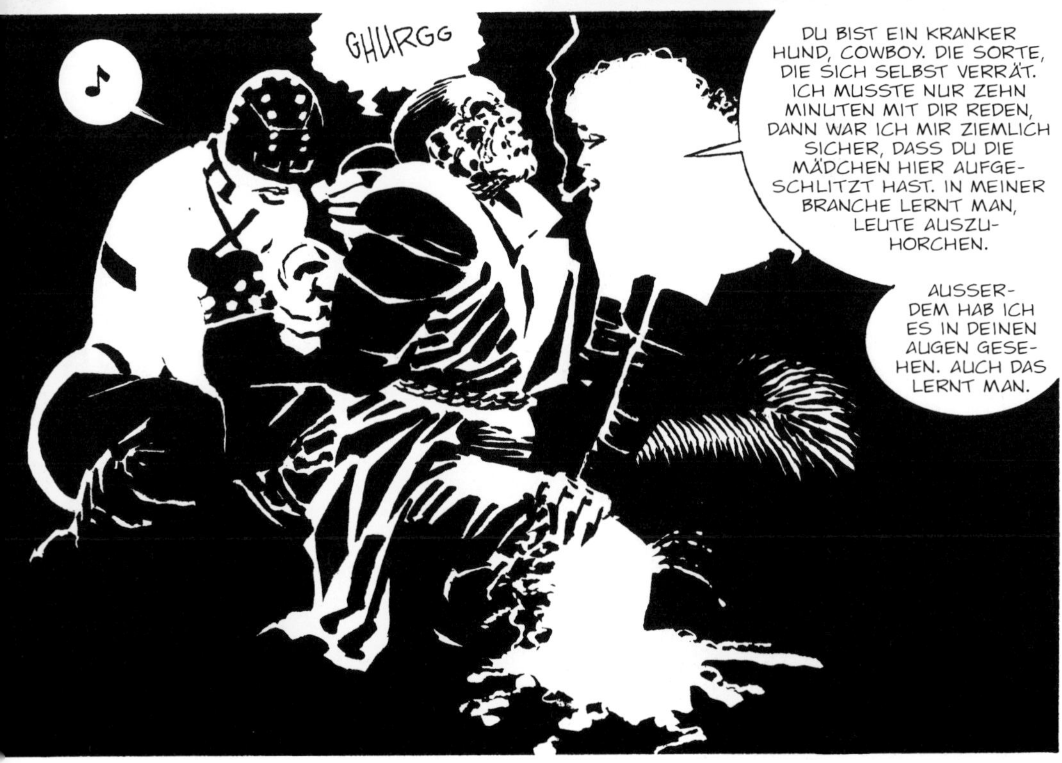
♪
GHURGG
DU BIST EIN KRANKER HUND, COWBOY. DIE SORTE, DIE SICH SELBST VERRÄT. ICH MUSSTE NUR ZEHN MINUTEN MIT DIR REDEN, DANN WAR ICH MIR ZIEMLICH SICHER, DASS DU DIE MÄDCHEN HIER AUFGESCHLITZT HAST. IN MEINER BRANCHE LERNT MAN, LEUTE AUSZUHORCHEN.
AUSSERDEM HAB ICH ES IN DEINEN AUGEN GESEHEN. AUCH DAS LERNT MAN.

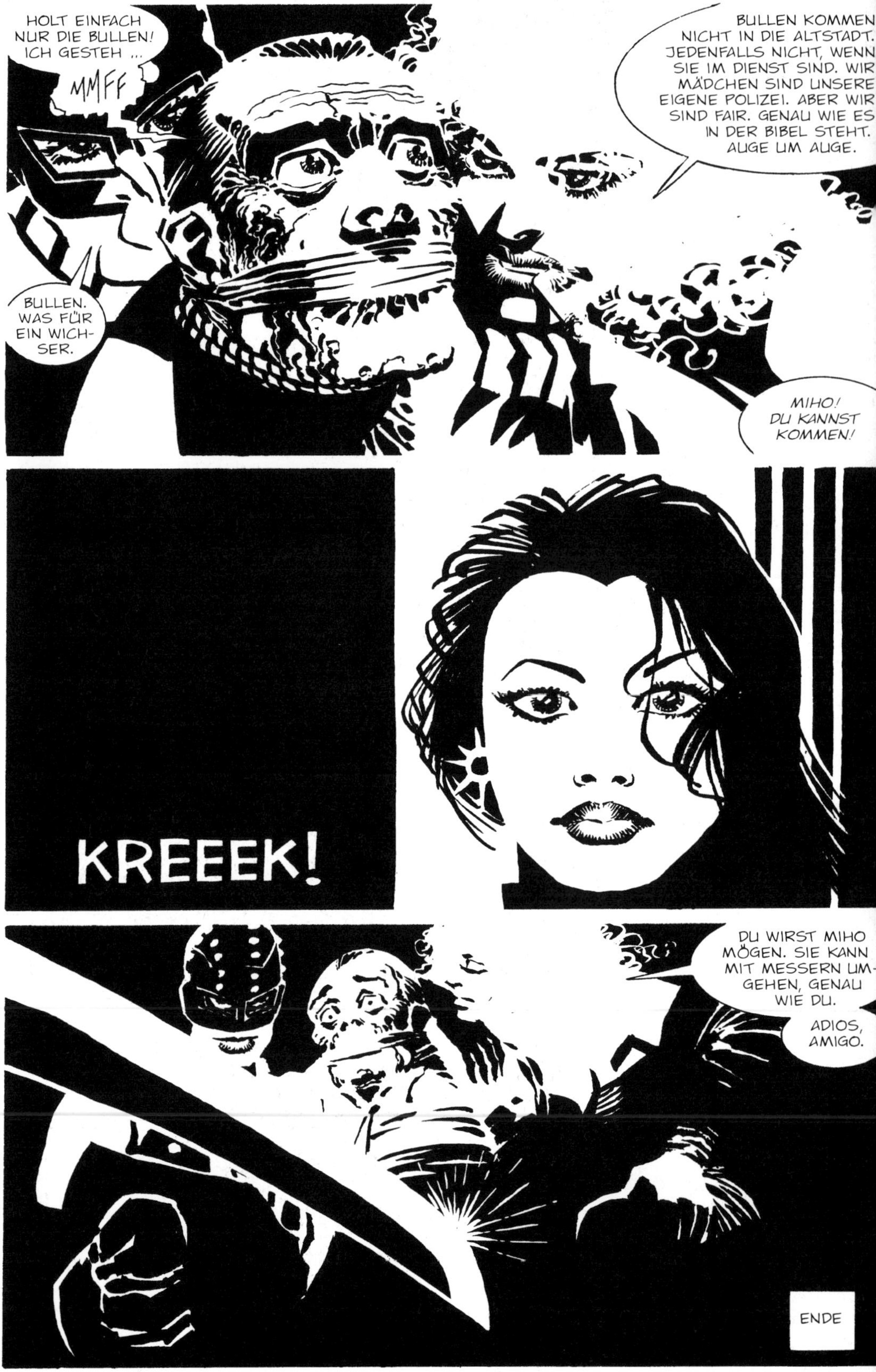
HOLT EINFACH NUR DIE BULLEN! ICH GESTEH ...
MMFF
BULLEN KOMMEN NICHT IN DIE ALTSTADT. JEDENFALLS NICHT, WENN SIE IM DIENST SIND. WIR MÄDCHEN SIND UNSERE EIGENE POLIZEI. ABER WIR SIND FAIR. GENAU WIE ES IN DER BIBEL STEHT. AUGE UM AUGE.
BULLEN. WAS FÜR EIN WICH-SER.
MIHO! DU KANNST KOMMEN!
KREEEK!
DU WIRST MIHO MÖGEN. SIE KANN MIT MESSERN UM-GEHEN, GENAU WIE DU.
ADIOS, AMIGO.
ENDE

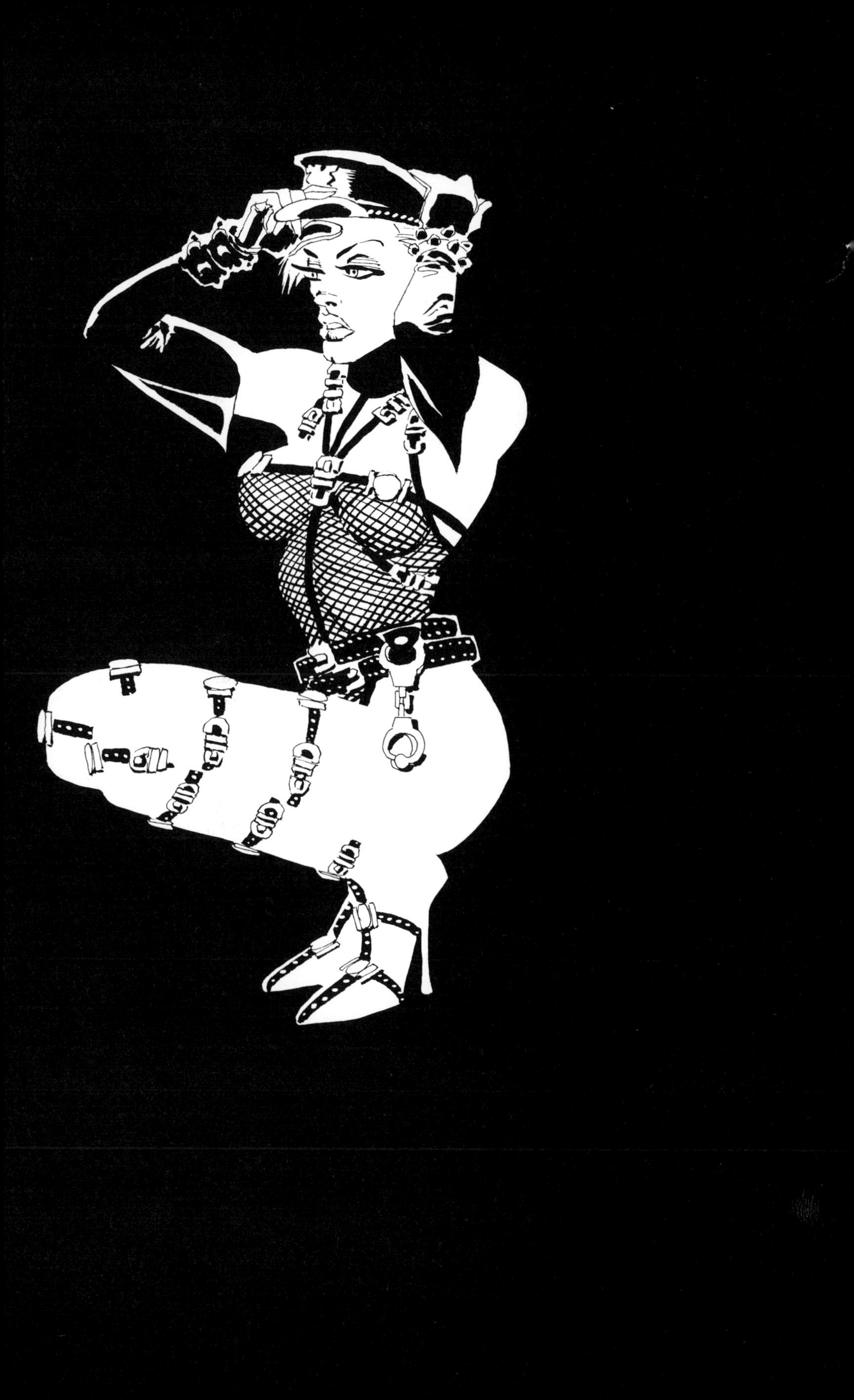

BLUE EYES

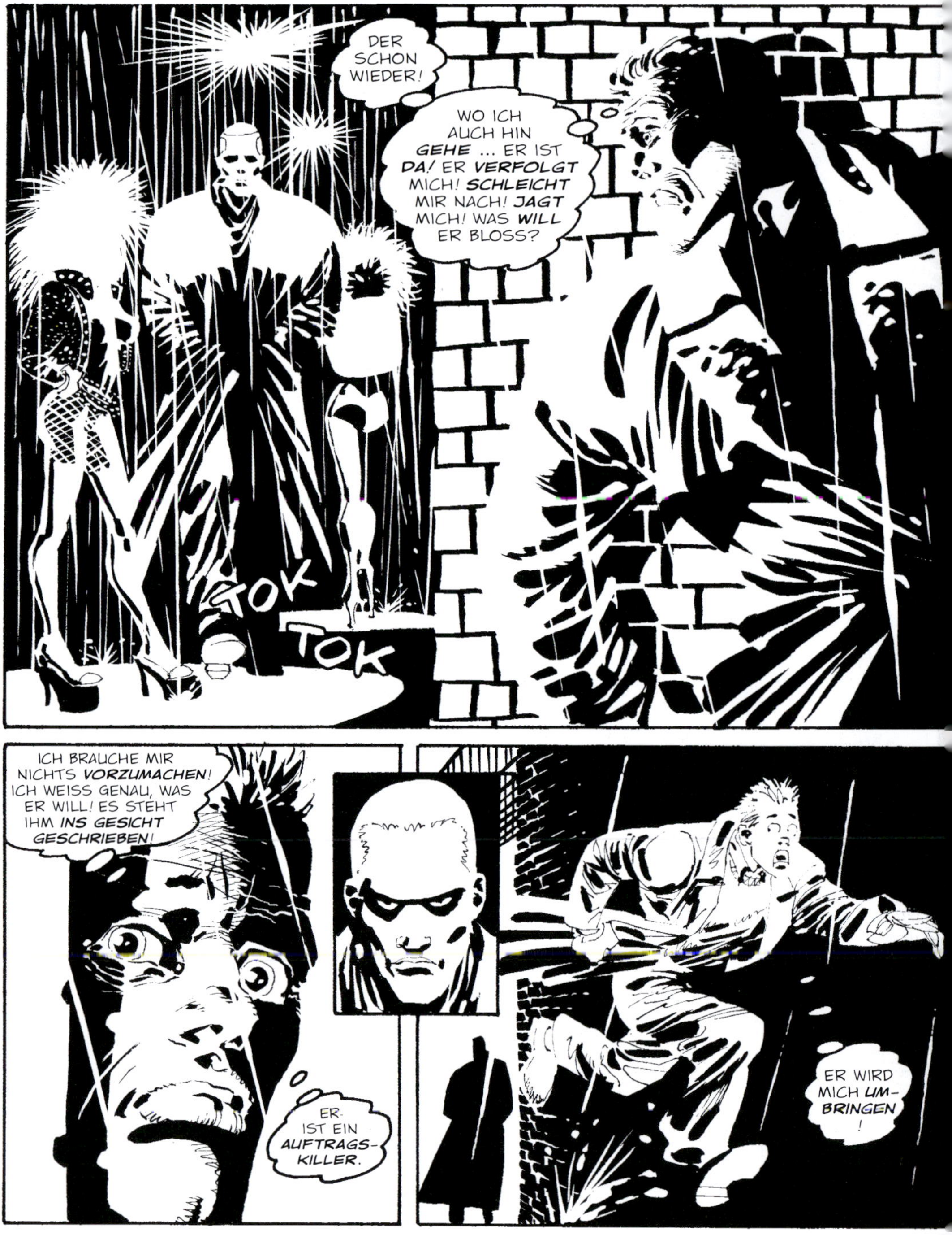
DER SCHON WIEDER!
WO ICH AUCH HIN GEHE ... ER IST DA! ER VERFOLGT MICH! SCHLEICHT MIR NACH! JAGT MICH! WAS WILL ER BLOSS?
TOK
TOK
ICH BRAUCHE MIR NICHTS VORZUMACHEN! ICH WEISS GENAU, WAS ER WILL! ES STEHT IHM INS GESICHT GESCHRIEBEN!
ER IST EIN AUFTRAGS-KILLER.
ER WIRD MICH UM-BRINGEN!

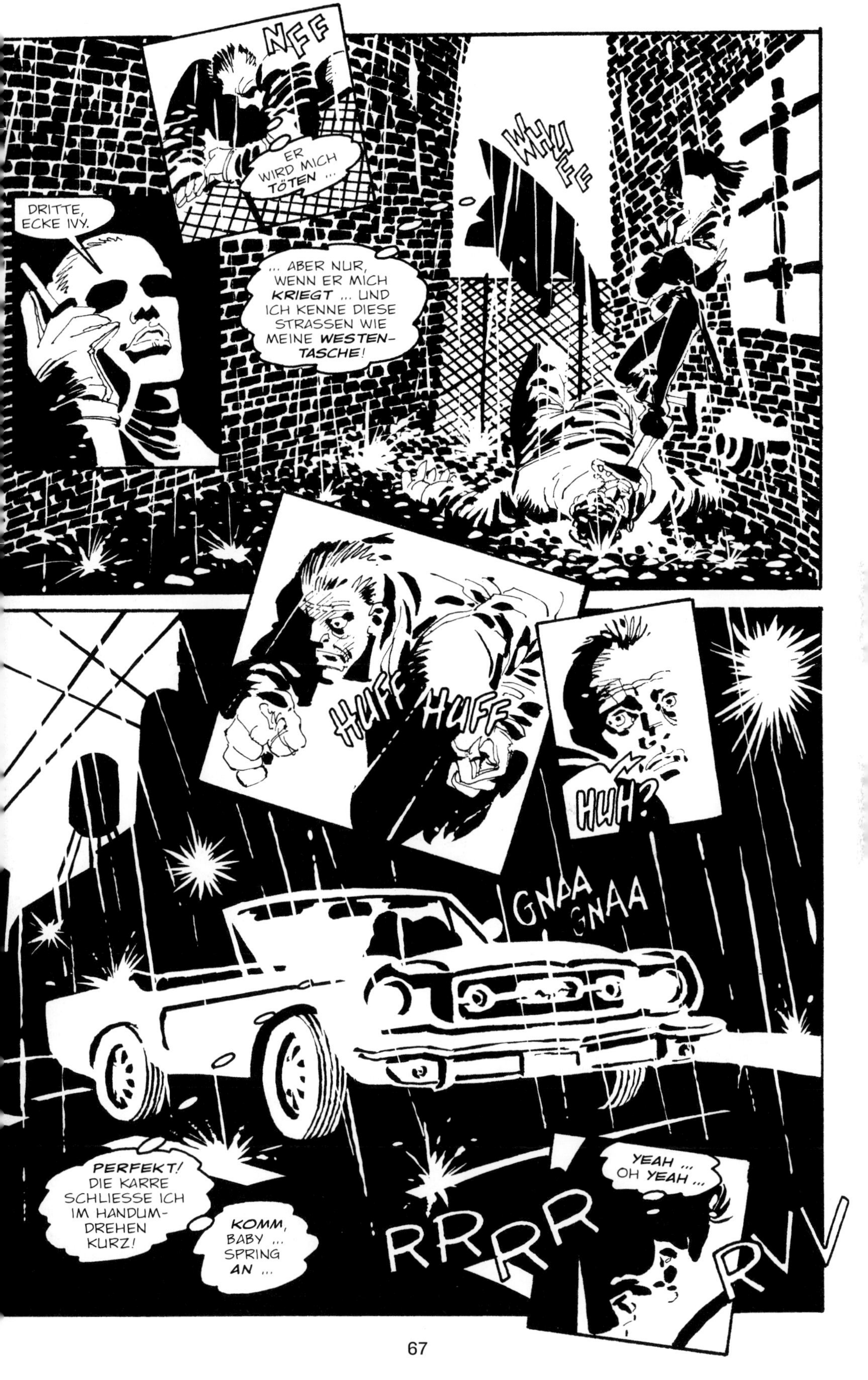

NFF
ER WIRD MICH TÖTEN ...
DRITTE, ECKE IVY.
... ABER NUR, WENN ER MICH KRIEGT ... UND ICH KENNE DIESE STRASSEN WIE MEINE WESTENTASCHE!
WHUFF
HUFF HUFF
HUH?
GNAA GNAA
PERFEKT! DIE KARRE SCHLIESSE ICH IM HANDUMDREHEN KURZ!
KOMM, BABY ... SPRING AN ...
RRRRR
YEAH ... OH YEAH ...
RVVV

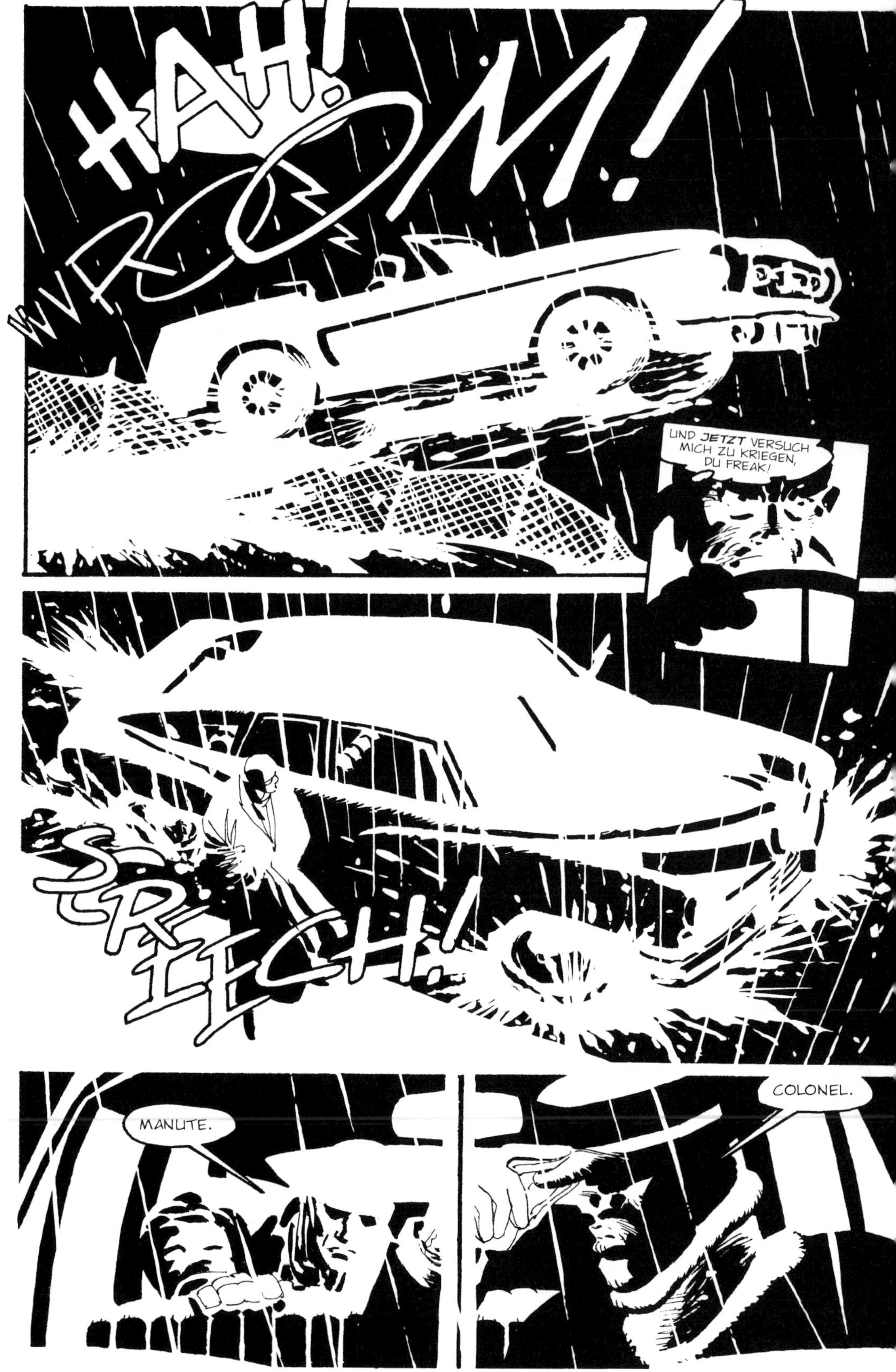
HAH!
WRROOM!
UND JETZT VERSUCH MICH ZU KRIEGEN, DU FREAK!
SCRIECH!
MANUTE.
COLONEL.

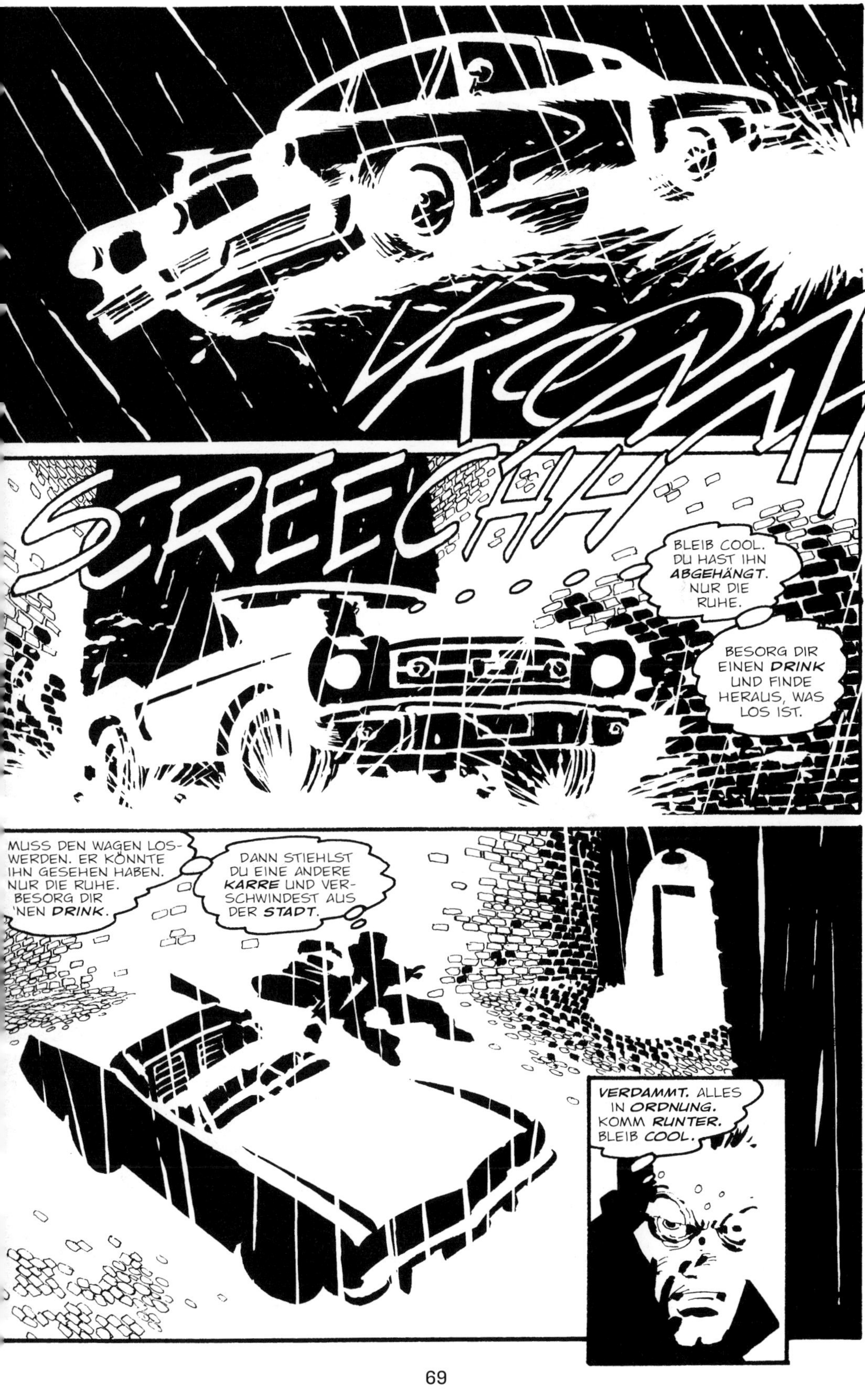
VROOM
SCREECHHH
BLEIB COOL. DU HAST IHN ABGEHÄNGT. NUR DIE RUHE.
BESORG DIR EINEN DRINK UND FINDE HERAUS, WAS LOS IST.
MUSS DEN WAGEN LOSWERDEN. ER KÖNNTE IHN GESEHEN HABEN. NUR DIE RUHE. BESORG DIR 'NEN DRINK.
DANN STIEHLST DU EINE ANDERE KARRE UND VERSCHWINDEST AUS DER STADT.
VERDAMMT. ALLES IN ORDNUNG. KOMM RUNTER. BLEIB COOL.

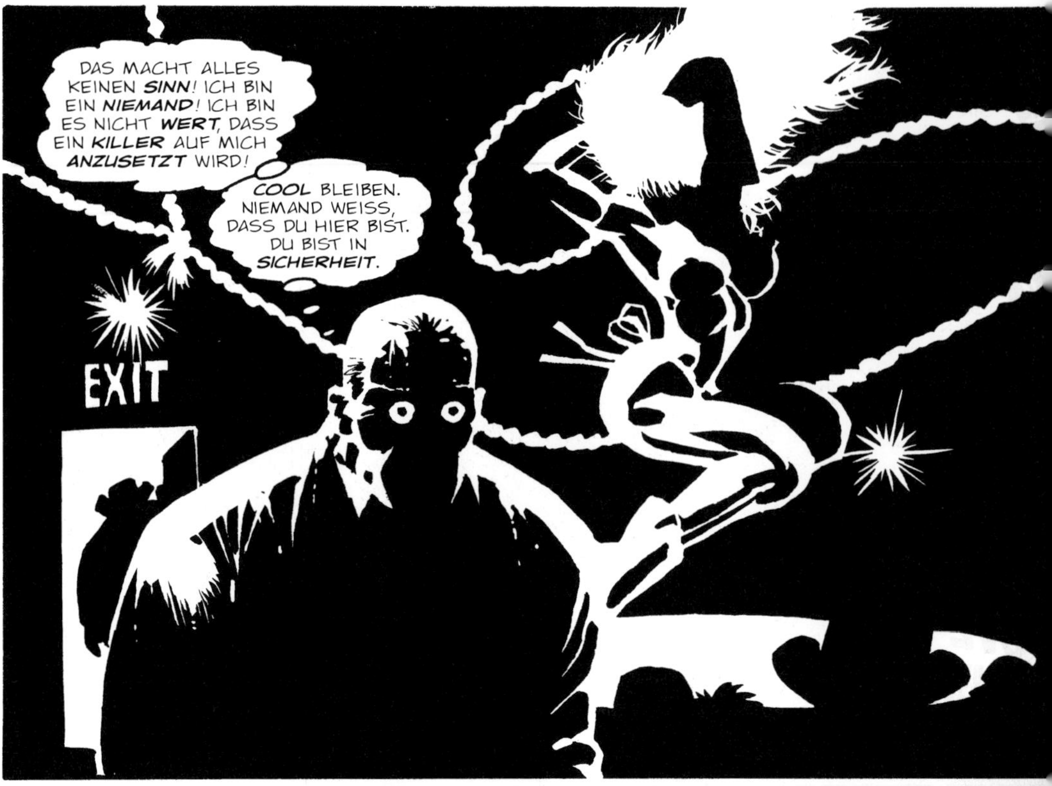
DAS MACHT ALLES KEINEN SINN! ICH BIN EIN NIEMAND! ICH BIN ES NICHT WERT, DASS EIN KILLER AUF MICH ANZUSETZT WIRD!
COOL BLEIBEN. NIEMAND WEISS, DASS DU HIER BIST. DU BIST IN SICHERHEIT.
EXIT

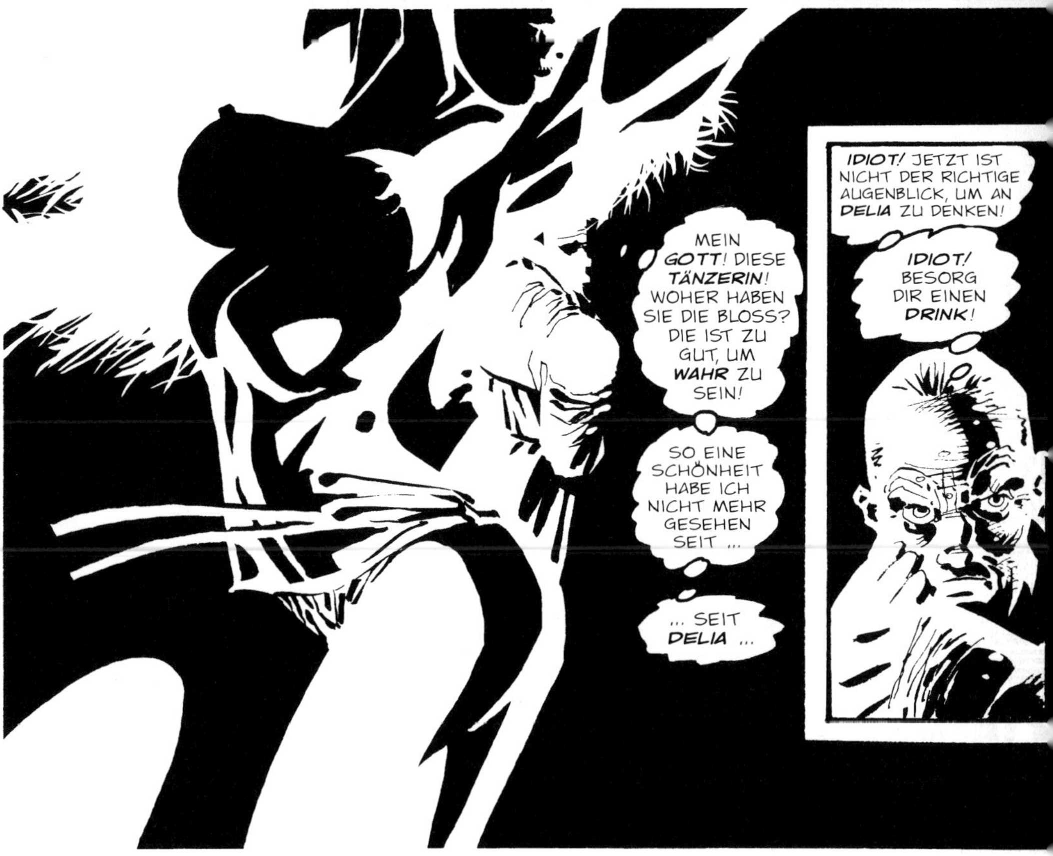
MEIN GOTT! DIESE TÄNZERIN! WOHER HABEN SIE DIE BLOSS? DIE IST ZU GUT, UM WAHR ZU SEIN!
SO EINE SCHÖNHEIT HABE ICH NICHT MEHR GESEHEN SEIT ...
... SEIT DELIA ...
IDIOT! JETZT IST NICHT DER RICHTIGE AUGENBLICK, UM AN DELIA ZU DENKEN!
IDIOT! BESORG DIR EINEN DRINK!

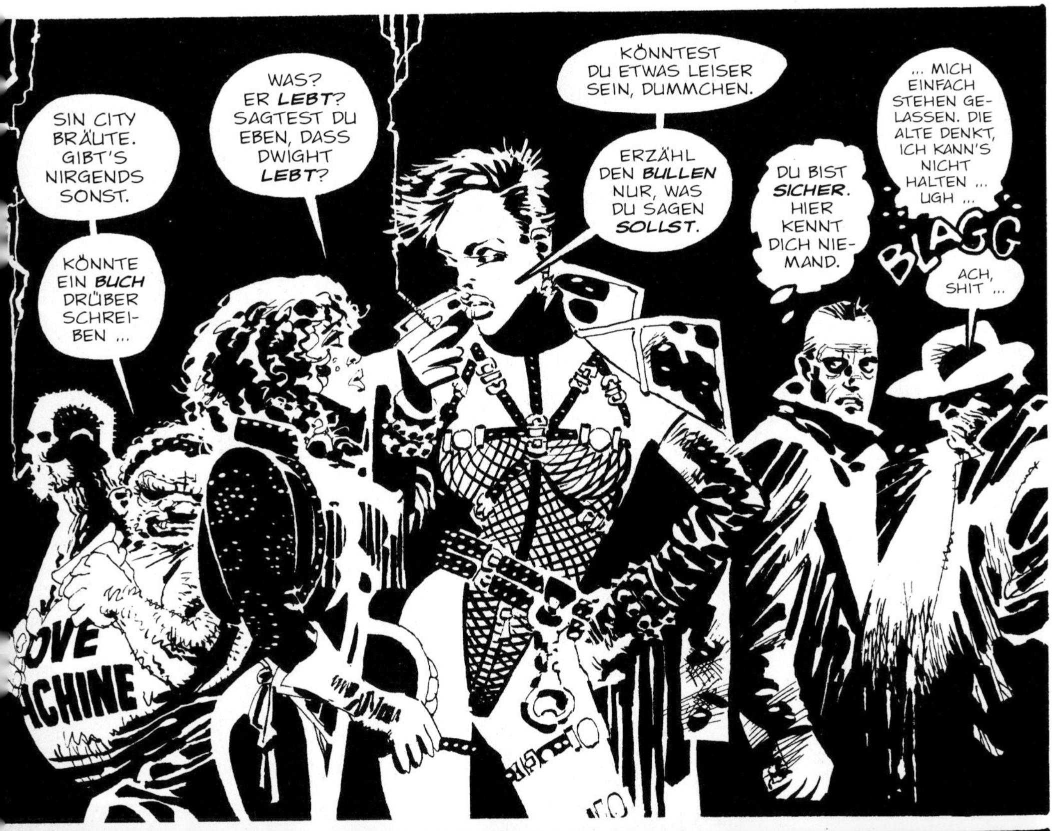
SIN CITY BRÄUTE. GIBT'S NIRGENDS SONST.
KÖNNTE EIN BUCH DRÜBER SCHREIBEN ...
WAS? ER LEBT? SAGTEST DU EBEN, DASS DWIGHT LEBT?
KÖNNTEST DU ETWAS LEISER SEIN, DUMMCHEN.
ERZÄHL DEN BULLEN NUR, WAS DU SAGEN SOLLST.
DU BIST SICHER. HIER KENNT DICH NIEMAND.
... MICH EINFACH STEHEN GELASSEN. DIE ALTE DENKT, ICH KANN'S NICHT HALTEN ... UGH ...
BLAGG
ACH, SHIT ...
OVE
CHINE

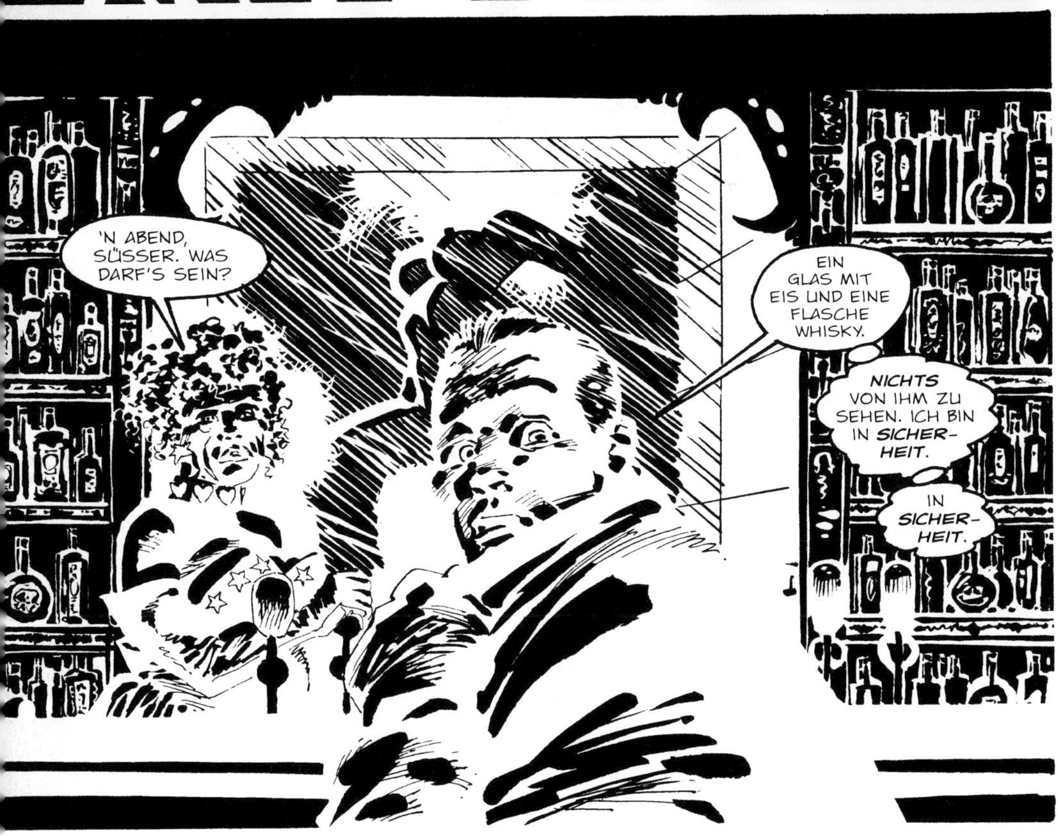
'N ABEND, SÜSSER. WAS DARF'S SEIN?
EIN GLAS MIT EIS UND EINE FLASCHE WHISKY.
NICHTS VON IHM ZU SEHEN. ICH BIN IN SICHERHEIT.
IN SICHERHEIT.

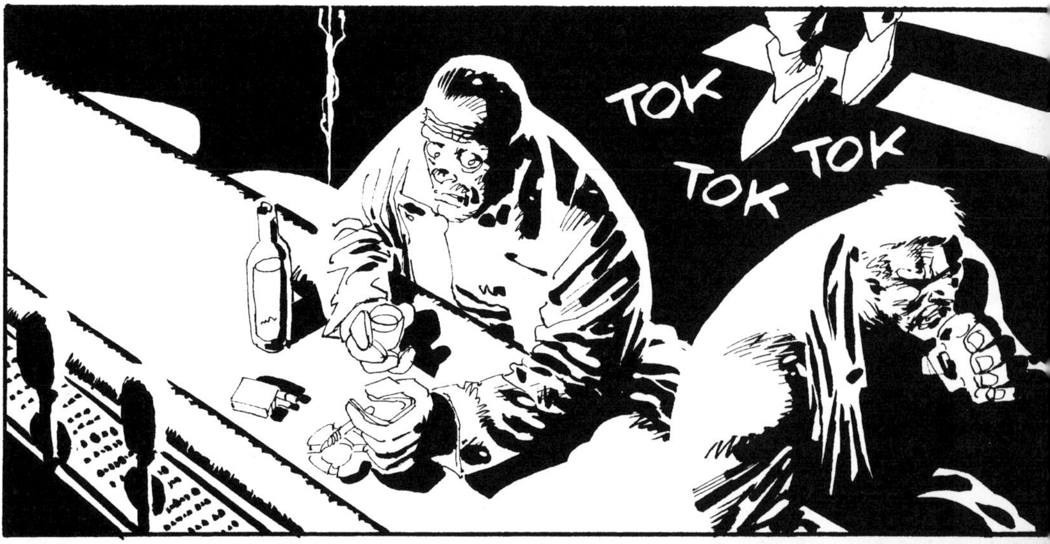
TOK
TOK TOK
TOK

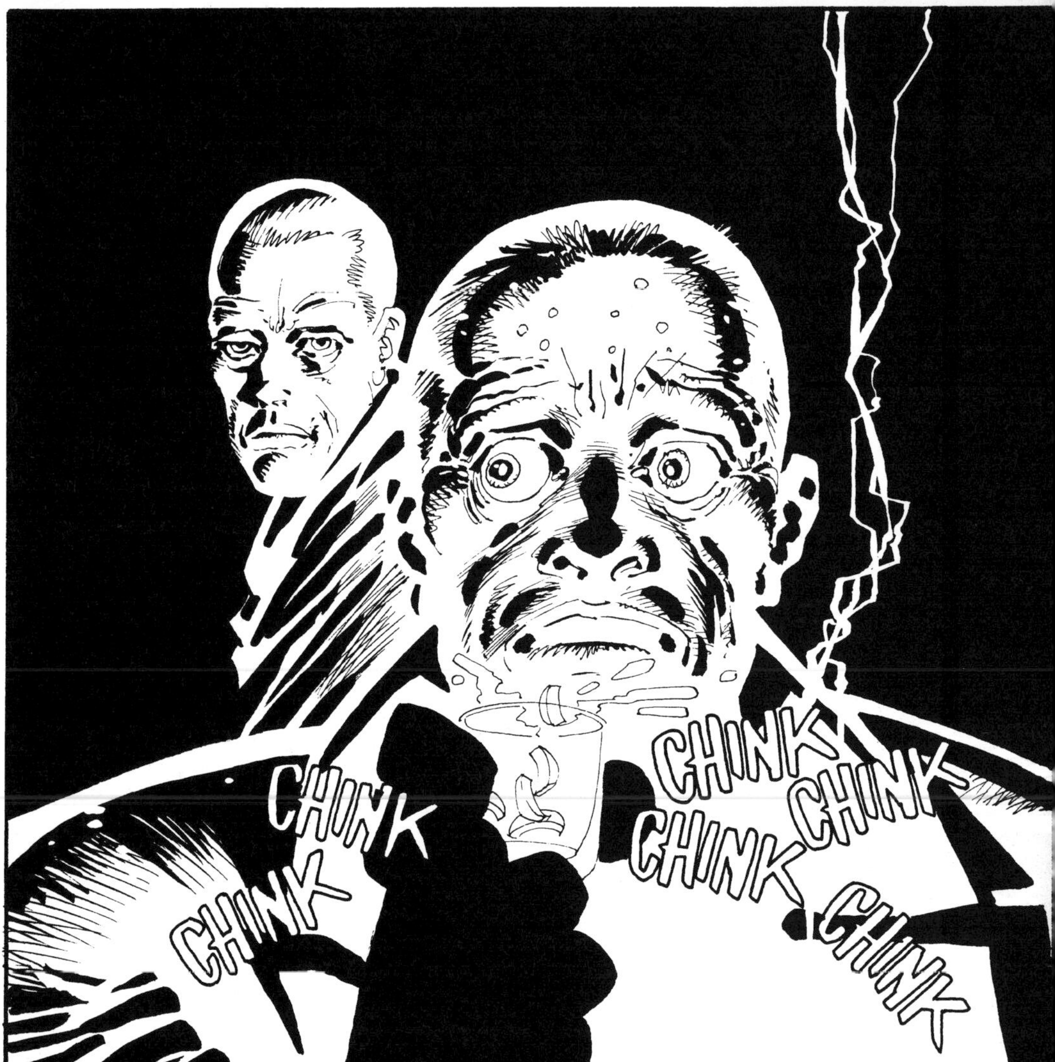
CHINK
CHINK
CHINK
CHINK
CHINK
CHINK

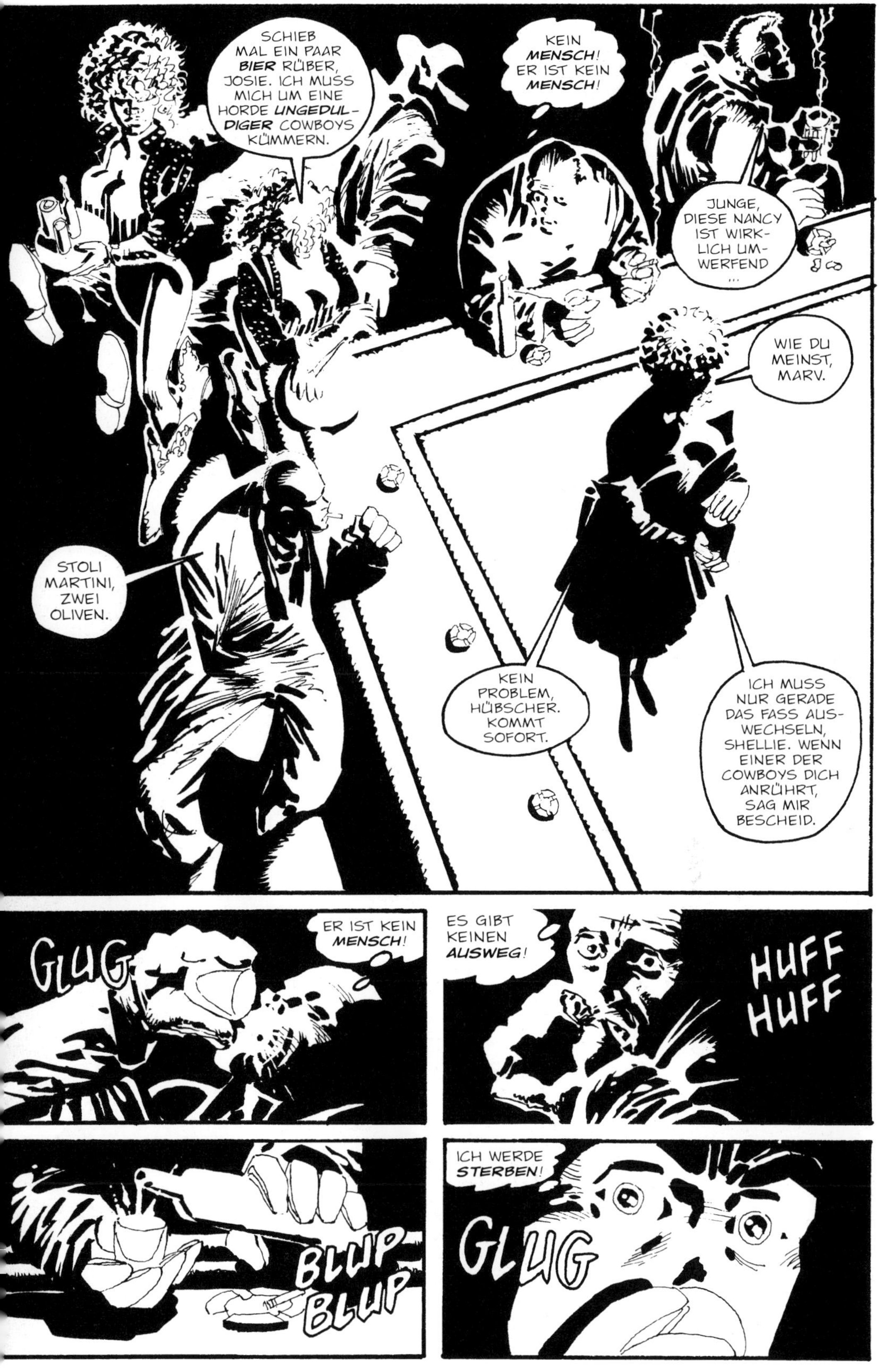
SCHIEB MAL EIN PAAR BIER RÜBER, JOSIE. ICH MUSS MICH UM EINE HORDE UNGEDULDIGER COWBOYS KÜMMERN.
KEIN MENSCH! ER IST KEIN MENSCH!
JUNGE, DIESE NANCY IST WIRKLICH UMWERFEND ...
WIE DU MEINST, MARV.
STOLI MARTINI, ZWEI OLIVEN.
KEIN PROBLEM, HÜBSCHER. KOMMT SOFORT.
ICH MUSS NUR GERADE DAS FASS AUSWECHSELN, SHELLIE. WENN EINER DER COWBOYS DICH ANRÜHRT, SAG MIR BESCHEID.
GLUG
ER IST KEIN MENSCH!
ES GIBT KEINEN AUSWEG!
HUFF HUFF
BLUP BLUP
ICH WERDE STERBEN!
GLUG

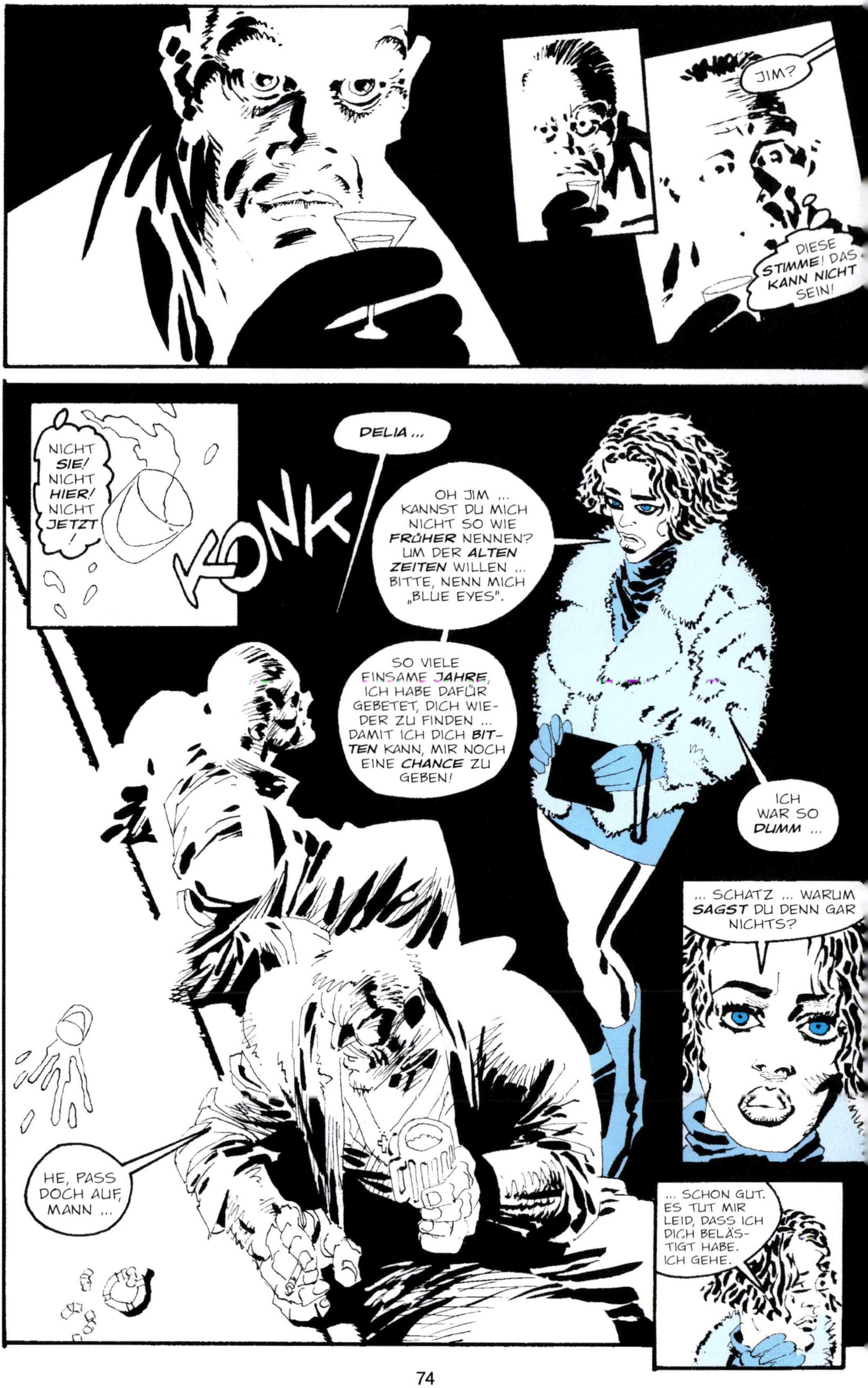
JIM?
DIESE STIMME! DAS KANN NICHT SEIN!
NICHT SIE! NICHT HIER! NICHT JETZT!
KONK
DELIA ...
OH JIM ... KANNST DU MICH NICHT SO WIE FRÜHER NENNEN? UM DER ALTEN ZEITEN WILLEN ... BITTE, NENN MICH „BLUE EYES".
SO VIELE EINSAME JAHRE, ICH HABE DAFÜR GEBETET, DICH WIEDER ZU FINDEN ... DAMIT ICH DICH BITTEN KANN, MIR NOCH EINE CHANCE ZU GEBEN!
ICH WAR SO DUMM ...
... SCHATZ ... WARUM SAGST DU DENN GAR NICHTS?
HE, PASS DOCH AUF, MANN ...
... SCHON GUT. ES TUT MIR LEID, DASS ICH DICH BELÄSTIGT HABE. ICH GEHE.

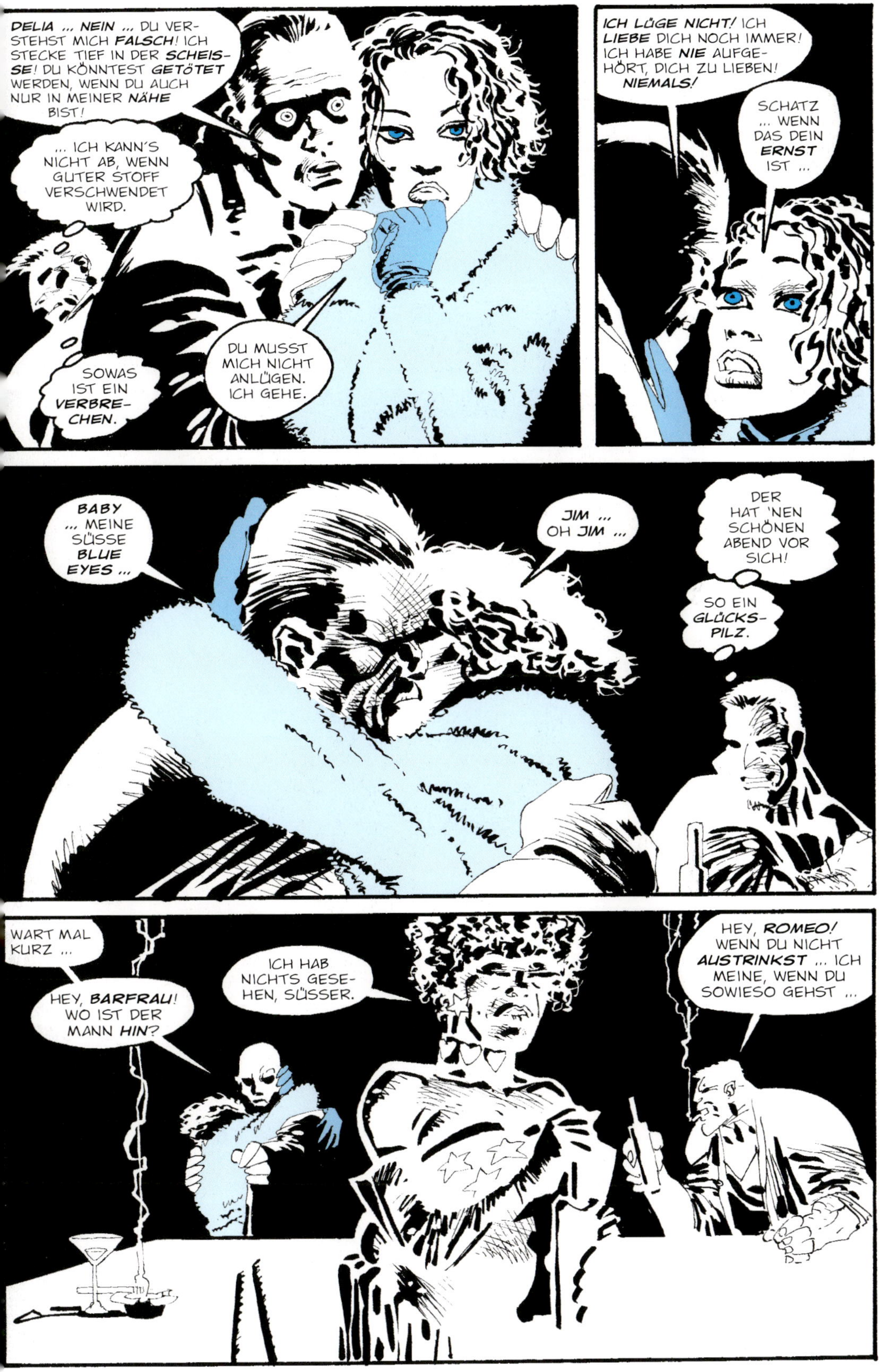
DELIA ... NEIN ... DU VERSTEHST MICH FALSCH! ICH STECKE TIEF IN DER SCHEISSE! DU KÖNNTEST GETÖTET WERDEN, WENN DU AUCH NUR IN MEINER NÄHE BIST!
... ICH KANN'S NICHT AB, WENN GUTER STOFF VERSCHWENDET WIRD.
SOWAS IST EIN VERBRECHEN.
DU MUSST MICH NICHT ANLÜGEN. ICH GEHE.
ICH LÜGE NICHT! ICH LIEBE DICH NOCH IMMER! ICH HABE NIE AUFGEHÖRT, DICH ZU LIEBEN! NIEMALS!
SCHATZ ... WENN DAS DEIN ERNST IST ...
BABY ... MEINE SÜSSE BLUE EYES ...
JIM ... OH JIM ...
DER HAT 'NEN SCHÖNEN ABEND VOR SICH!
SO EIN GLÜCKSPILZ.
WART MAL KURZ ...
HEY, BARFRAU! WO IST DER MANN HIN?
ICH HAB NICHTS GESEHEN, SÜSSER.
HEY, ROMEO! WENN DU NICHT AUSTRINKST ... ICH MEINE, WENN DU SOWIESO GEHST ...

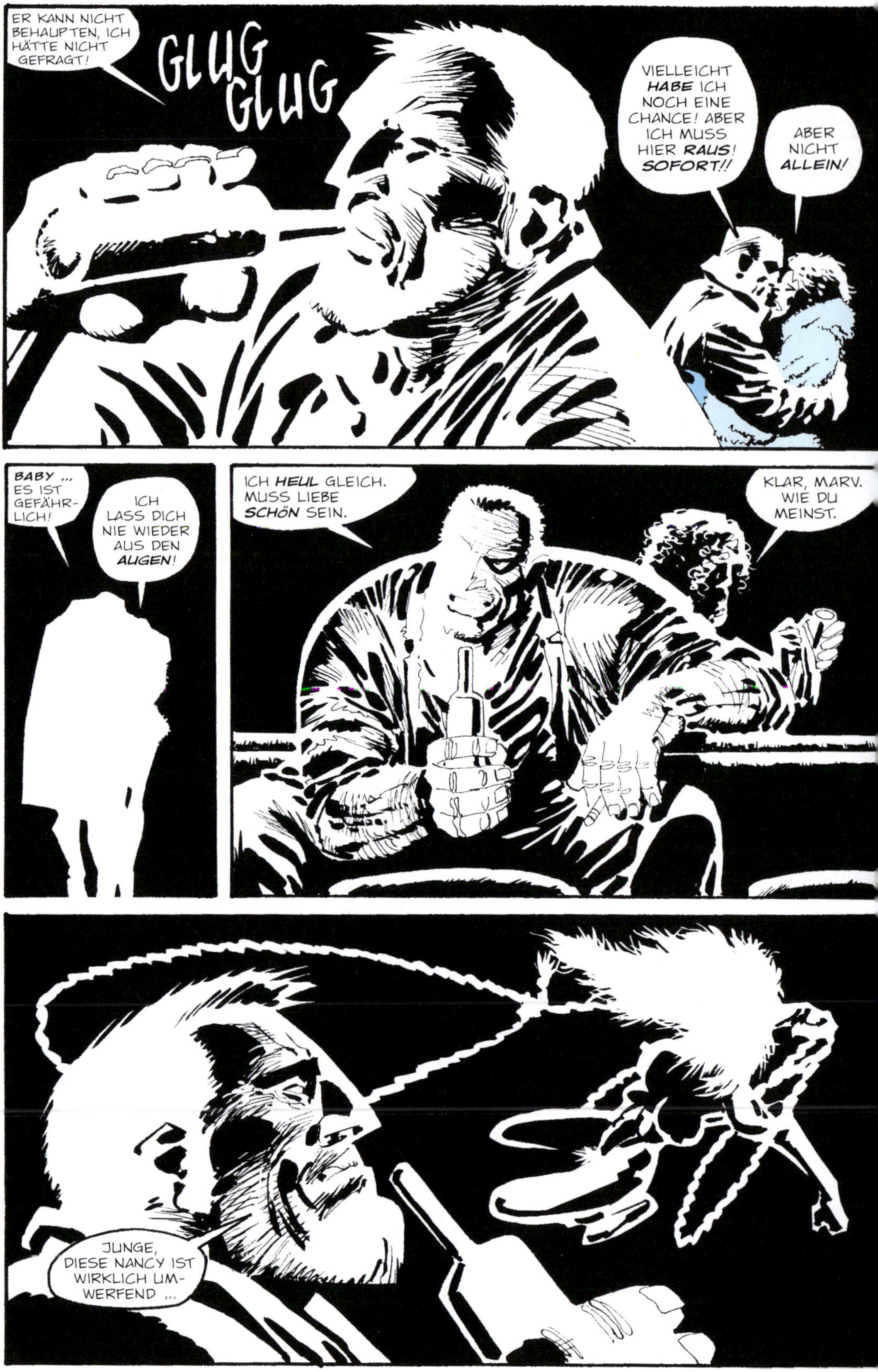
ER KANN NICHT BEHAUPTEN, ICH HÄTTE NICHT GEFRAGT!
GLUG GLUG
VIELLEICHT **HABE** ICH NOCH EINE CHANCE! ABER ICH MUSS HIER **RAUS**! **SOFORT**!!
ABER NICHT **ALLEIN**!
BABY ... ES IST GEFÄHRLICH!
ICH LASS DICH NIE WIEDER AUS DEN **AUGEN**!
ICH **HEUL** GLEICH. MUSS LIEBE **SCHÖN** SEIN.
KLAR, MARV. WIE DU MEINST.
JUNGE, DIESE NANCY IST WIRKLICH UMWERFEND ...

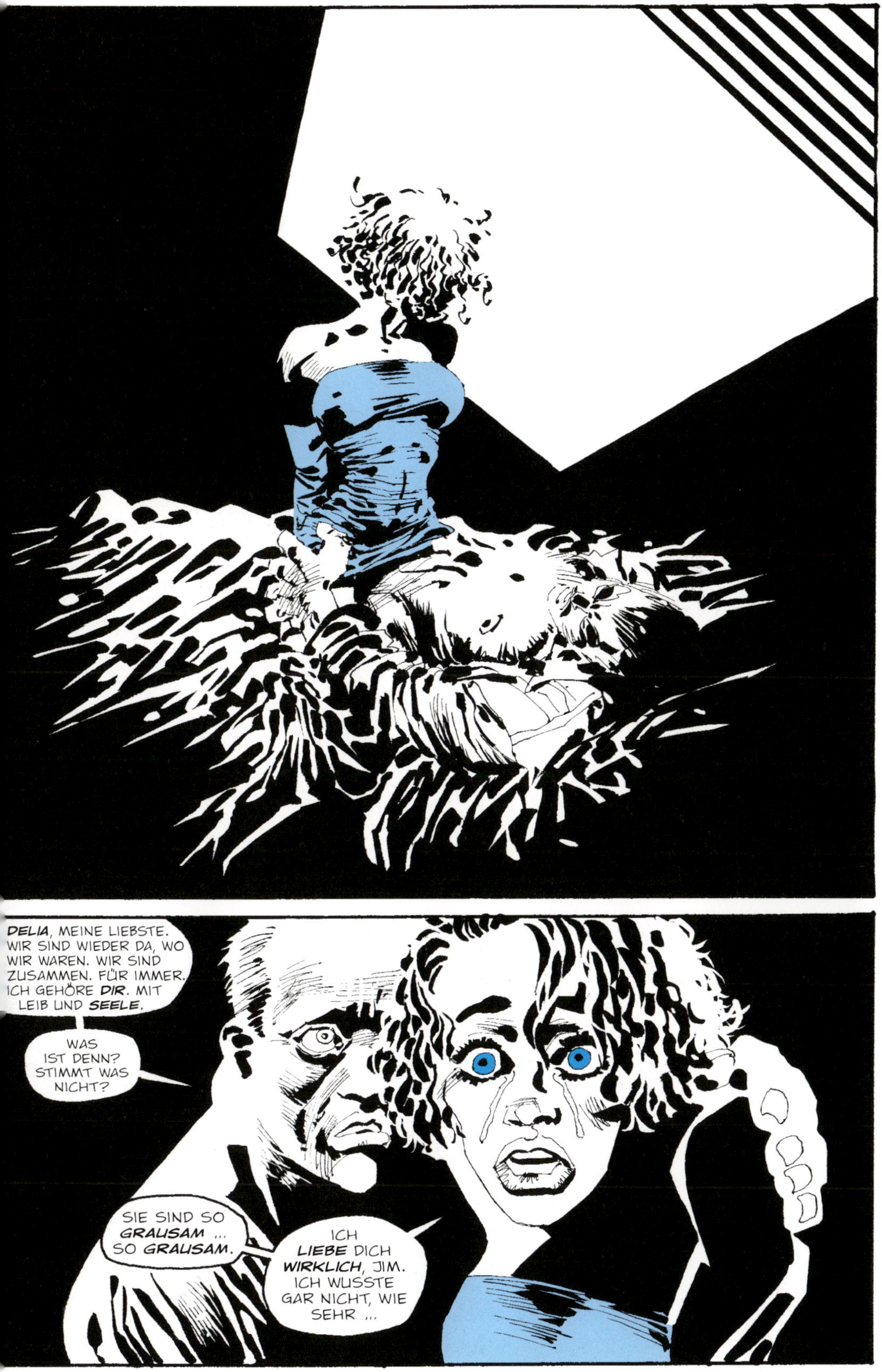
DELIA, MEINE LIEBSTE. WIR SIND WIEDER DA, WO WIR WAREN. WIR SIND ZUSAMMEN. FÜR IMMER. ICH GEHÖRE DIR. MIT LEIB UND SEELE.
WAS IST DENN? STIMMT WAS NICHT?
SIE SIND SO GRAUSAM ... SO GRAUSAM.
ICH LIEBE DICH WIRKLICH, JIM. ICH WUSSTE GAR NICHT, WIE SEHR ...

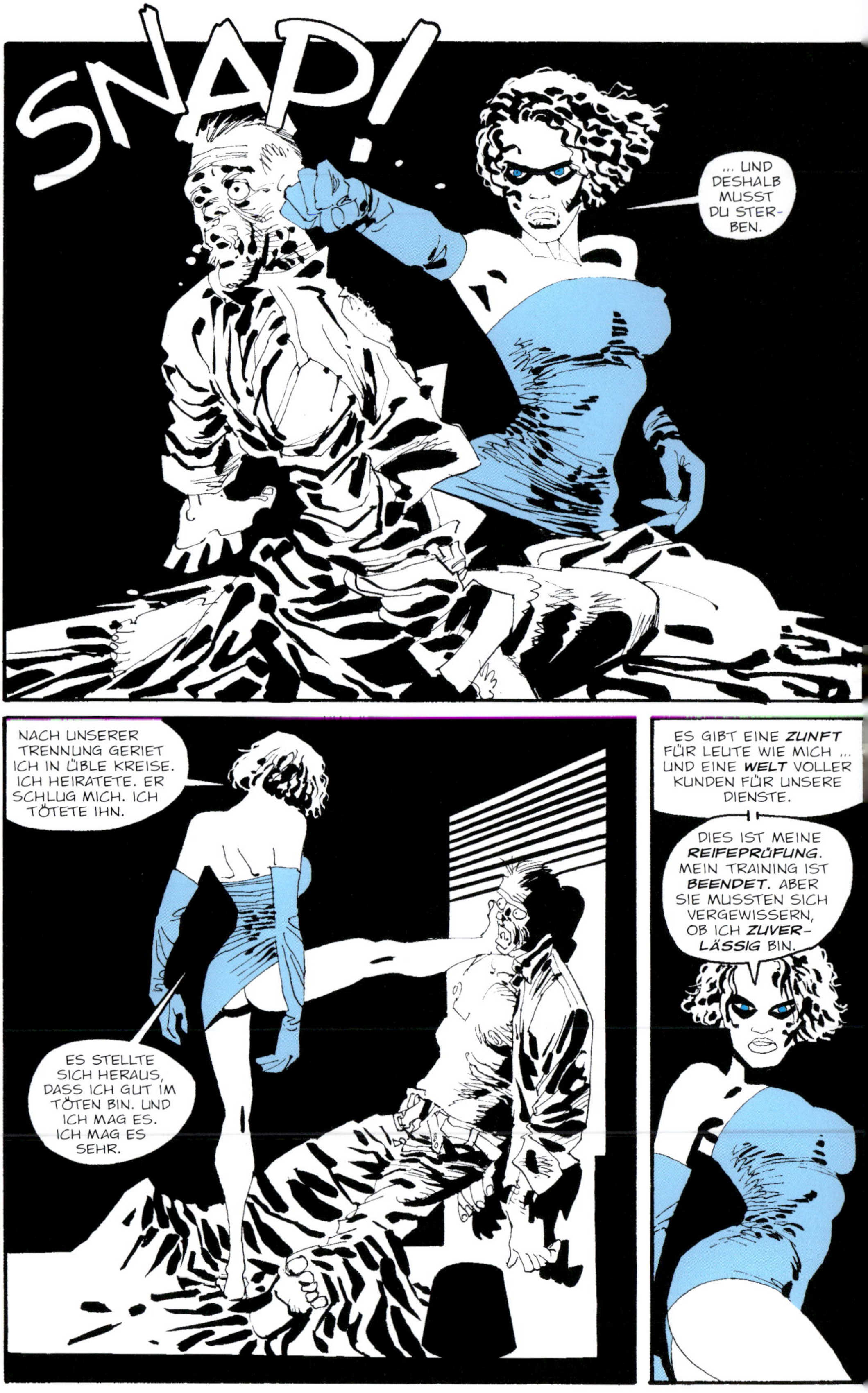
SNAP!
... UND DESHALB MUSST DU STERBEN.
NACH UNSERER TRENNUNG GERIET ICH IN ÜBLE KREISE. ICH HEIRATETE. ER SCHLUG MICH. ICH TÖTETE IHN.
ES STELLTE SICH HERAUS, DASS ICH GUT IM TÖTEN BIN. UND ICH MAG ES. ICH MAG ES SEHR.
ES GIBT EINE **ZUNFT** FÜR LEUTE WIE MICH ... UND EINE **WELT** VOLLER KUNDEN FÜR UNSERE DIENSTE.
DIES IST MEINE **REIFEPRÜFUNG**. MEIN TRAINING IST **BEENDET**. ABER SIE MUSSTEN SICH VERGEWISSERN, OB ICH **ZUVERLÄSSIG** BIN.

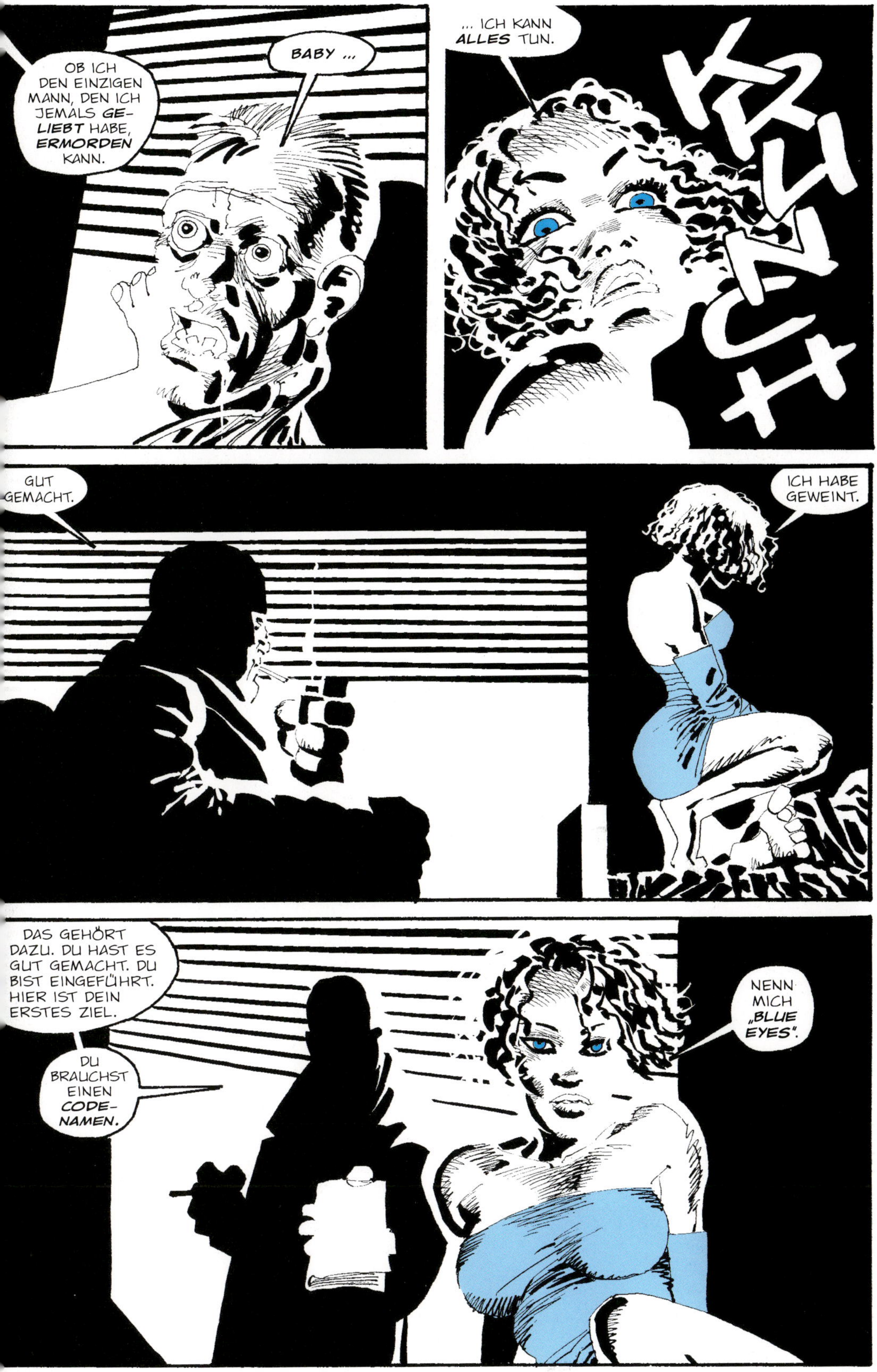
OB ICH DEN EINZIGEN MANN, DEN ICH JEMALS GELIEBT HABE, ERMORDEN KANN.
BABY ...
... ICH KANN ALLES TUN.
KRUNCH
GUT GEMACHT.
ICH HABE GEWEINT.
DAS GEHÖRT DAZU. DU HAST ES GUT GEMACHT. DU BIST EINGEFÜHRT. HIER IST DEIN ERSTES ZIEL.
DU BRAUCHST EINEN CODENAMEN.
NENN MICH „BLUE EYES“.
ENDE

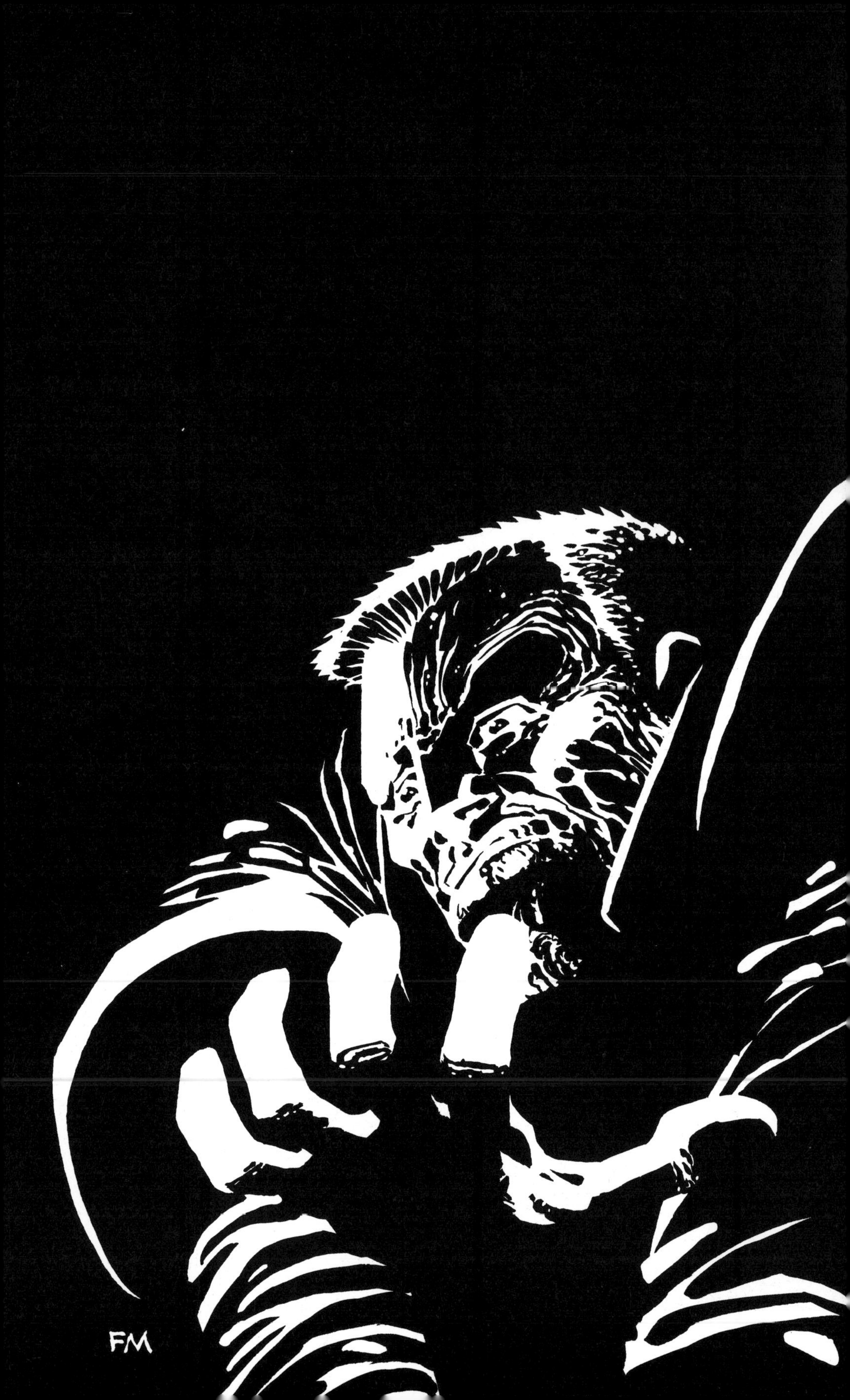
FM

RATTEN

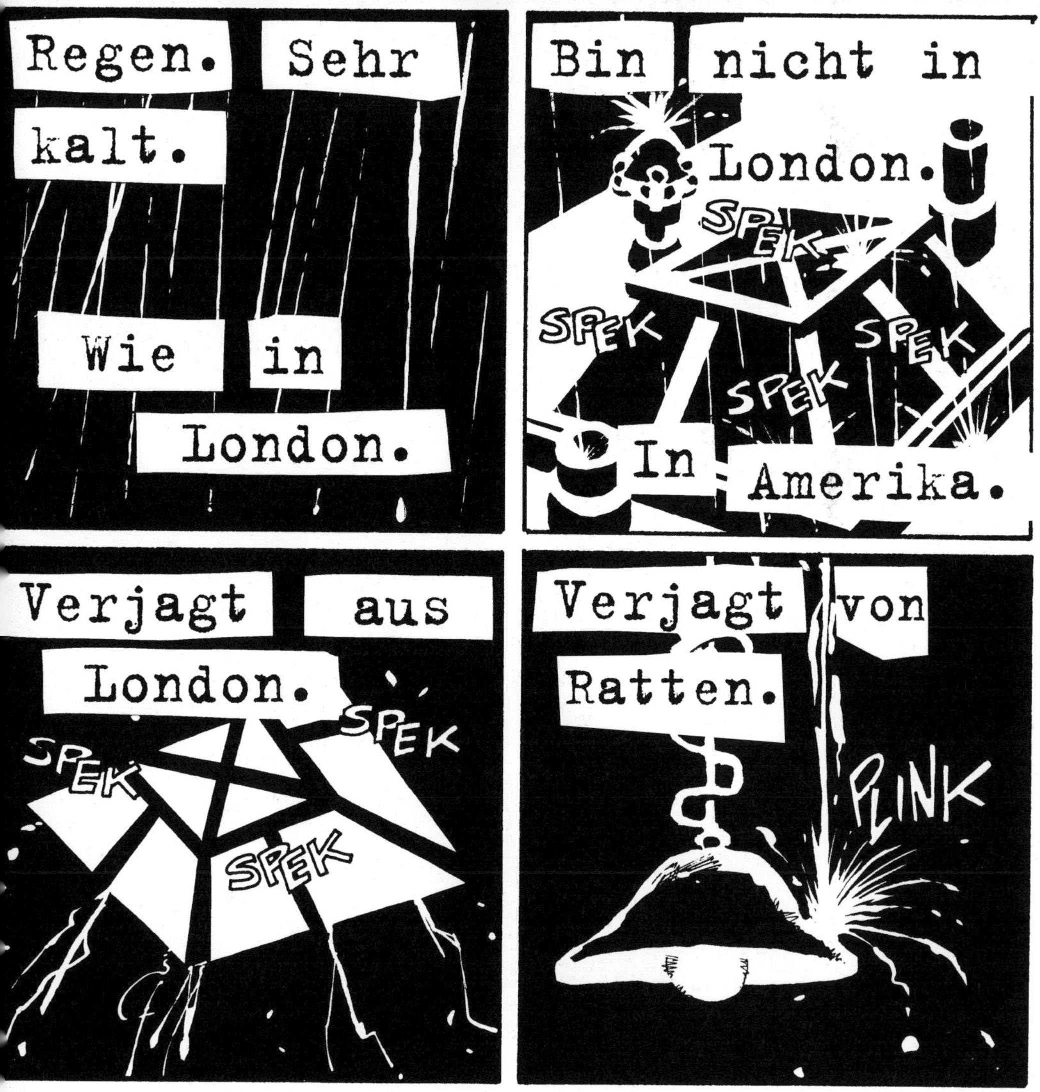
Regen. Sehr kalt.
Wie in London.
Bin nicht in London.
SPEK
SPEK
SPEK
SPEK
In Amerika.
Verjagt aus London.
SPEK
SPEK
SPEK
Verjagt von Ratten.
PLINK

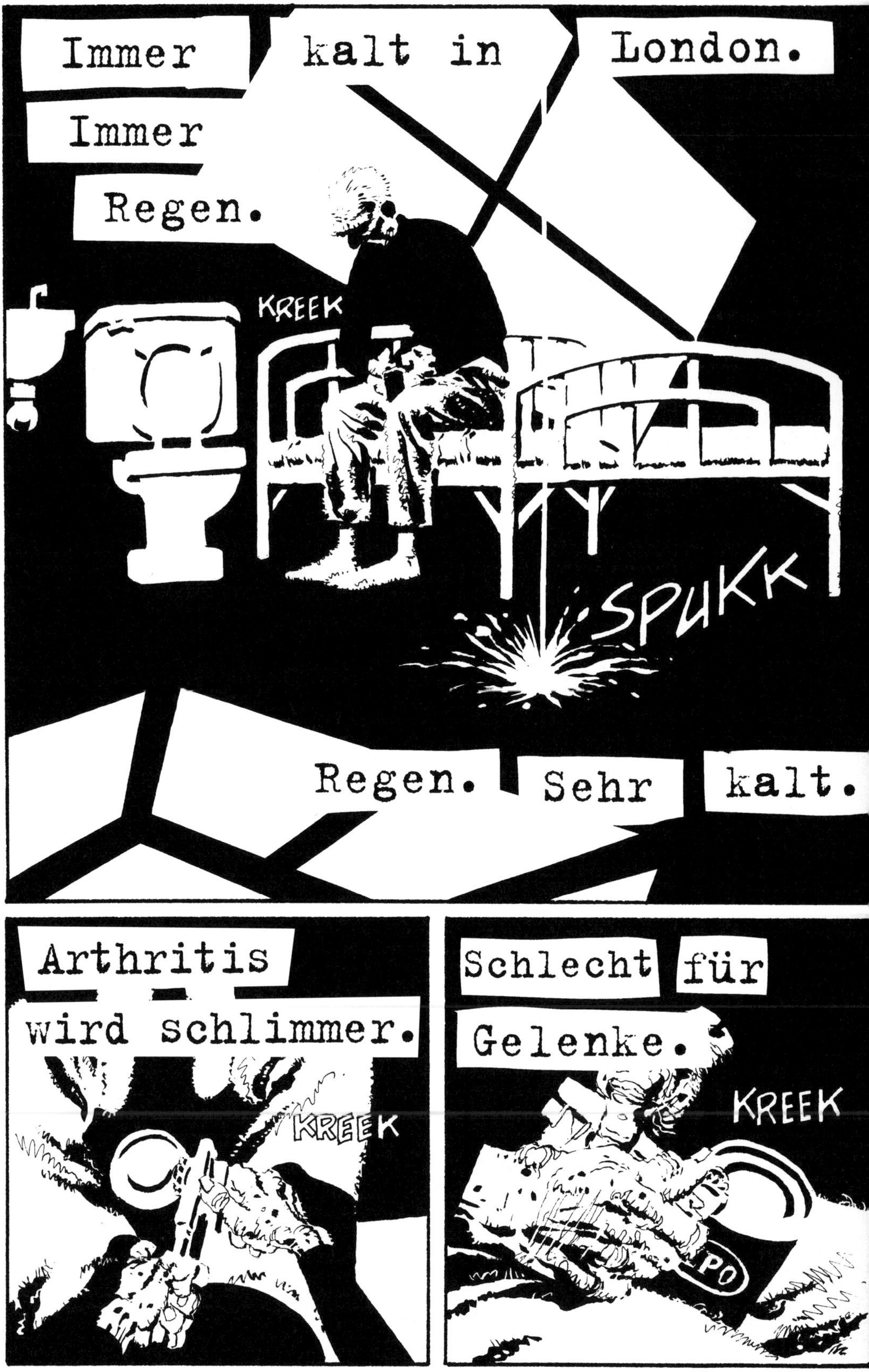
Immer
kalt in
London.
Immer
Regen.
KREEK
SPUKK
Regen.
Sehr
kalt.
Arthritis
wird schlimmer.
KREEK
Schlecht
für
Gelenke.
KREEK

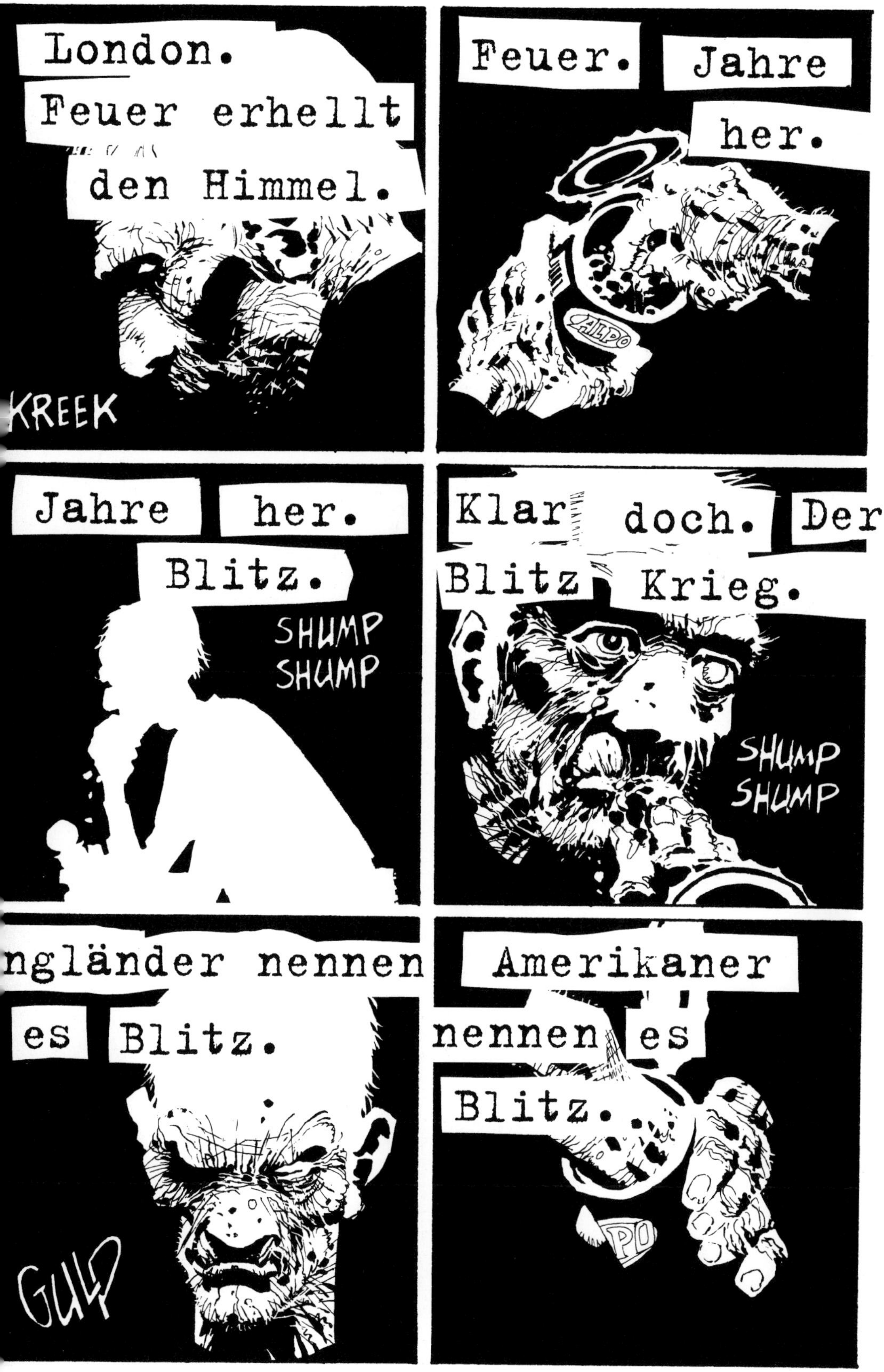
London.
Feuer erhellt
den Himmel.
KREEK
Feuer.
Jahre
her.
Jahre
her.
Blitz.
SHUMP
SHUMP
Klar
doch.
Der
Blitz
Krieg.
SHUMP
SHUMP
ngländer nennen
es
Blitz.
GULP
Amerikaner
nennen
es
Blitz.

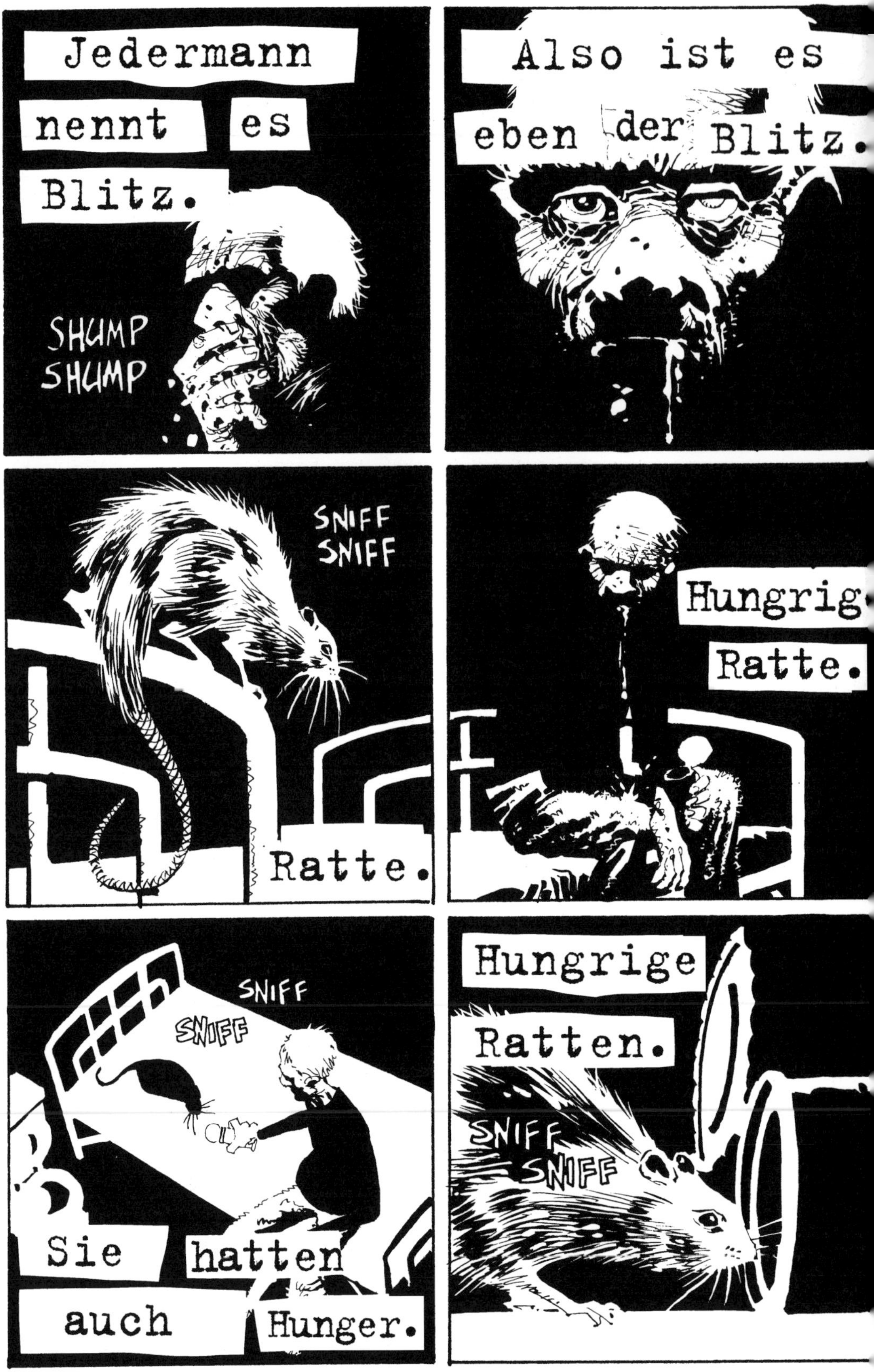
Jedermann
nennt es
Blitz.
SHUMP
SHUMP
Also ist es
eben der Blitz.
SNIFF
SNIFF
Ratte.
Hungrig
Ratte.
SNIFF
SNIFF
Sie hatten
auch Hunger.
Hungrige
Ratten.
SNIFF
SNIFF

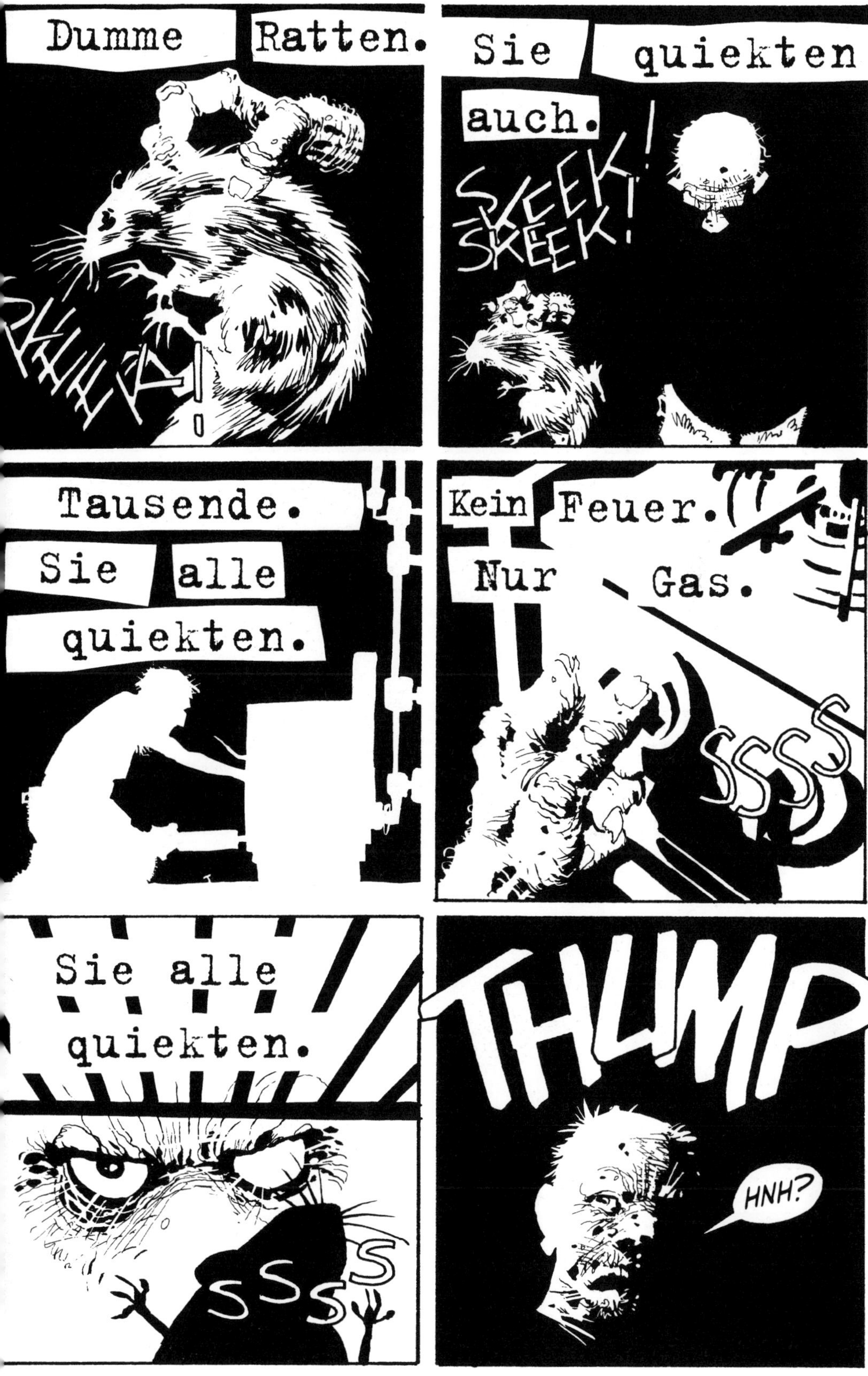

Dumme
Ratten.
Sie
quiekten
auch.
SKEEK!
SKEEK!
Tausende.
Sie
alle
quiekten.
Kein
Feuer.
Nur
Gas.
SSSS
Sie alle
quiekten.
SSSS
THUMP
HNH?

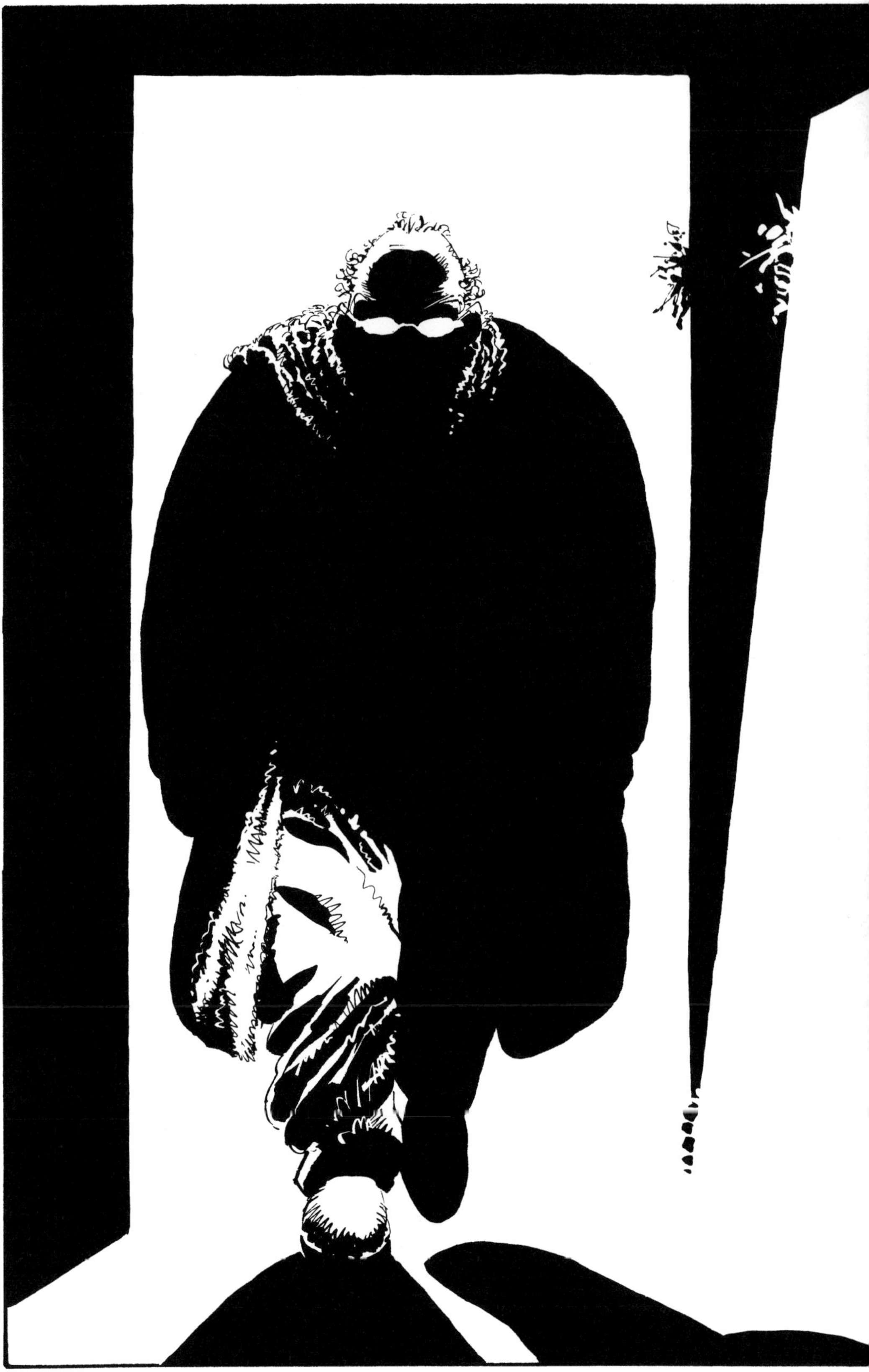

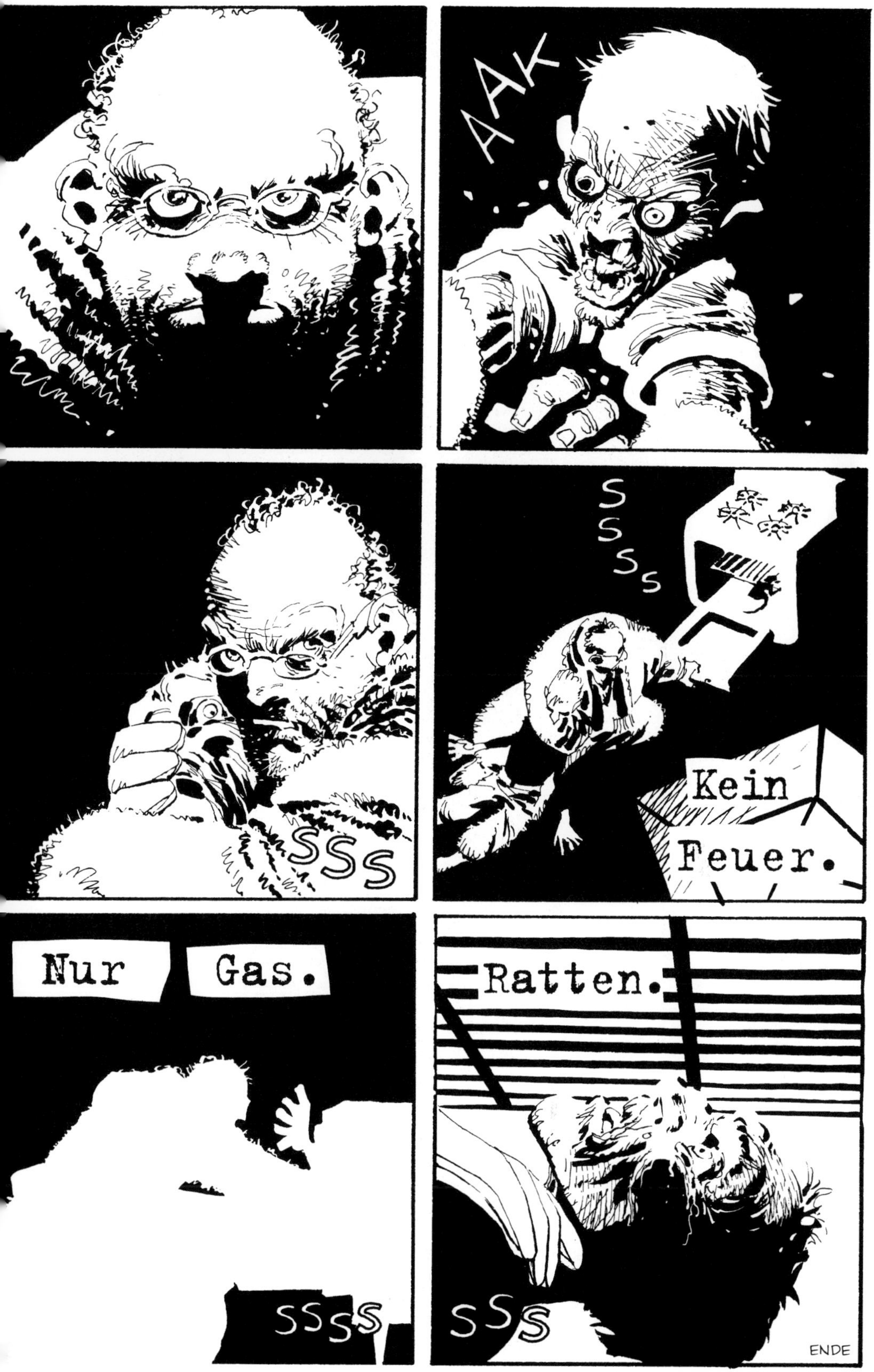
AAK
SSSS
SSS
Kein Feuer.
Nur Gas.
SSSS
Ratten.
SSS
ENDE

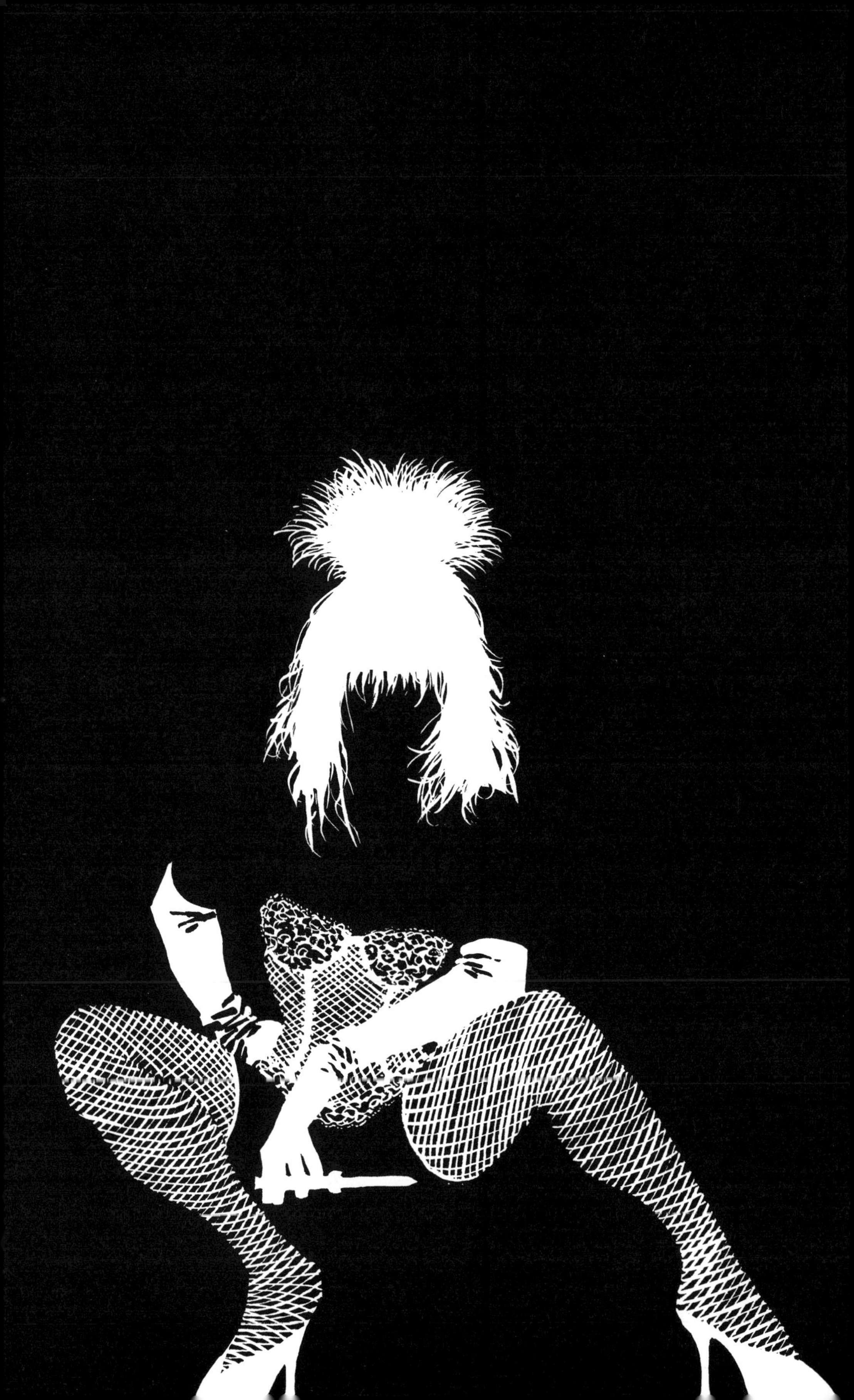

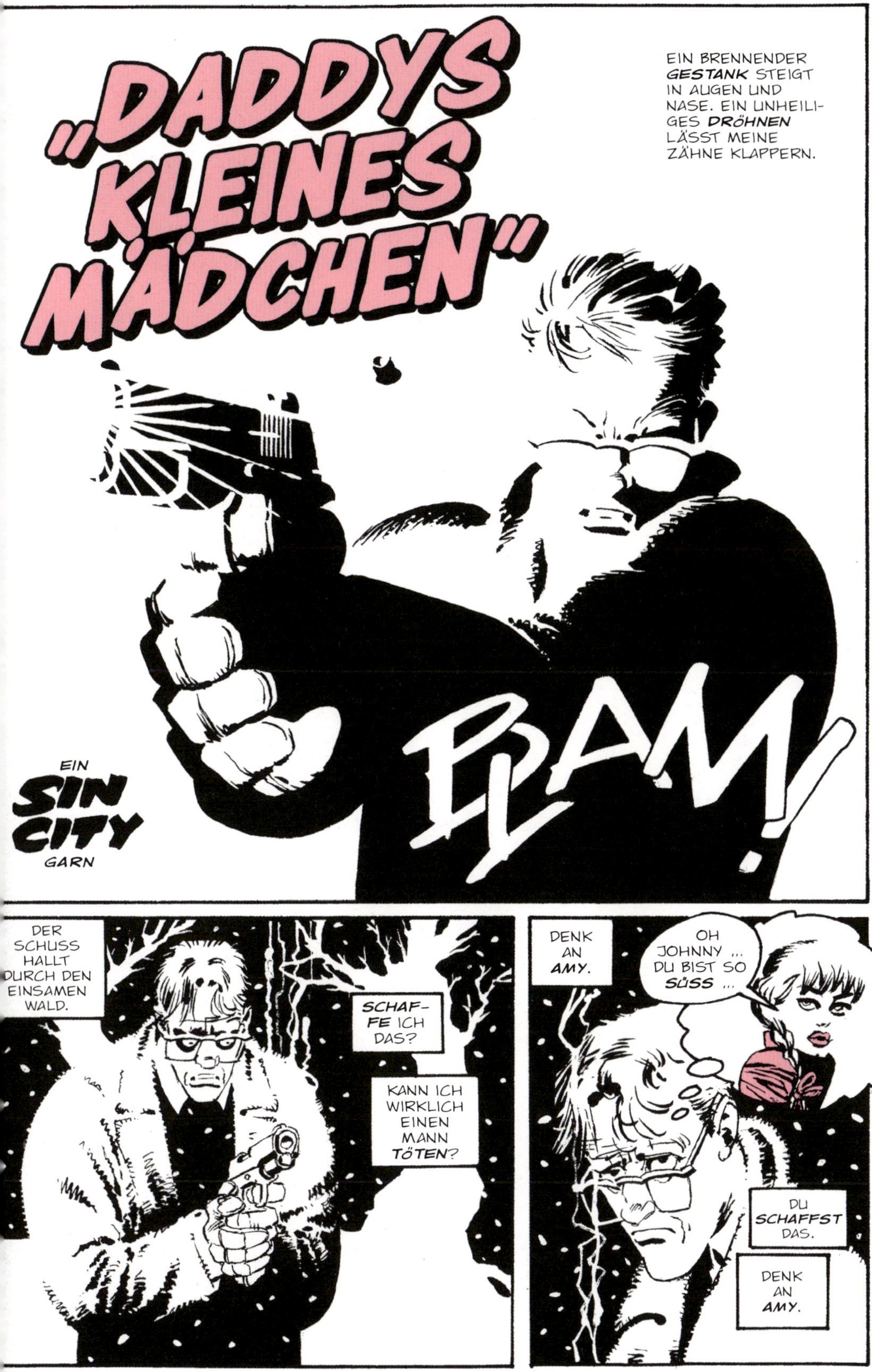
„DADDYS KLEINES MÄDCHEN"
EIN BRENNENDER **GESTANK** STEIGT IN AUGEN UND NASE. EIN UNHEILI-GES **DRÖHNEN** LÄSST MEINE ZÄHNE KLAPPERN.
EIN SIN CITY GARN
BLAM!
DER SCHUSS HALLT DURCH DEN EINSAMEN WALD.
SCHAF-FE ICH DAS?
KANN ICH WIRKLICH EINEN MANN **TÖTEN**?
DENK AN **AMY**.
OH JOHNNY ... DU BIST SO **SÜSS** ...
DU **SCHAFFST** DAS.
DENK AN **AMY**.

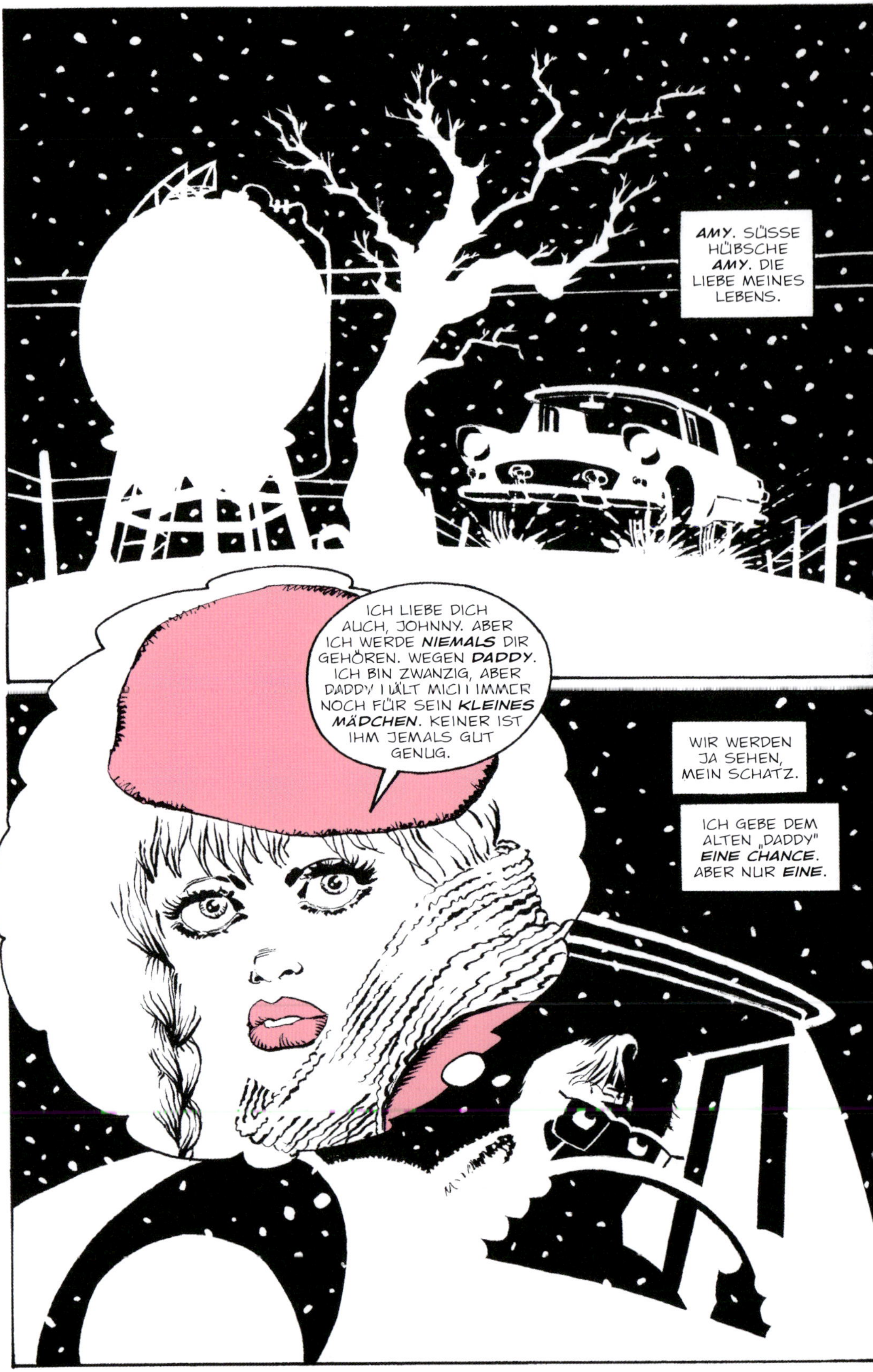
AMY. SÜSSE HÜBSCHE AMY. DIE LIEBE MEINES LEBENS.
ICH LIEBE DICH AUCH, JOHNNY. ABER ICH WERDE NIEMALS DIR GEHÖREN. WEGEN DADDY. ICH BIN ZWANZIG, ABER DADDY HÄLT MICH IMMER NOCH FÜR SEIN KLEINES MÄDCHEN. KEINER IST IHM JEMALS GUT GENUG.
WIR WERDEN JA SEHEN, MEIN SCHATZ.
ICH GEBE DEM ALTEN „DADDY" EINE CHANCE. ABER NUR EINE.

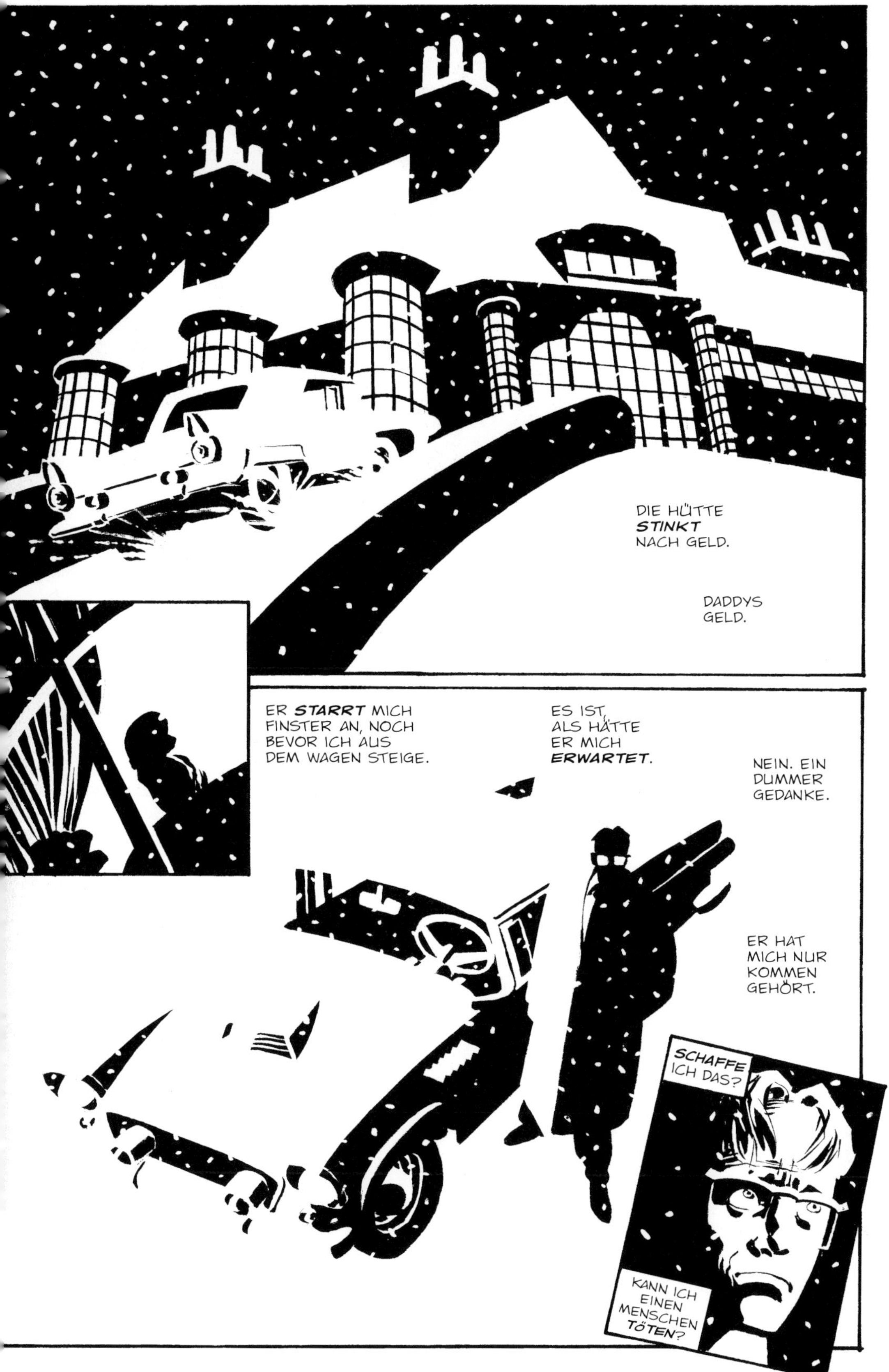
DIE HÜTTE **STINKT** NACH GELD.
DADDYS GELD.
ER **STARRT** MICH FINSTER AN, NOCH BEVOR ICH AUS DEM WAGEN STEIGE.
ES IST, ALS HÄTTE ER MICH **ERWARTET**.
NEIN. EIN DUMMER GEDANKE.
ER HAT MICH NUR KOMMEN GEHÖRT.
SCHAFFE ICH DAS?
KANN ICH EINEN MENSCHEN **TÖTEN**?

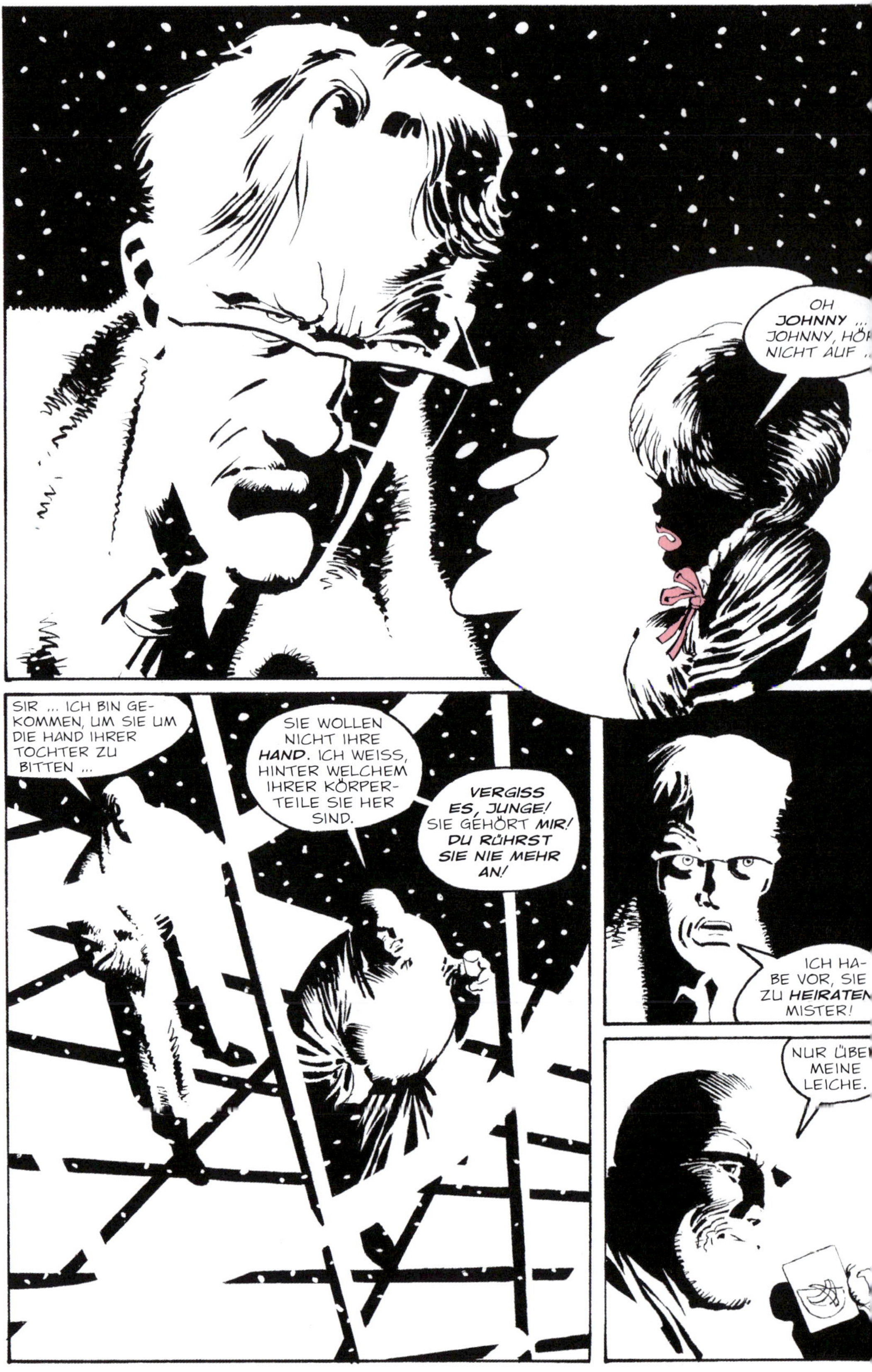
OH JOHNNY ... JOHNNY, HÖ NICHT AUF ..
SIR ... ICH BIN GE-KOMMEN, UM SIE UM DIE HAND IHRER TOCHTER ZU BITTEN ...
SIE WOLLEN NICHT IHRE HAND. ICH WEISS, HINTER WELCHEM IHRER KÖRPER-TEILE SIE HER SIND.
VERGISS ES, JUNGE! SIE GEHÖRT MIR! DU RÜHRST SIE NIE MEHR AN!
ICH HA-BE VOR, SIE ZU HEIRATEN MISTER!
NUR ÜBE MEINE LEICHE.

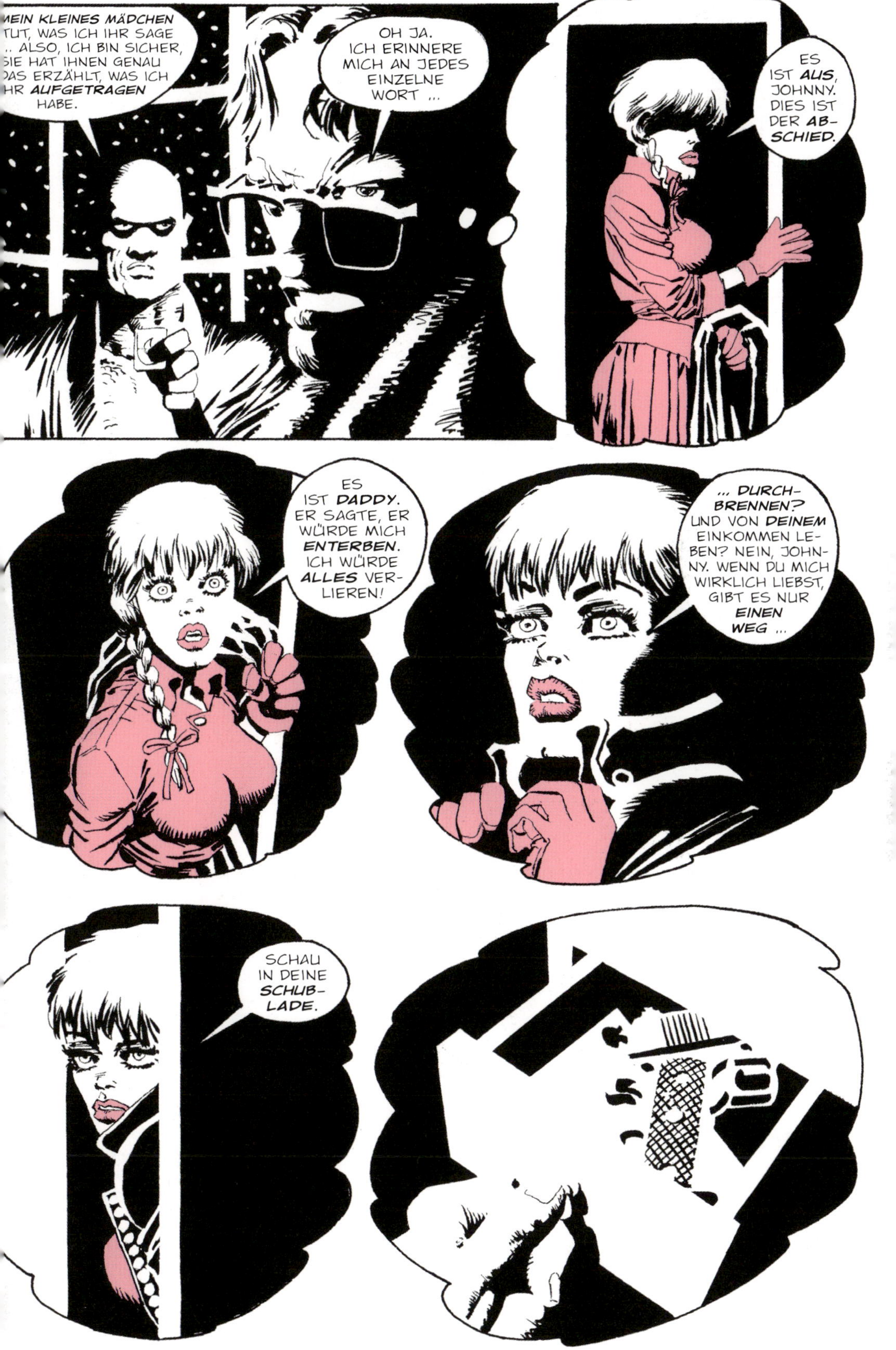

MEIN KLEINES MÄDCHEN TUT, WAS ICH IHR SAGE ... ALSO, ICH BIN SICHER, SIE HAT IHNEN GENAU DAS ERZÄHLT, WAS ICH IHR AUFGETRAGEN HABE.
OH JA. ICH ERINNERE MICH AN JEDES EINZELNE WORT ...
ES IST AUS, JOHNNY. DIES IST DER ABSCHIED.
ES IST DADDY. ER SAGTE, ER WÜRDE MICH ENTERBEN. ICH WÜRDE ALLES VERLIEREN!
... DURCHBRENNEN? UND VON DEINEM EINKOMMEN LEBEN? NEIN, JOHNNY. WENN DU MICH WIRKLICH LIEBST, GIBT ES NUR EINEN WEG ...
SCHAU IN DEINE SCHUBLADE.

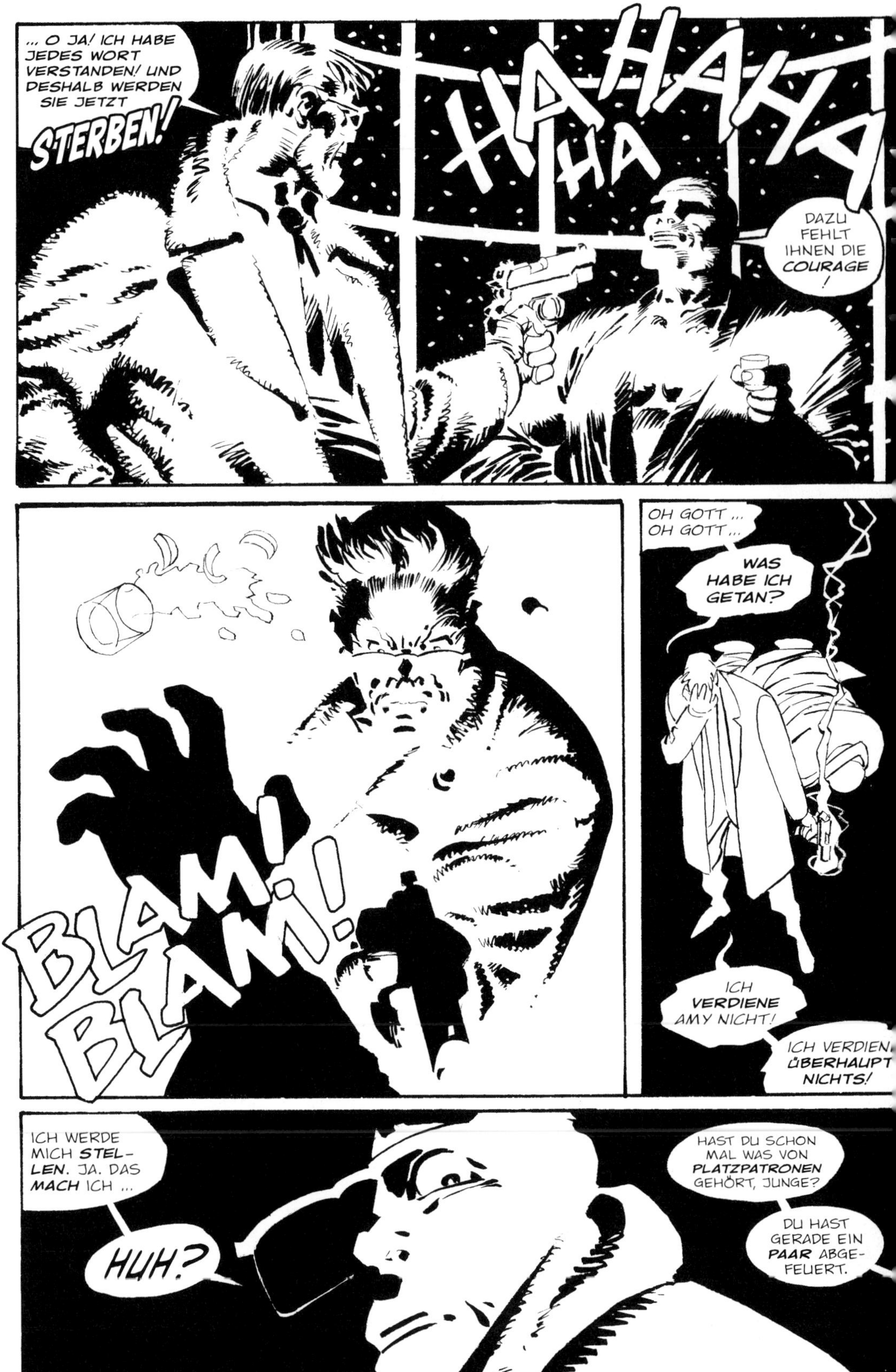
... O JA! ICH HABE JEDES WORT VERSTANDEN! UND DESHALB WERDEN SIE JETZT
STERBEN!
HA HA HA HA HA
DAZU FEHLT IHNEN DIE COURAGE!
BLAM! BLAM!
OH GOTT ... OH GOTT ...
WAS HABE ICH GETAN?
ICH VERDIENE AMY NICHT!
ICH VERDIENE ÜBERHAUPT NICHTS!
ICH WERDE MICH STELLEN. JA. DAS MACH ICH ...
HUH?
HAST DU SCHON MAL WAS VON PLATZPATRONEN GEHÖRT, JUNGE?
DU HAST GERADE EIN PAAR ABGEFEUERT.

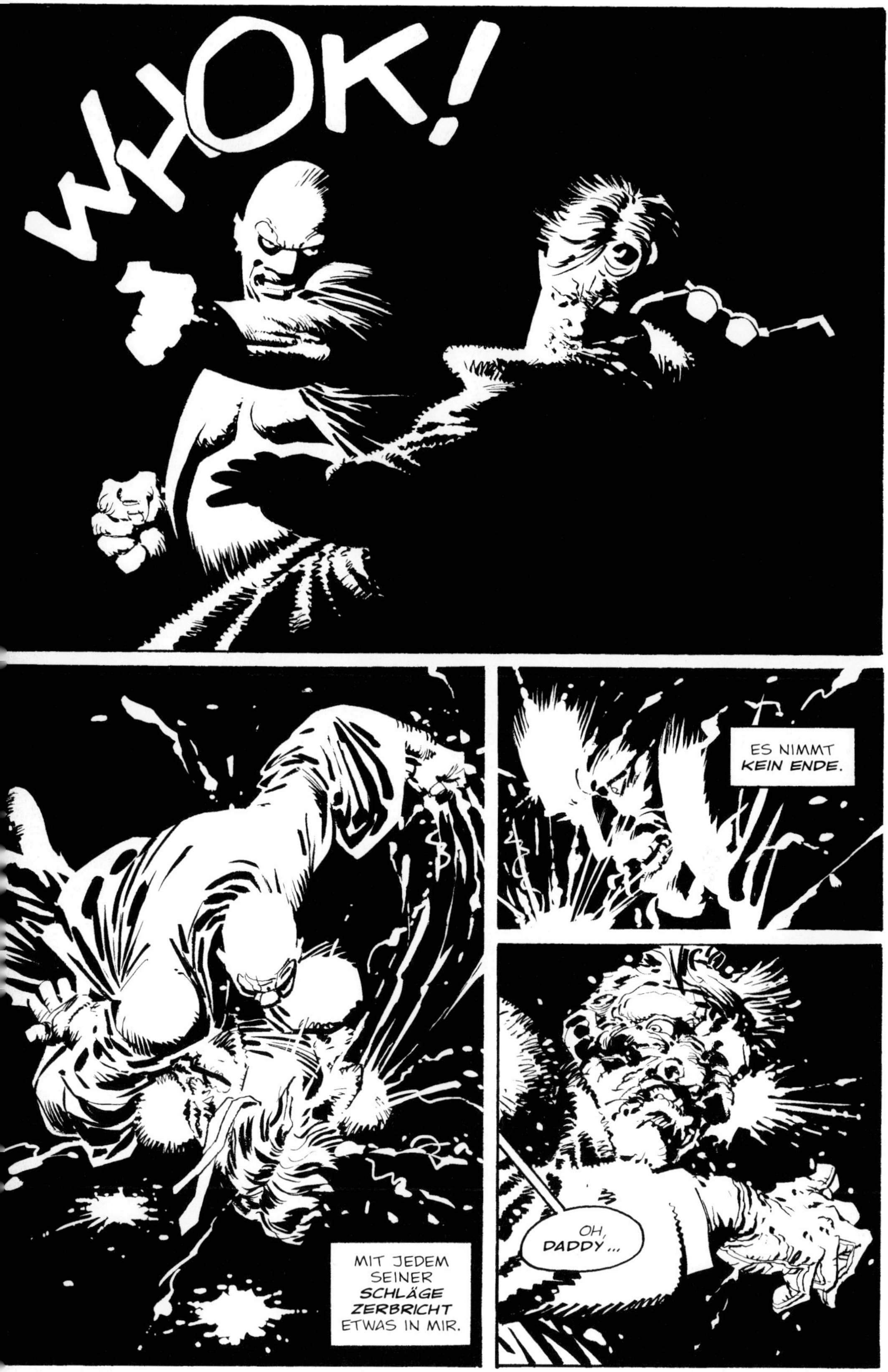
WHOK!
ES NIMMT
KEIN ENDE.
MIT JEDEM
SEINER
SCHLÄGE
ZERBRICHT
ETWAS IN MIR.
OH,
DADDY...

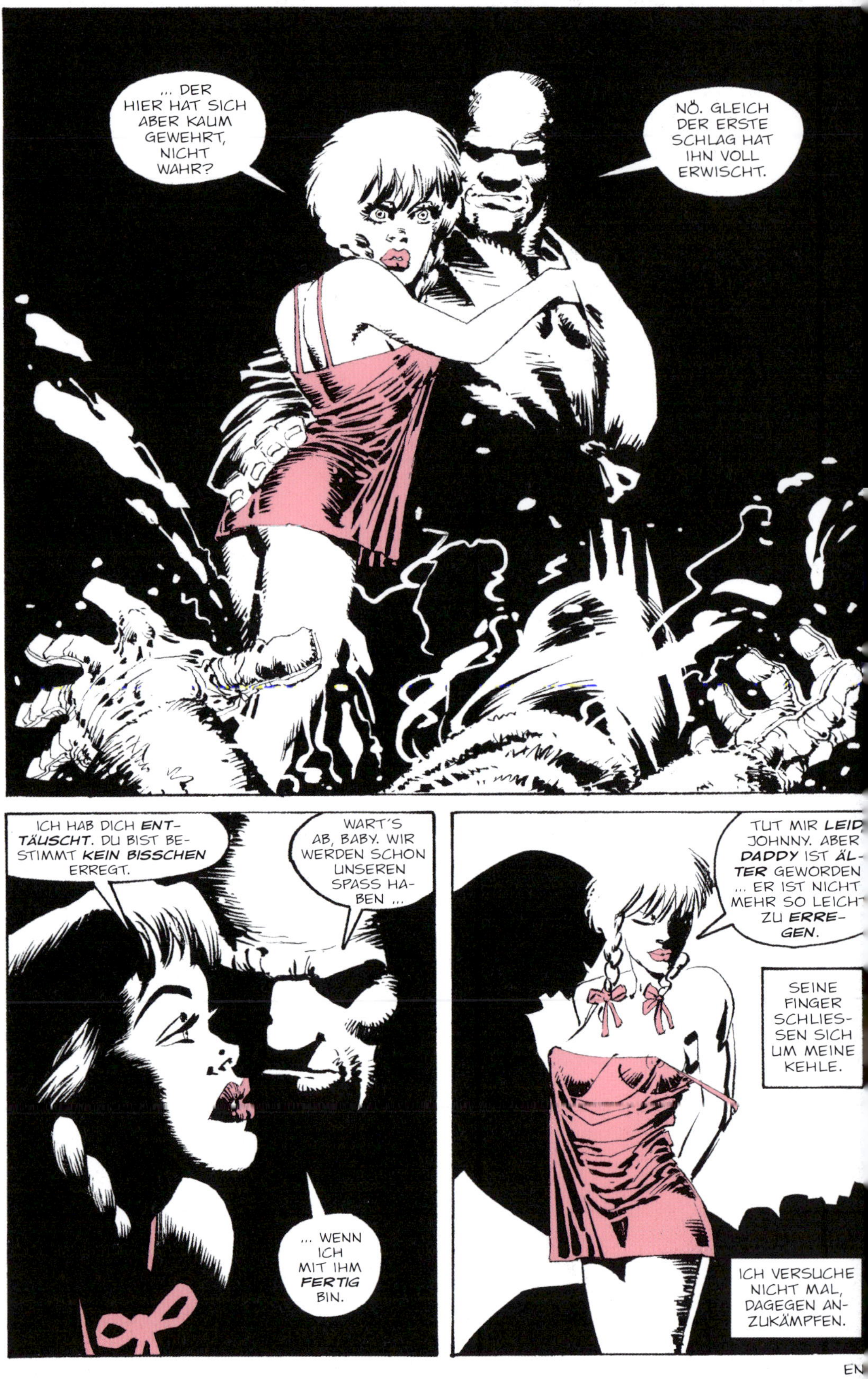
... DER HIER HAT SICH ABER KAUM GEWEHRT, NICHT WAHR?
NÖ. GLEICH DER ERSTE SCHLAG HAT IHN VOLL ERWISCHT.
ICH HAB DICH ENTTÄUSCHT. DU BIST BESTIMMT KEIN BISSCHEN ERREGT.
WART'S AB, BABY. WIR WERDEN SCHON UNSEREN SPASS HABEN ...
... WENN ICH MIT IHM FERTIG BIN.
TUT MIR LEID, JOHNNY. ABER DADDY IST ÄLTER GEWORDEN ... ER IST NICHT MEHR SO LEICHT ZU ERREGEN.
SEINE FINGER SCHLIESSEN SICH UM MEINE KEHLE.
ICH VERSUCHE NICHT MAL, DAGEGEN ANZUKÄMPFEN.

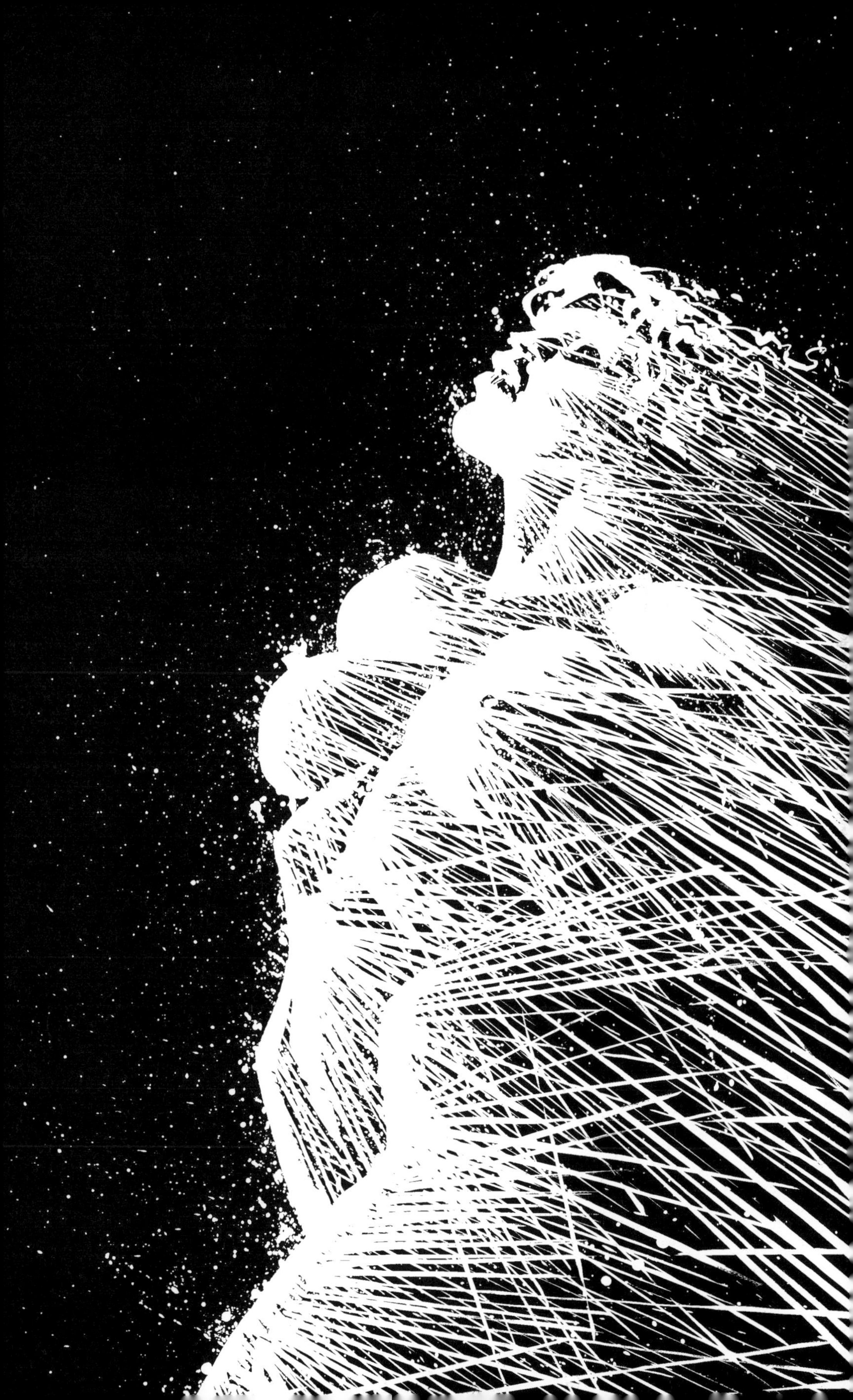

FALSCHE AUSFAHRT

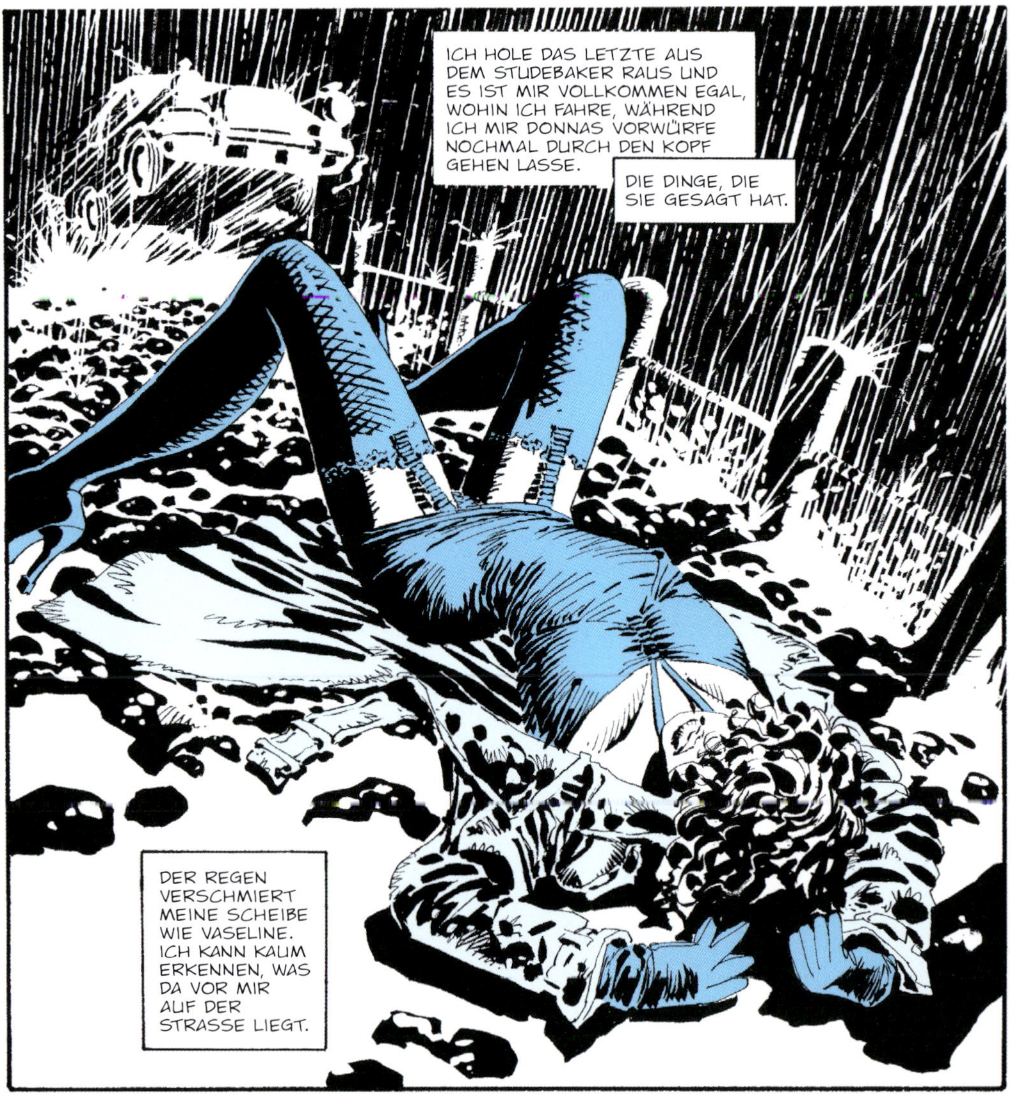

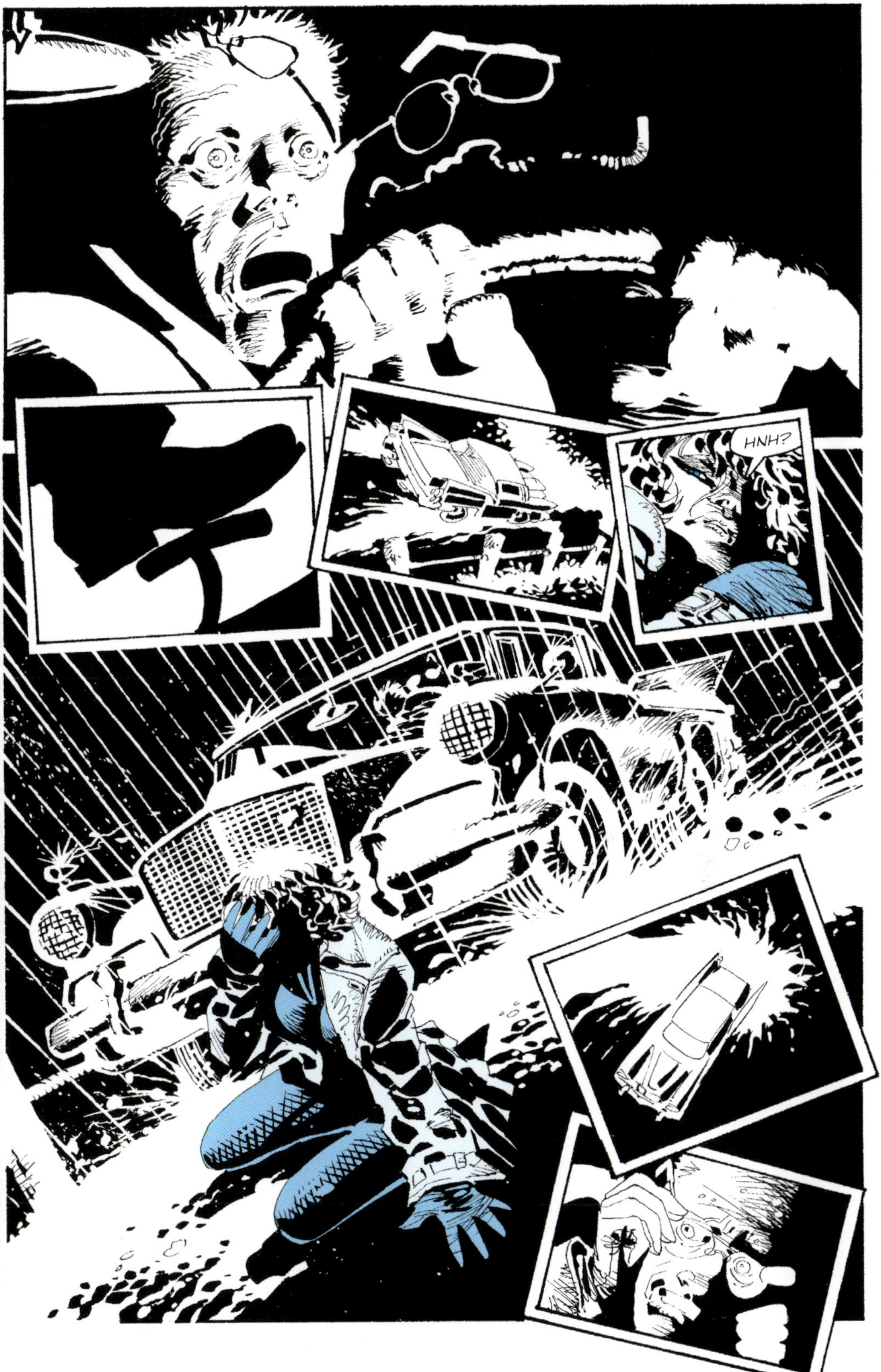
HNH?

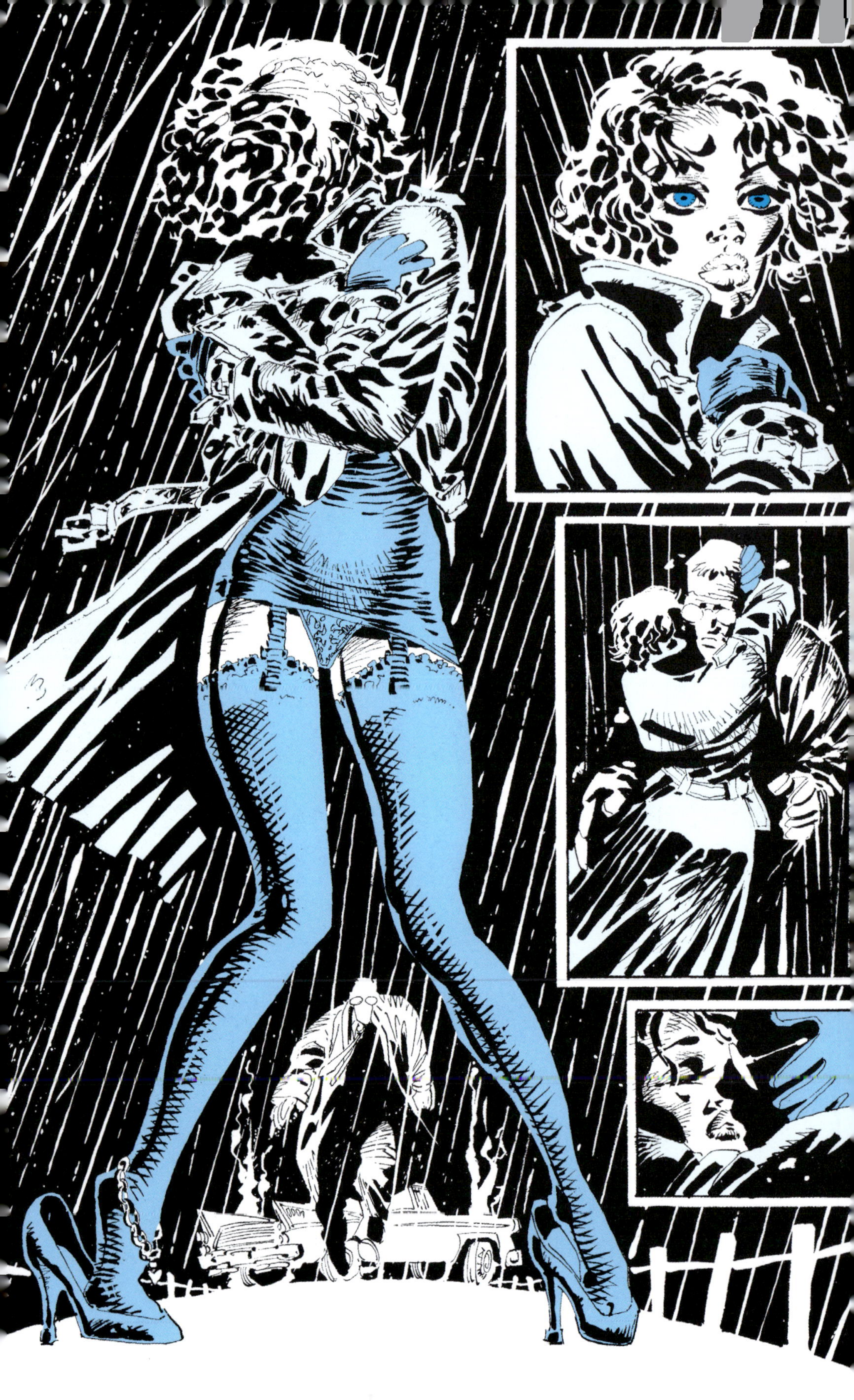

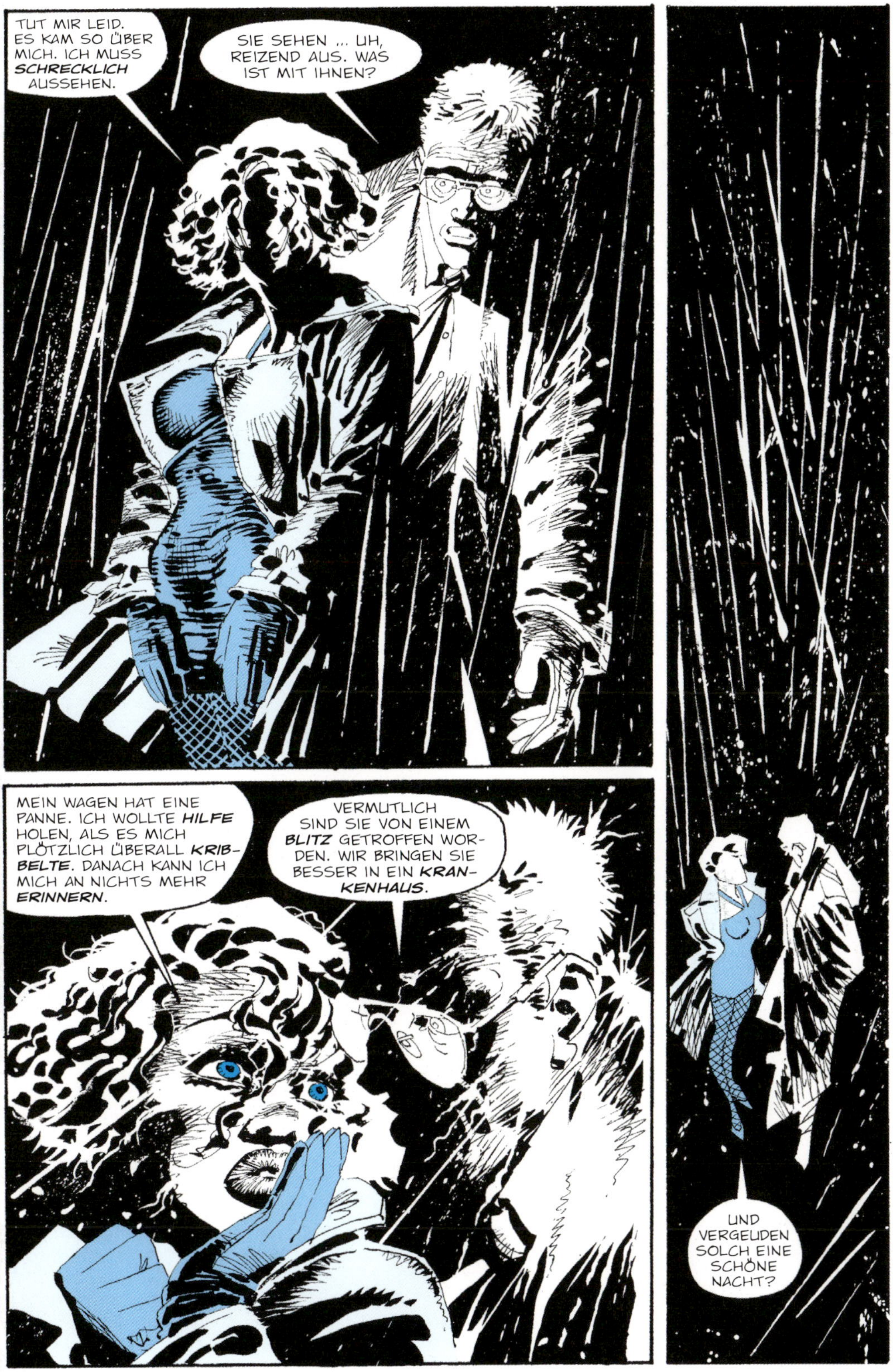
TUT MIR LEID. ES KAM SO ÜBER MICH. ICH MUSS SCHRECKLICH AUSSEHEN.
SIE SEHEN ... UH, REIZEND AUS. WAS IST MIT IHNEN?
MEIN WAGEN HAT EINE PANNE. ICH WOLLTE HILFE HOLEN, ALS ES MICH PLÖTZLICH ÜBERALL KRIBBELTE. DANACH KANN ICH MICH AN NICHTS MEHR ERINNERN.
VERMUTLICH SIND SIE VON EINEM BLITZ GETROFFEN WORDEN. WIR BRINGEN SIE BESSER IN EIN KRANKENHAUS.
UND VERGEUDEN SOLCH EINE SCHÖNE NACHT?

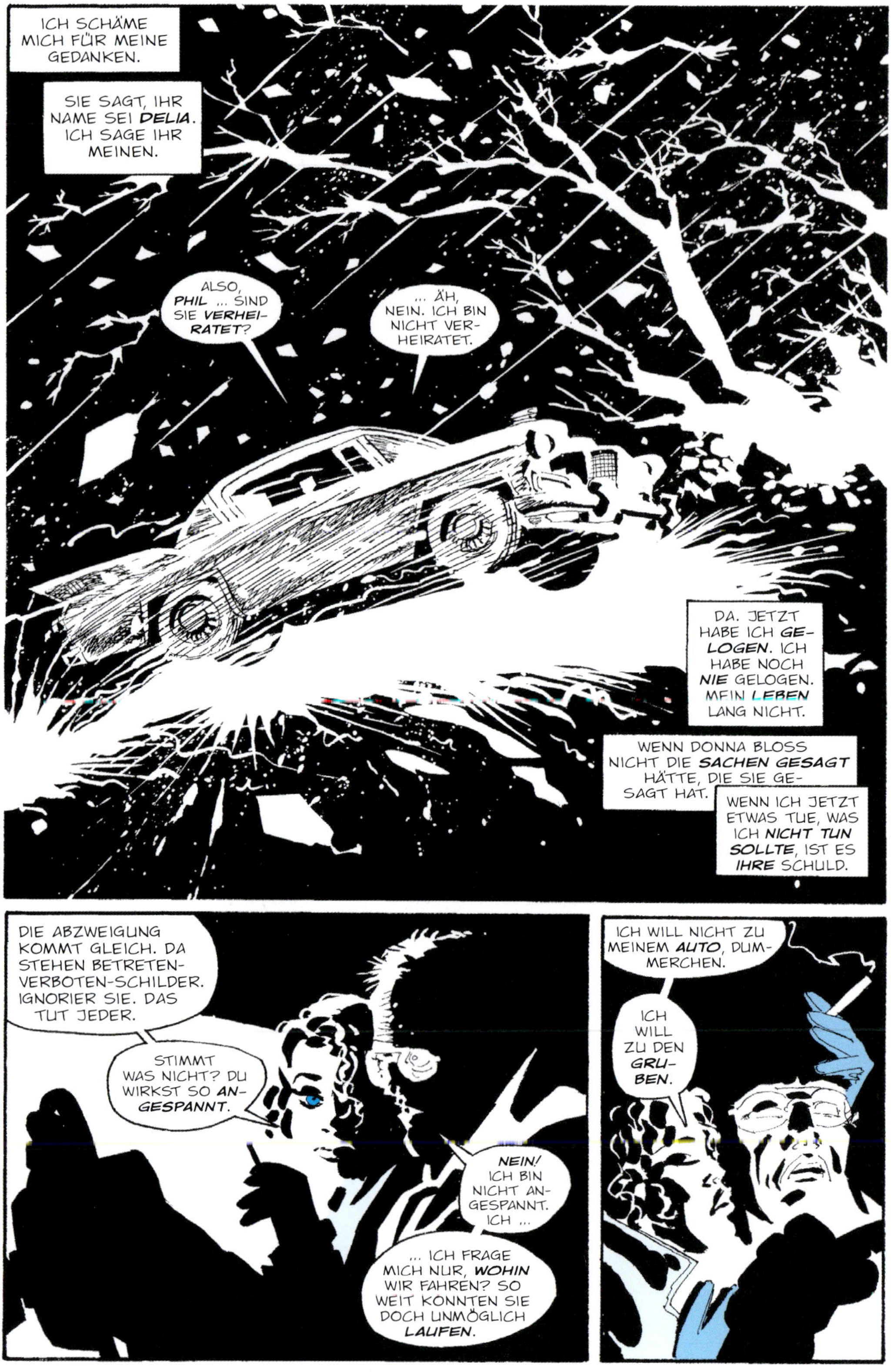
ICH SCHÄME MICH FÜR MEINE GEDANKEN.
SIE SAGT, IHR NAME SEI DELIA. ICH SAGE IHR MEINEN.
ALSO, PHIL ... SIND SIE VERHEIRATET?
... ÄH, NEIN. ICH BIN NICHT VERHEIRATET.
DA. JETZT HABE ICH GELOGEN. ICH HABE NOCH NIE GELOGEN. MEIN LEBEN LANG NICHT.
WENN DONNA BLOSS NICHT DIE SACHEN GESAGT HÄTTE, DIE SIE GESAGT HAT.
WENN ICH JETZT ETWAS TUE, WAS ICH NICHT TUN SOLLTE, IST ES IHRE SCHULD.
DIE ABZWEIGUNG KOMMT GLEICH. DA STEHEN BETRETEN-VERBOTEN-SCHILDER. IGNORIER SIE. DAS TUT JEDER.
STIMMT WAS NICHT? DU WIRKST SO ANGESPANNT.
NEIN! ICH BIN NICHT ANGESPANNT. ICH ...
... ICH FRAGE MICH NUR, WOHIN WIR FAHREN? SO WEIT KONNTEN SIE DOCH UNMÖGLICH LAUFEN.
ICH WILL NICHT ZU MEINEM AUTO, DUMMERCHEN.
ICH WILL ZU DEN GRUBEN.

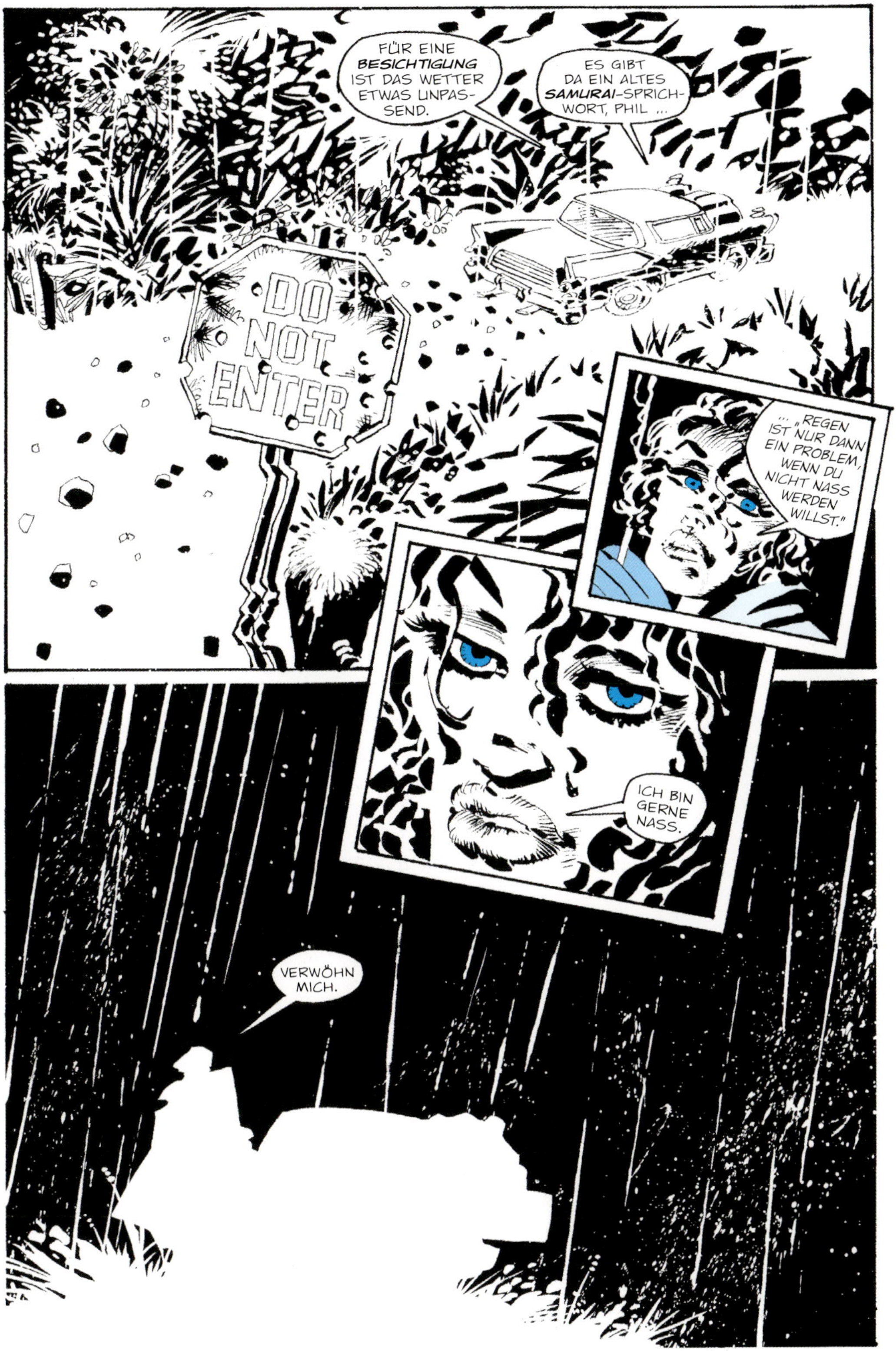
FÜR EINE **BESICHTIGUNG** IST DAS WETTER ETWAS UNPASSEND.
ES GIBT DA EIN ALTES **SAMURAI**-SPRICHWORT, PHIL ...
DO NOT ENTER
... „REGEN IST NUR DANN EIN PROBLEM, WENN DU NICHT NASS WERDEN WILLST."
ICH BIN GERNE NASS.
VERWÖHN MICH.

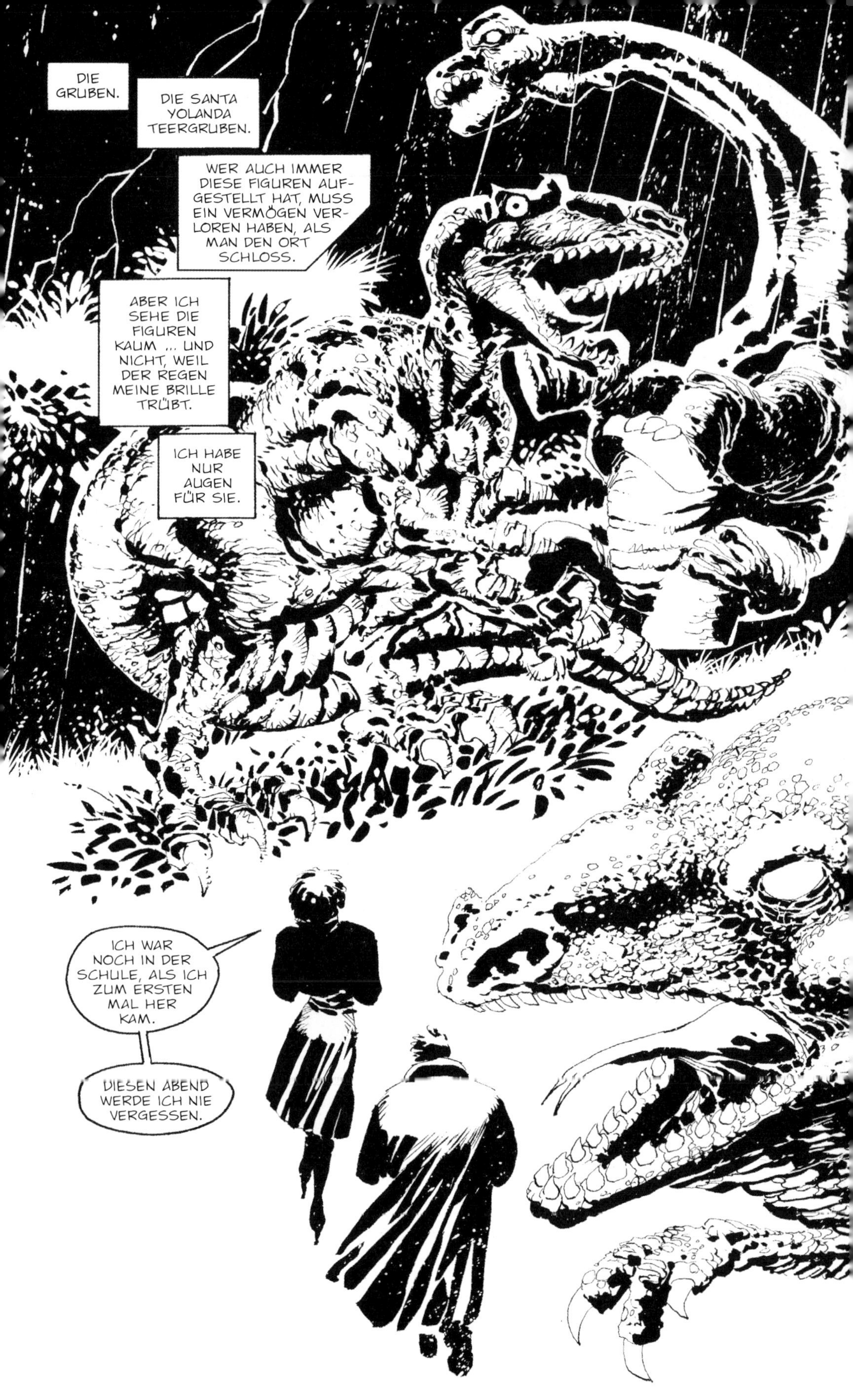
DIE GRUBEN.
DIE SANTA YOLANDA TEERGRUBEN.
WER AUCH IMMER DIESE FIGUREN AUFGESTELLT HAT, MUSS EIN VERMÖGEN VERLOREN HABEN, ALS MAN DEN ORT SCHLOSS.
ABER ICH SEHE DIE FIGUREN KAUM ... UND NICHT, WEIL DER REGEN MEINE BRILLE TRÜBT.
ICH HABE NUR AUGEN FÜR SIE.
ICH WAR NOCH IN DER SCHULE, ALS ICH ZUM ERSTEN MAL HER KAM.
DIESEN ABEND WERDE ICH NIE VERGESSEN.

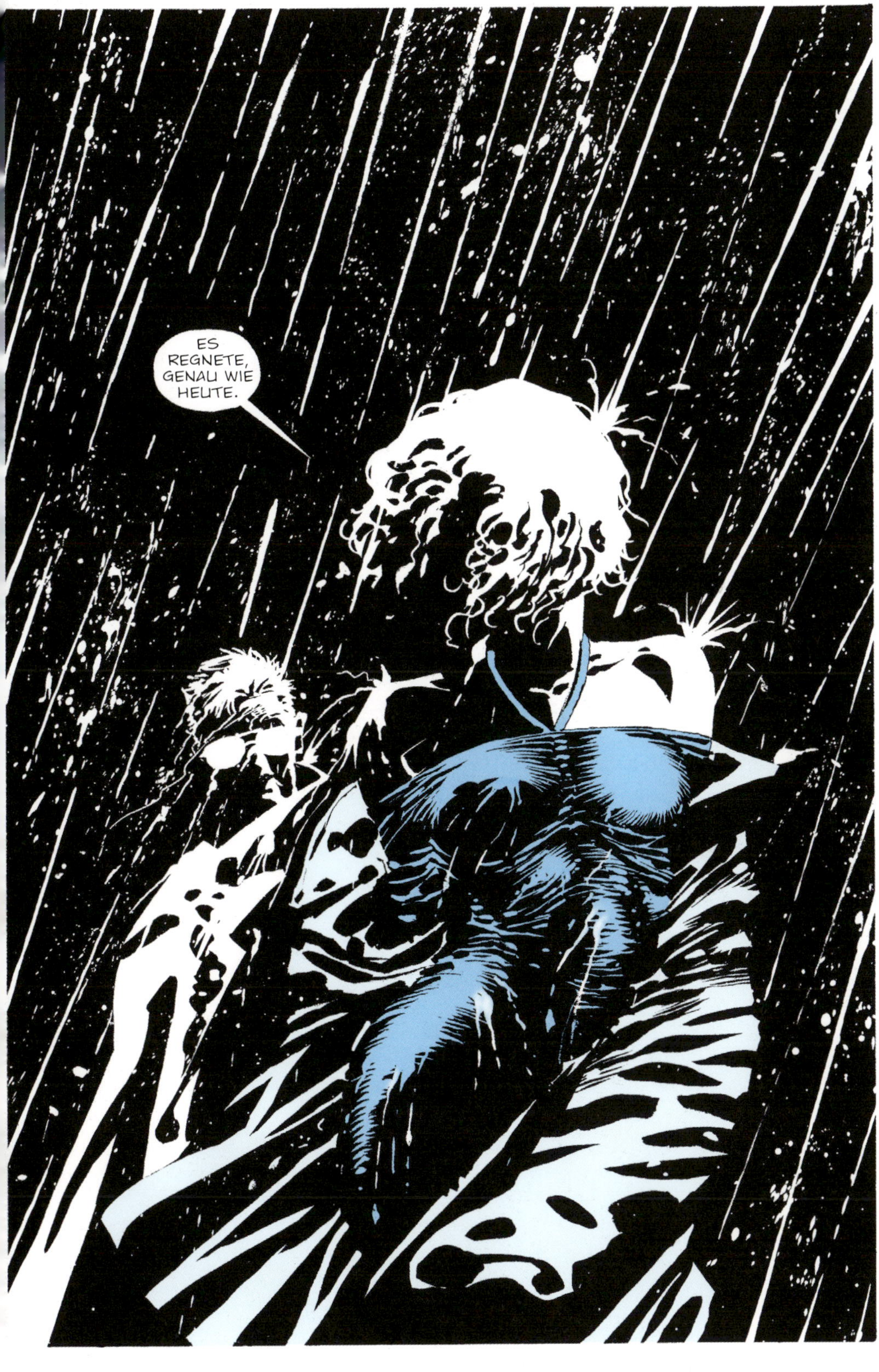
ES
REGNETE,
GENAU WIE
HEUTE.

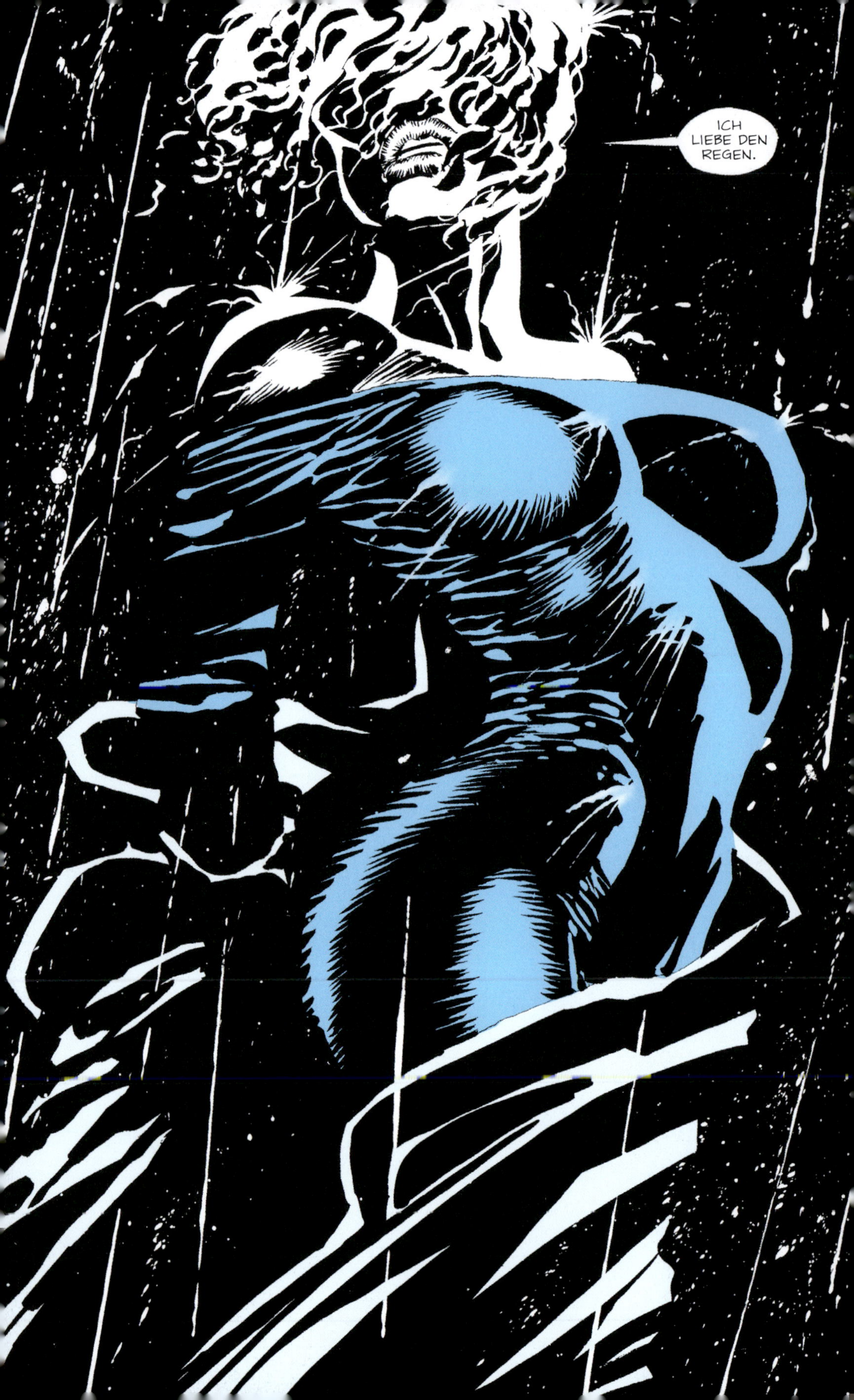
ICH LIEBE DEN REGEN.

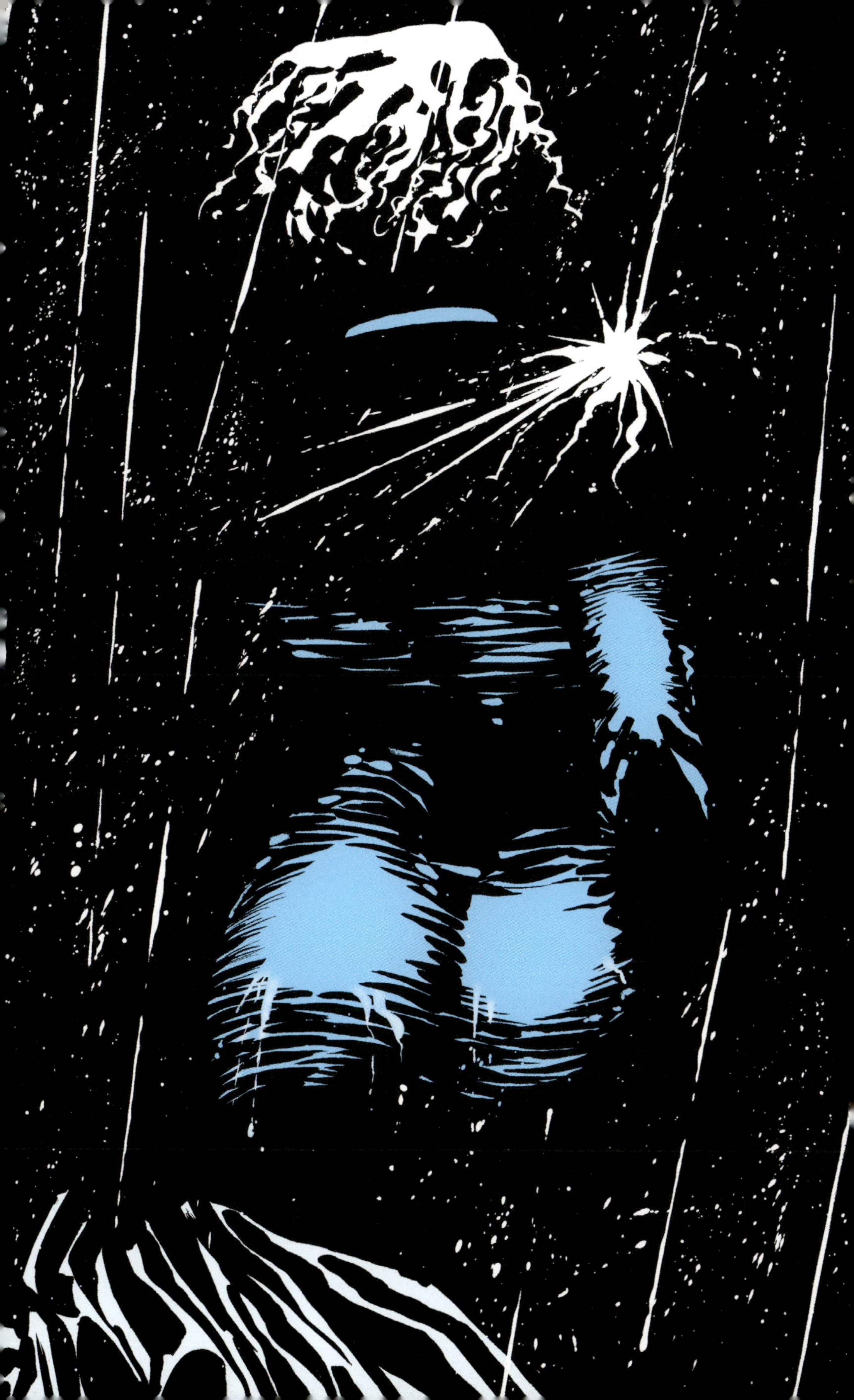

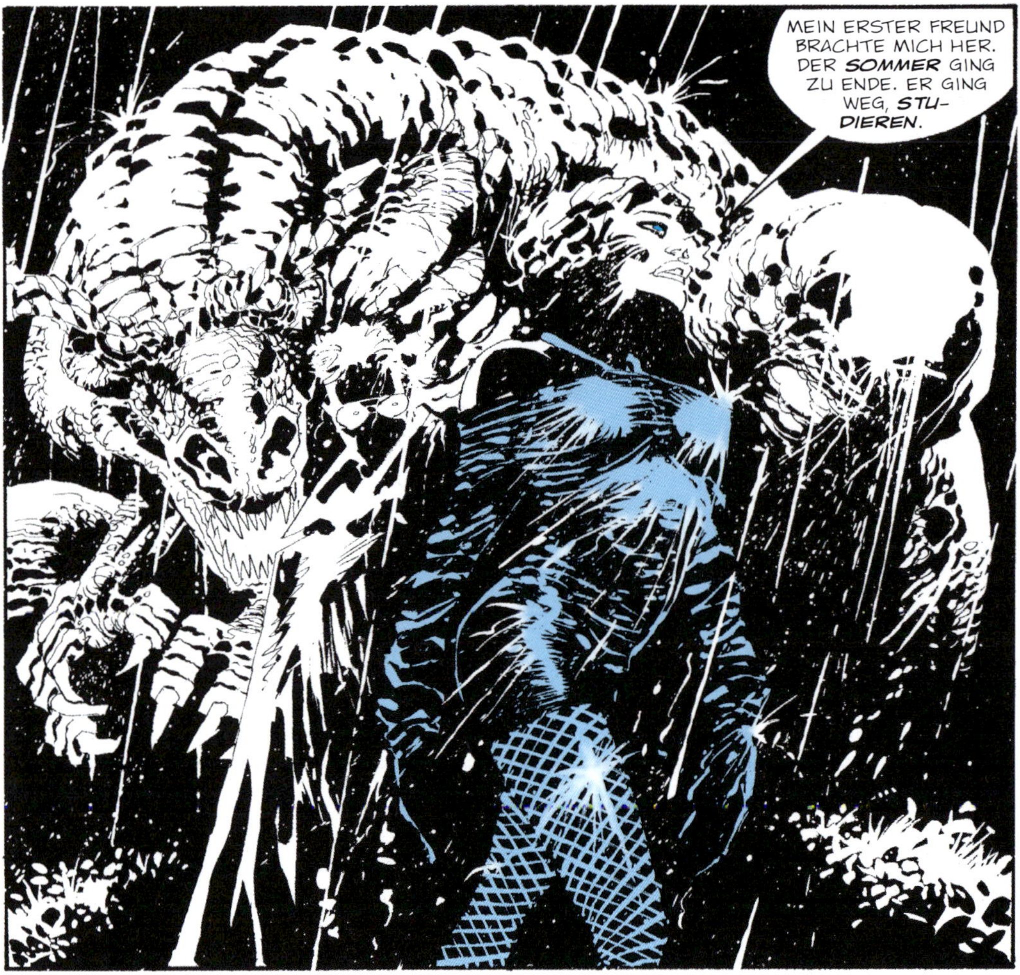
MEIN ERSTER FREUND BRACHTE MICH HER. DER SOMMER GING ZU ENDE. ER GING WEG, STUDIEREN.

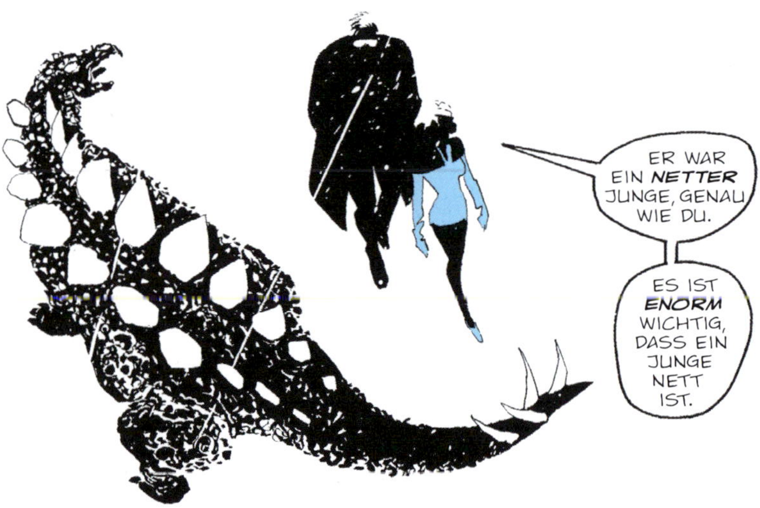
ER WAR EIN NETTER JUNGE, GENAU WIE DU.
ES IST ENORM WICHTIG, DASS EIN JUNGE NETT IST.

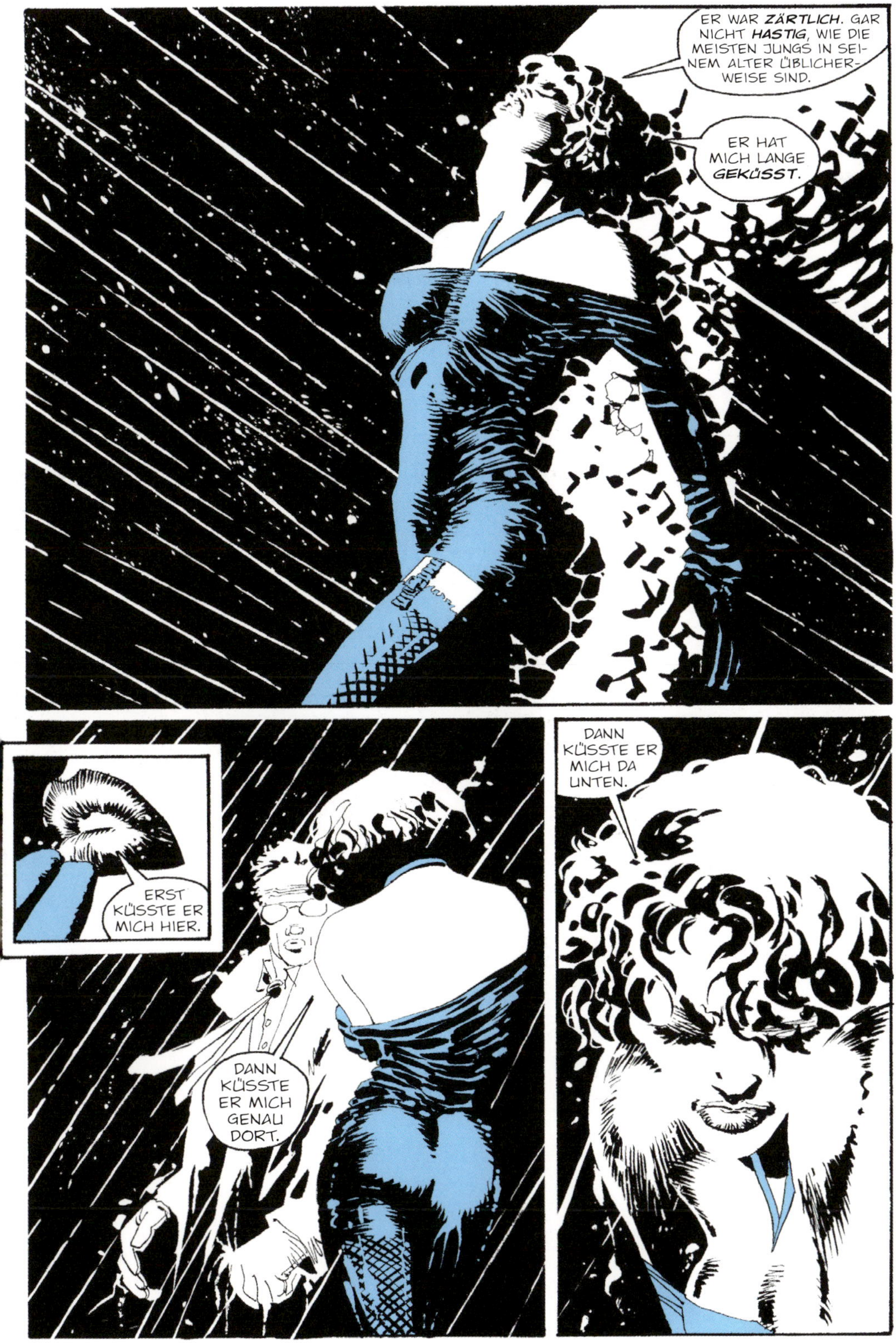
ER WAR ZÄRTLICH. GAR NICHT HASTIG, WIE DIE MEISTEN JUNGS IN SEINEM ALTER ÜBLICHERWEISE SIND.
ER HAT MICH LANGE GEKÜSST.
ERST KÜSSTE ER MICH HIER.
DANN KÜSSTE ER MICH GENAU DORT.
DANN KÜSSTE ER MICH DA UNTEN.

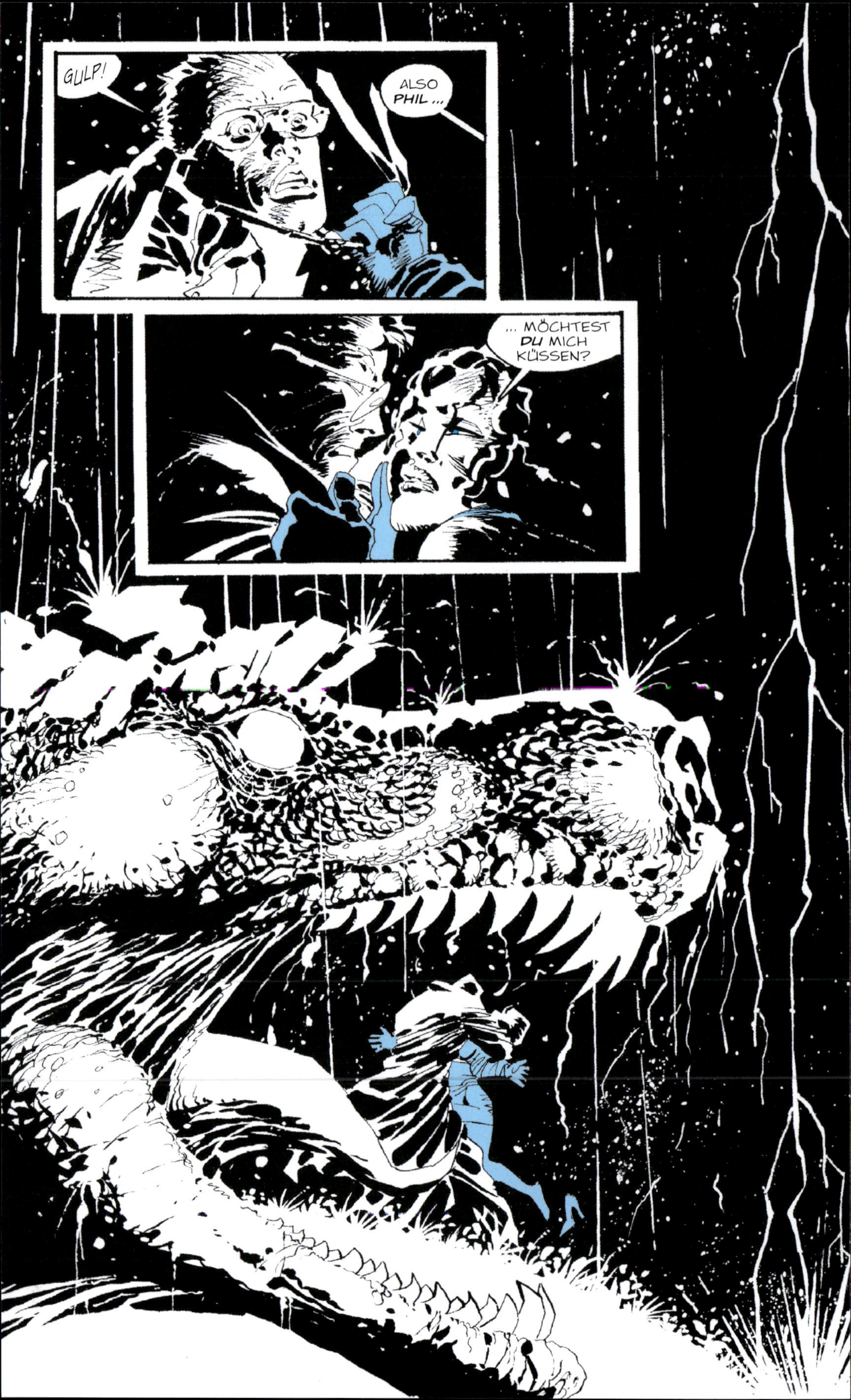
GULP!
ALSO PHIL ...
... MÖCHTEST DU MICH KÜSSEN?

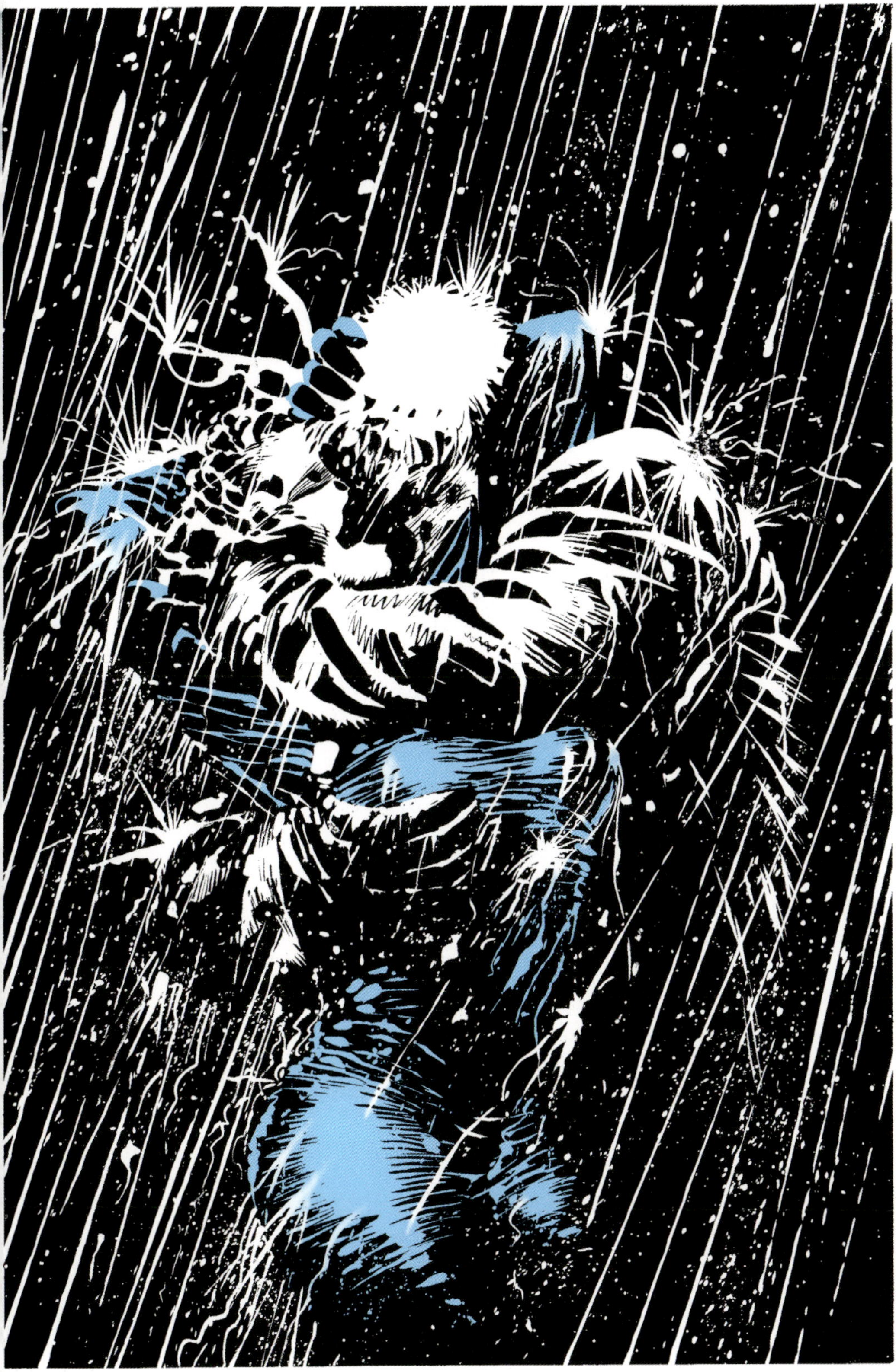

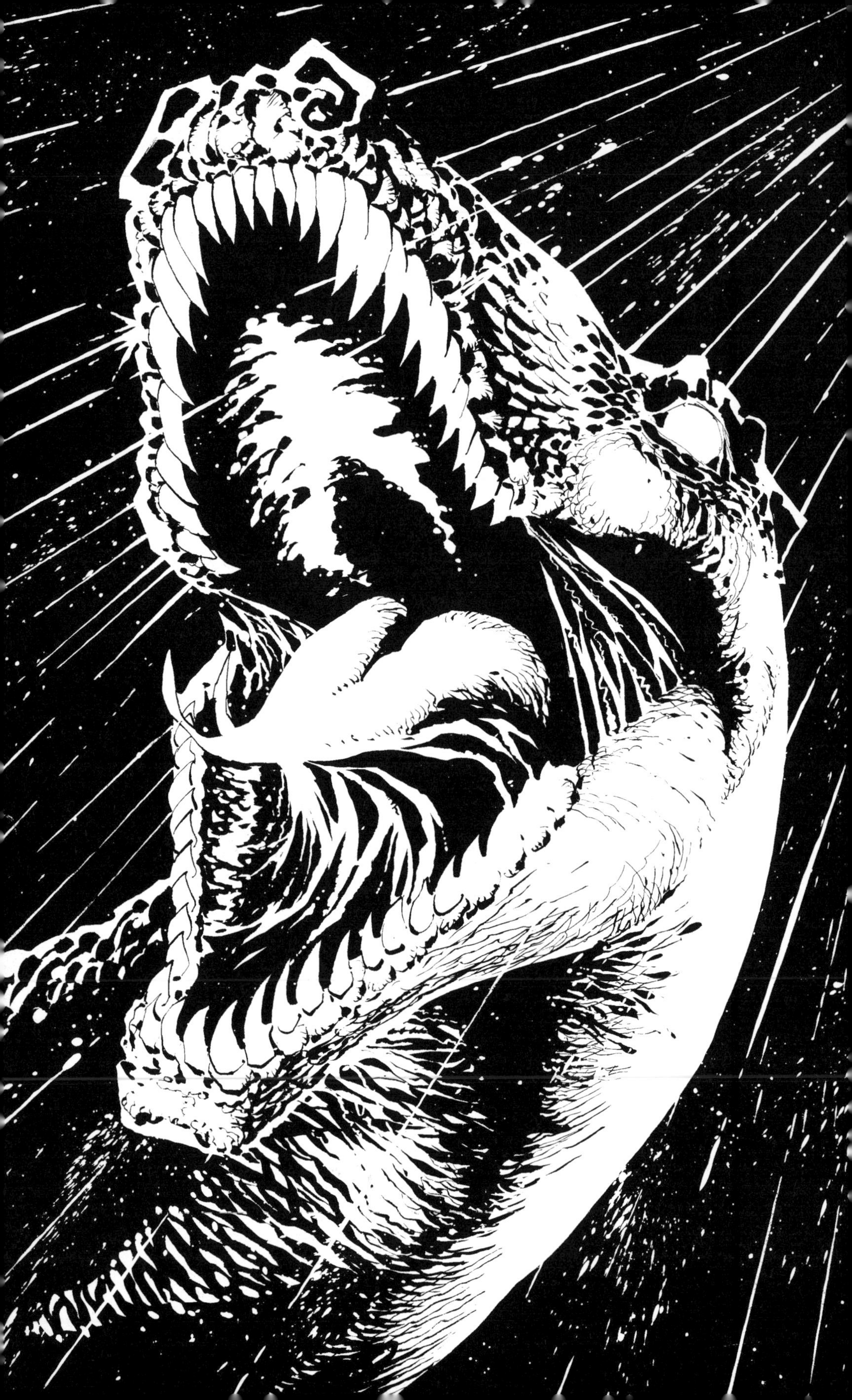

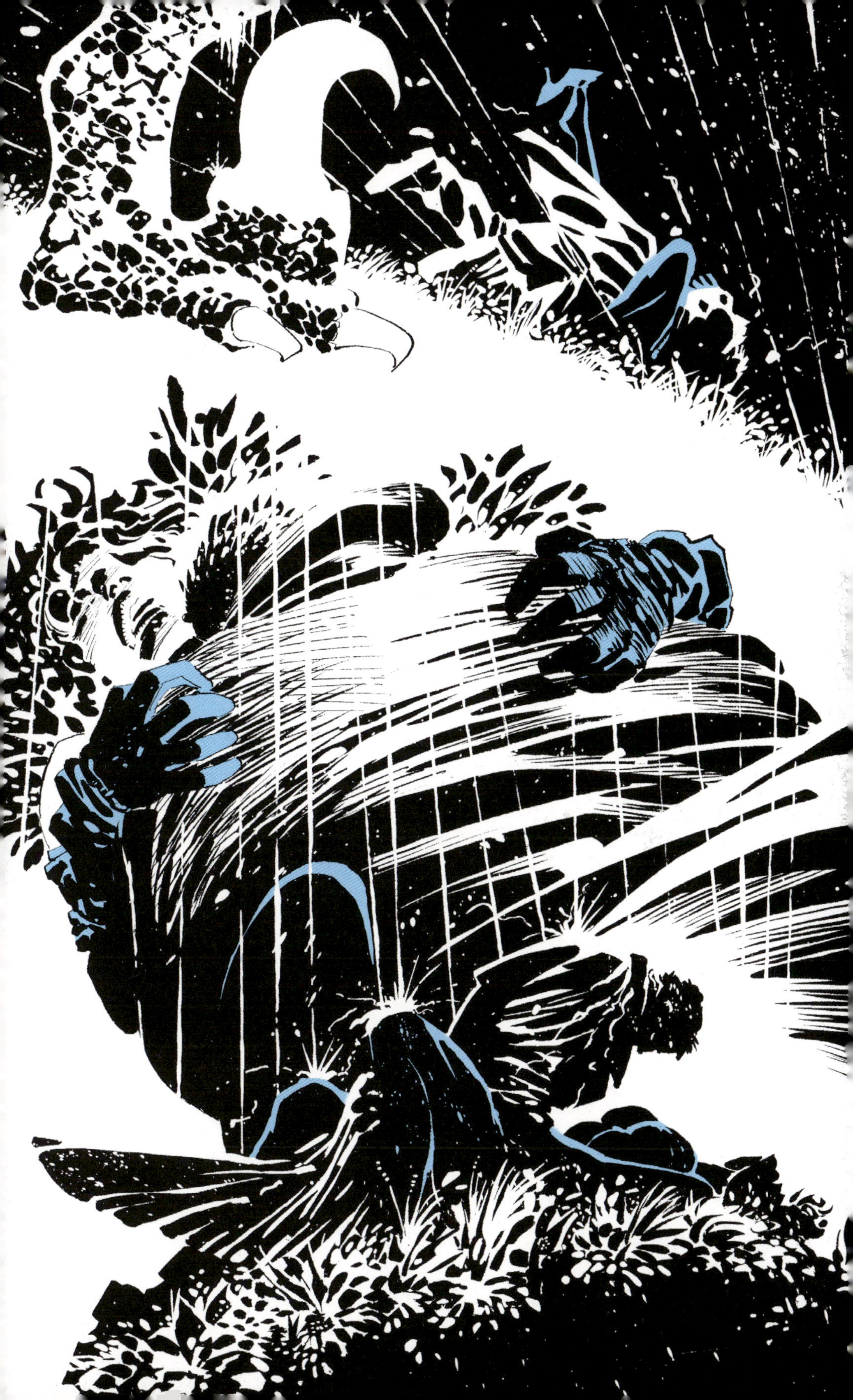

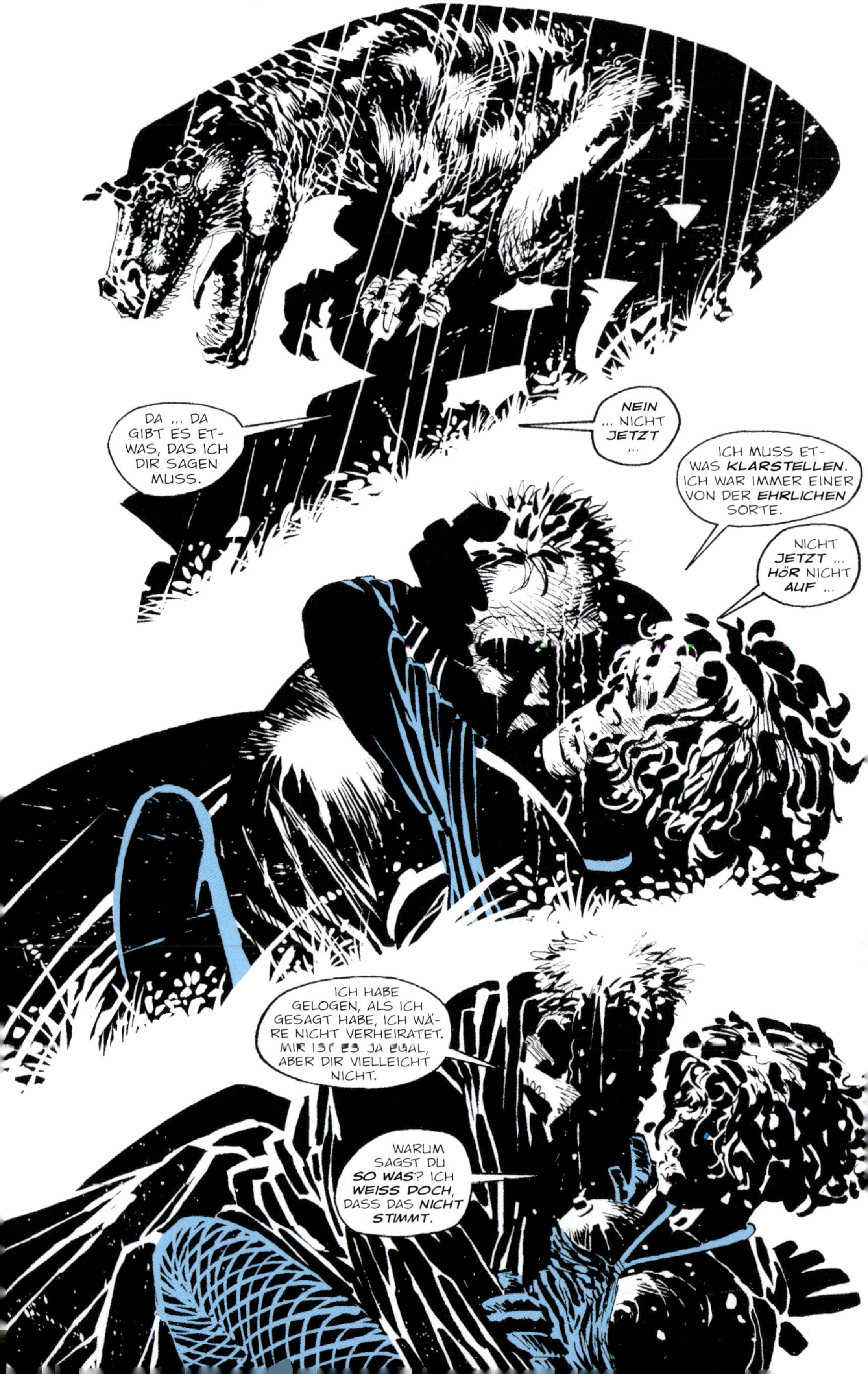
DA ... DA GIBT ES ET- WAS, DAS ICH DIR SAGEN MUSS.
NEIN ... NICHT JETZT ...
ICH MUSS ET- WAS KLARSTELLEN. ICH WAR IMMER EINER VON DER EHRLICHEN SORTE.
NICHT JETZT ... HÖR NICHT AUF ...
ICH HABE GELOGEN, ALS ICH GESAGT HABE, ICH WÄ- RE NICHT VERHEIRATET. MIR IST ES JA EGAL, ABER DIR VIELLEICHT NICHT.
WARUM SAGST DU SO WAS? ICH WEISS DOCH, DASS DAS NICHT STIMMT.

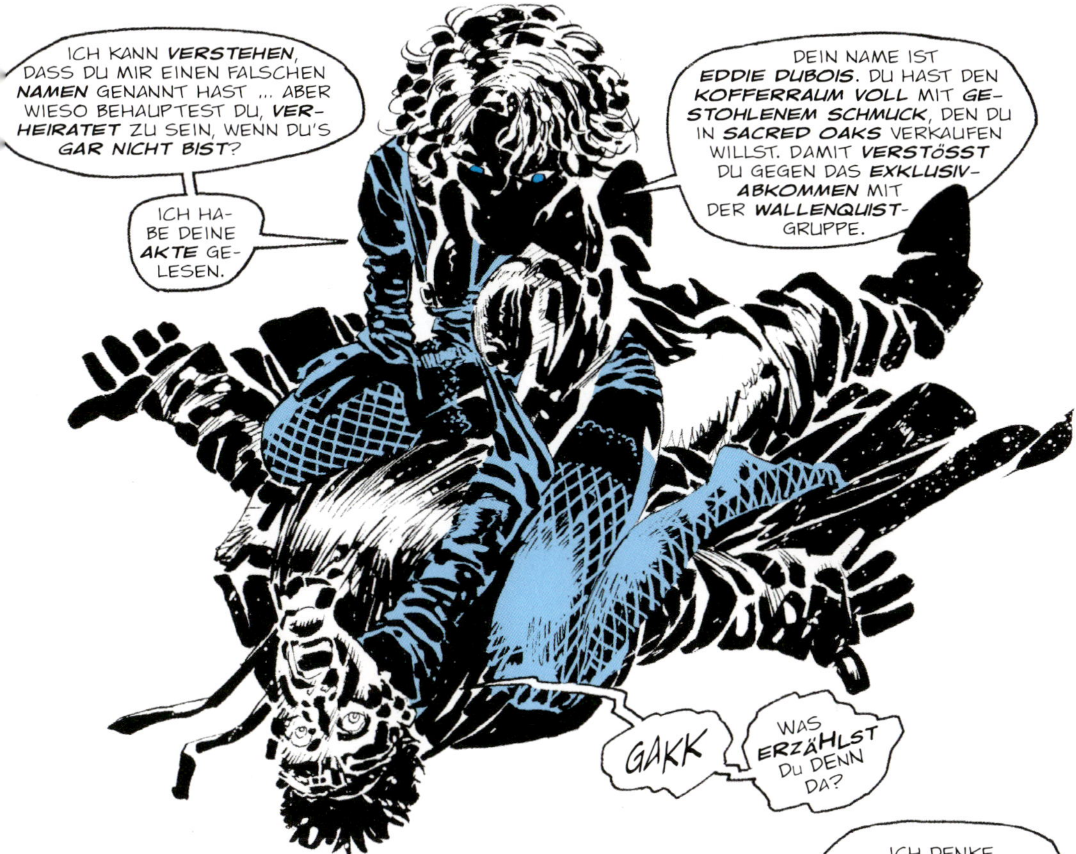
ICH KANN VERSTEHEN, DASS DU MIR EINEN FALSCHEN NAMEN GENANNT HAST ... ABER WIESO BEHAUPTEST DU, VERHEIRATET ZU SEIN, WENN DU'S GAR NICHT BIST?
ICH HABE DEINE AKTE GELESEN.
DEIN NAME IST EDDIE DUBOIS. DU HAST DEN KOFFERRAUM VOLL MIT GESTOHLENEM SCHMUCK, DEN DU IN SACRED OAKS VERKAUFEN WILLST. DAMIT VERSTÖSST DU GEGEN DAS EXKLUSIVABKOMMEN MIT DER WALLENQUIST-GRUPPE.
GAKK
WAS ERZÄHLST DU DENN DA?

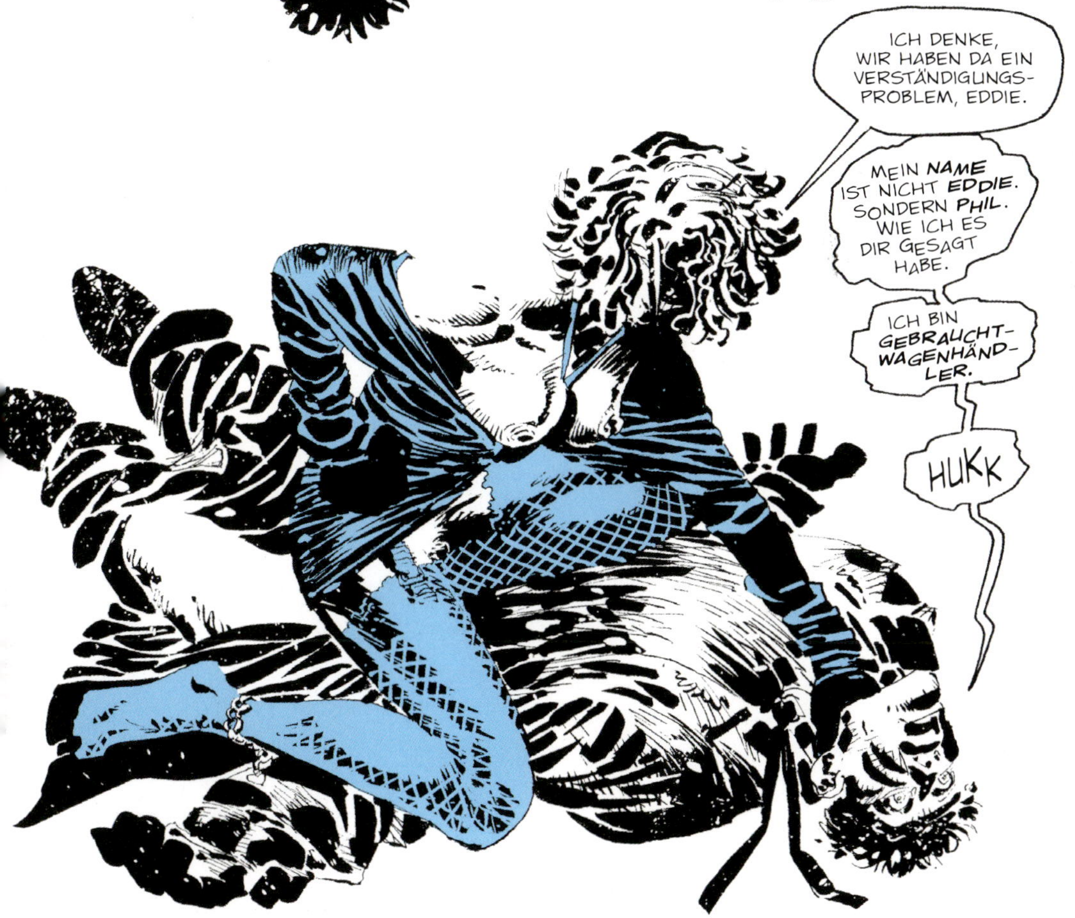
ICH DENKE, WIR HABEN DA EIN VERSTÄNDIGUNGSPROBLEM, EDDIE.
MEIN NAME IST NICHT EDDIE. SONDERN PHIL. WIE ICH ES DIR GESAGT HABE.
ICH BIN GEBRAUCHTWAGENHÄNDLER.
HUKK

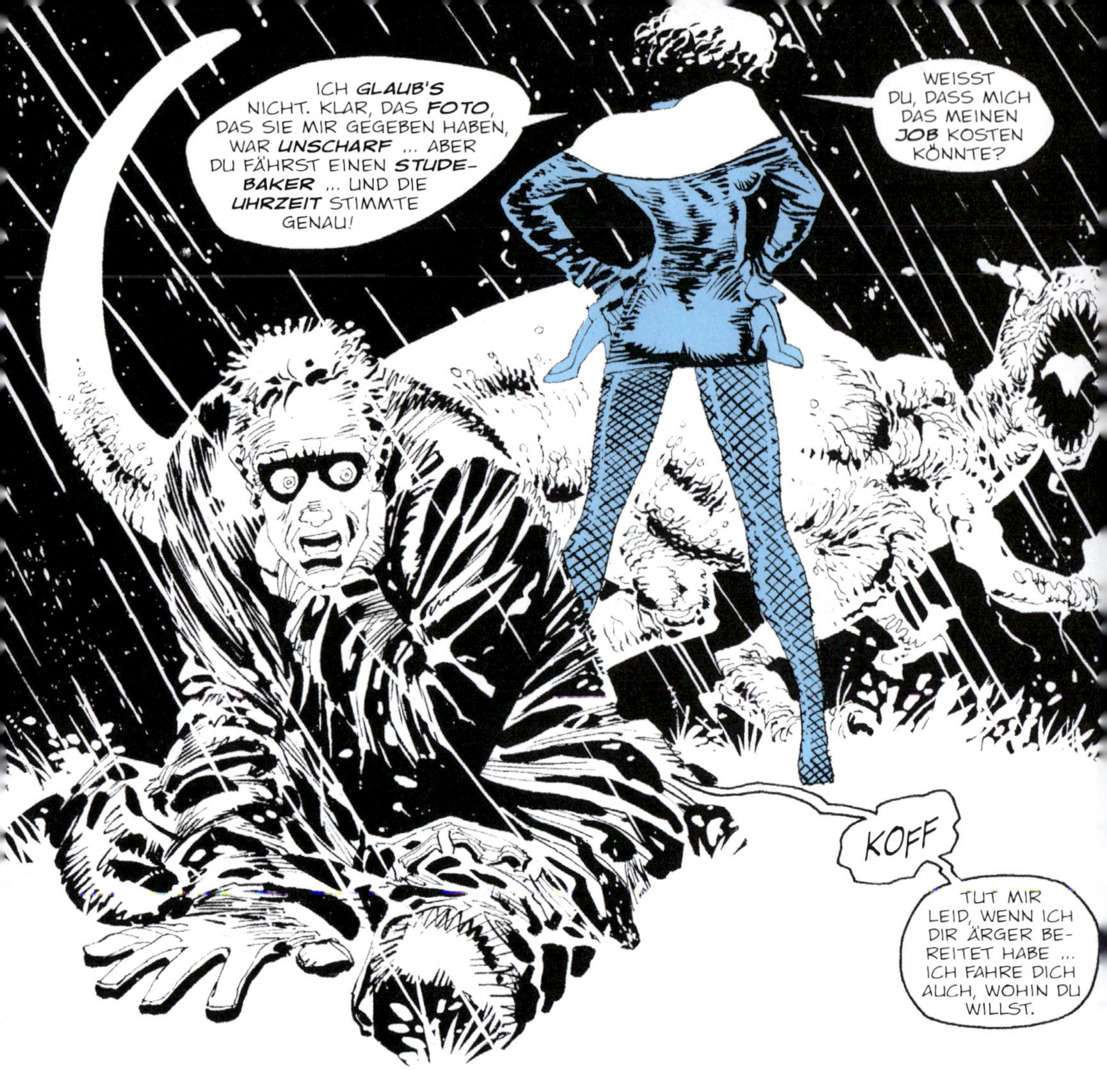
ICH GLAUB'S NICHT. KLAR, DAS FOTO, DAS SIE MIR GEGEBEN HABEN, WAR UNSCHARF ... ABER DU FÄHRST EINEN STUDE-BAKER ... UND DIE UHRZEIT STIMMTE GENAU!
WEISST DU, DASS MICH DAS MEINEN JOB KOSTEN KÖNNTE?
KOFF
TUT MIR LEID, WENN ICH DIR ÄRGER BE-REITET HABE ... ICH FAHRE DICH AUCH, WOHIN DU WILLST.

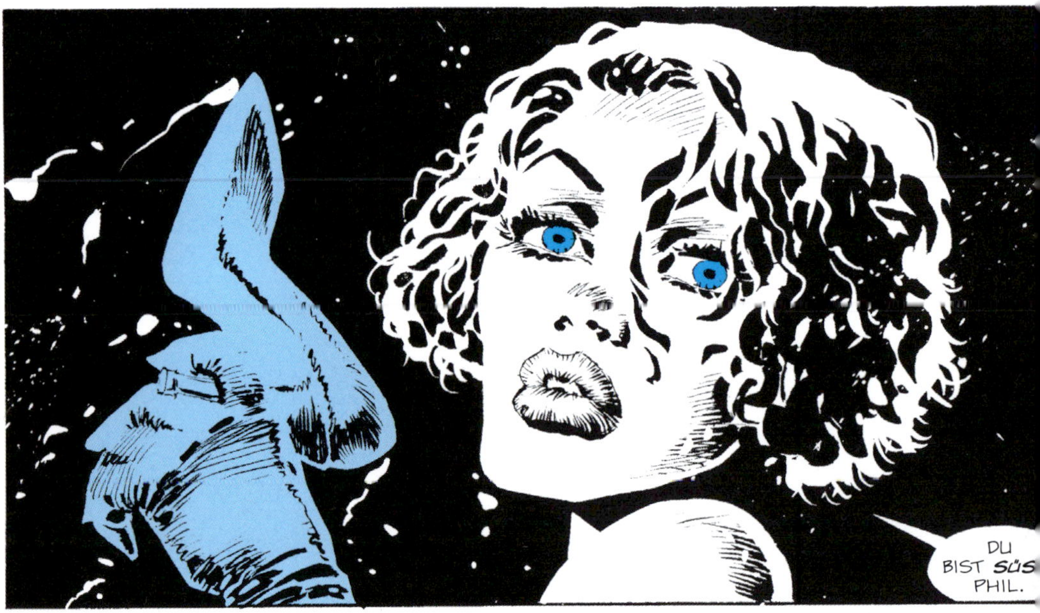

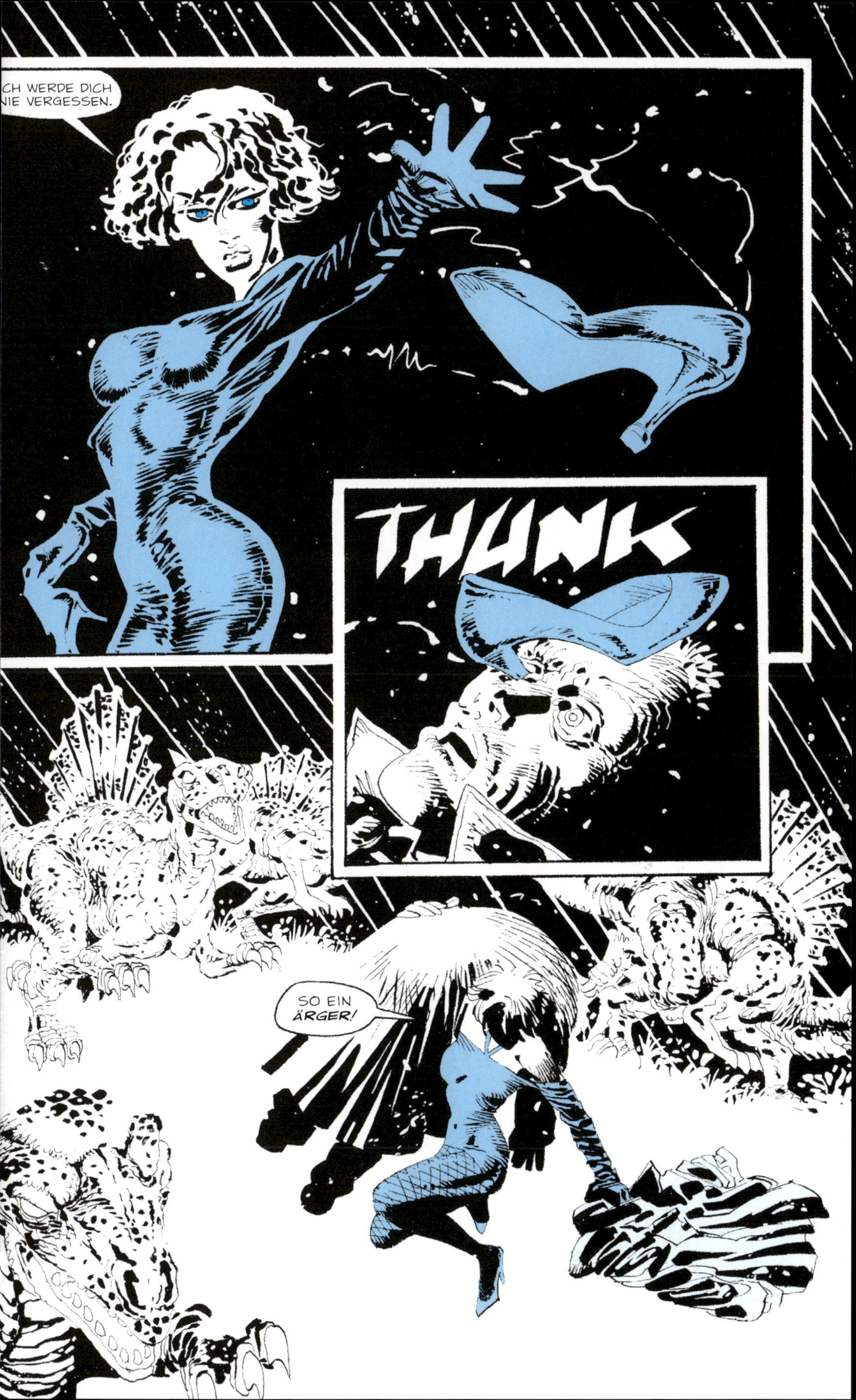
ICH WERDE DICH
NIE VERGESSEN.
THUNK
SO EIN
ÄRGER!

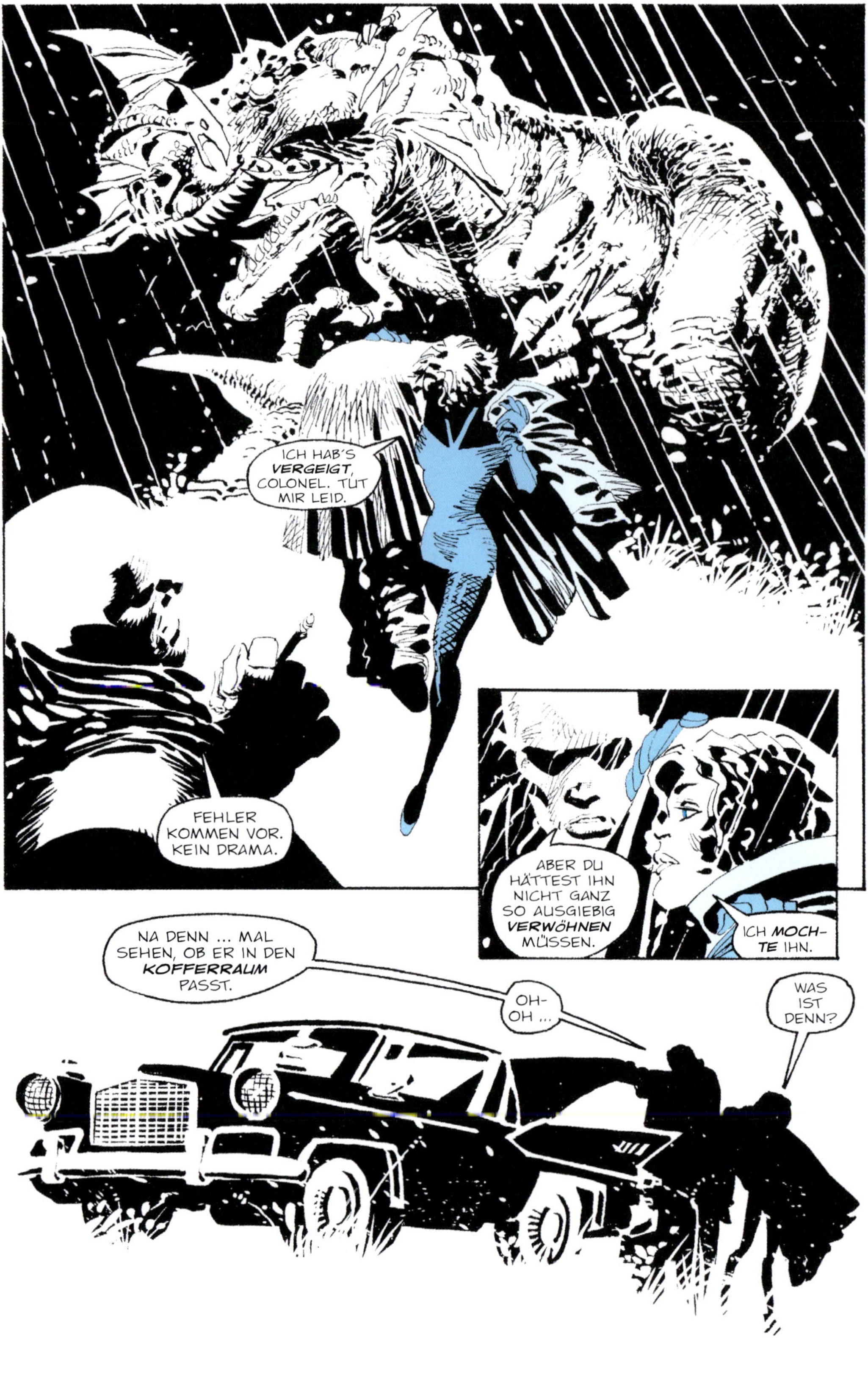

ICH HAB'S **VERGEIGT**, COLONEL. TUT MIR LEID.
FEHLER KOMMEN VOR. KEIN DRAMA.
ABER DU HÄTTEST IHN NICHT GANZ SO AUSGIEBIG **VERWÖHNEN** MÜSSEN.
ICH **MOCH-TE** IHN.
NA DENN ... MAL SEHEN, OB ER IN DEN **KOFFERRAUM** PASST.
OH-OH ...
WAS IST DENN?

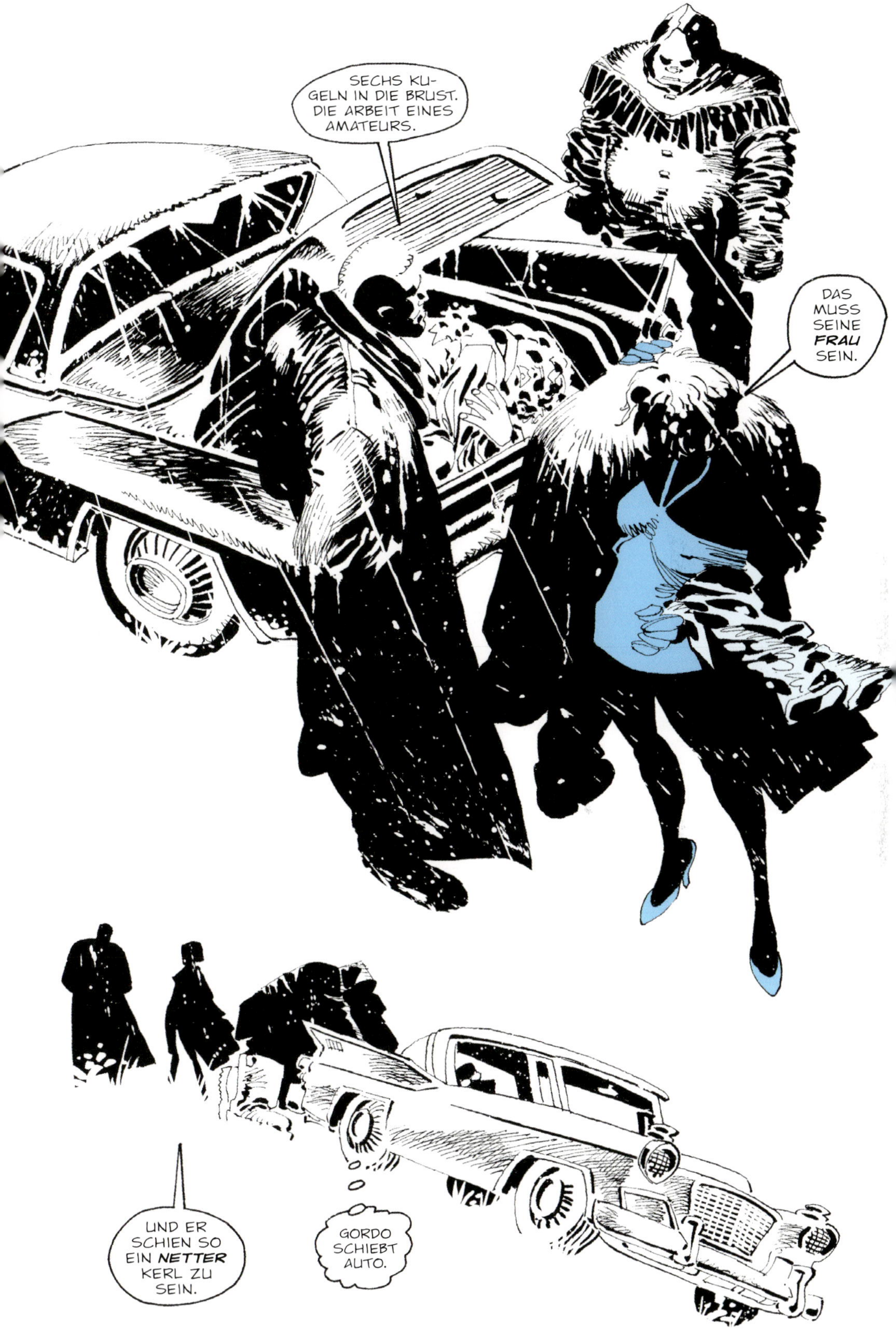
SECHS KUGELN IN DIE BRUST. DIE ARBEIT EINES AMATEURS.
DAS MUSS SEINE **FRAU** SEIN.
UND ER SCHIEN SO EIN **NETTER** KERL ZU SEIN.
GORDO SCHIEBT AUTO.

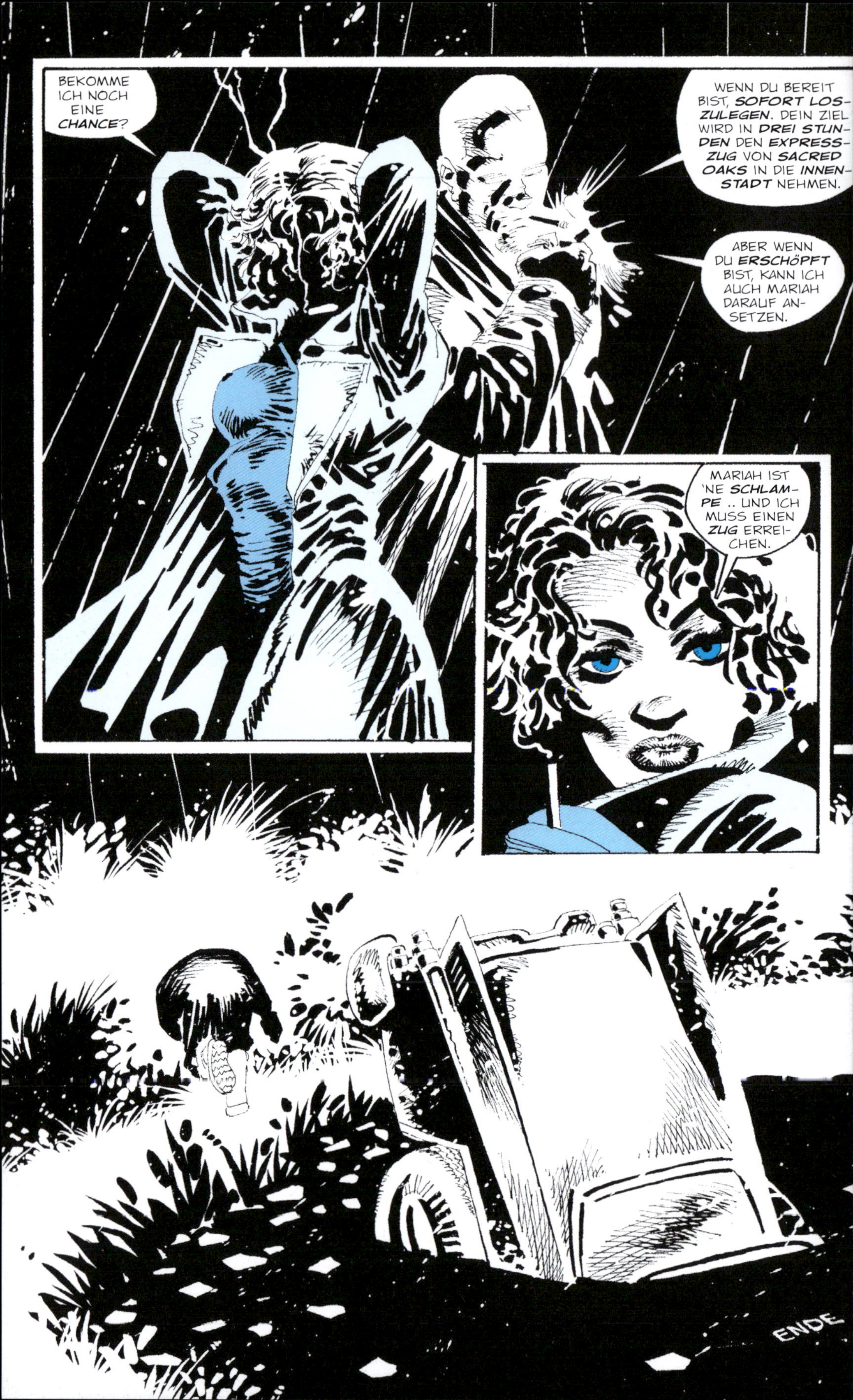

BEKOMME ICH NOCH EINE CHANCE?
WENN DU BEREIT BIST, SOFORT LOSZULEGEN. DEIN ZIEL WIRD IN DREI STUNDEN DEN EXPRESSZUG VON SACRED OAKS IN DIE INNENSTADT NEHMEN.
ABER WENN DU ERSCHÖPFT BIST, KANN ICH AUCH MARIAH DARAUF ANSETZEN.
MARIAH IST 'NE SCHLAMPE .. UND ICH MUSS EINEN ZUG ERREICHEN.
ENDE

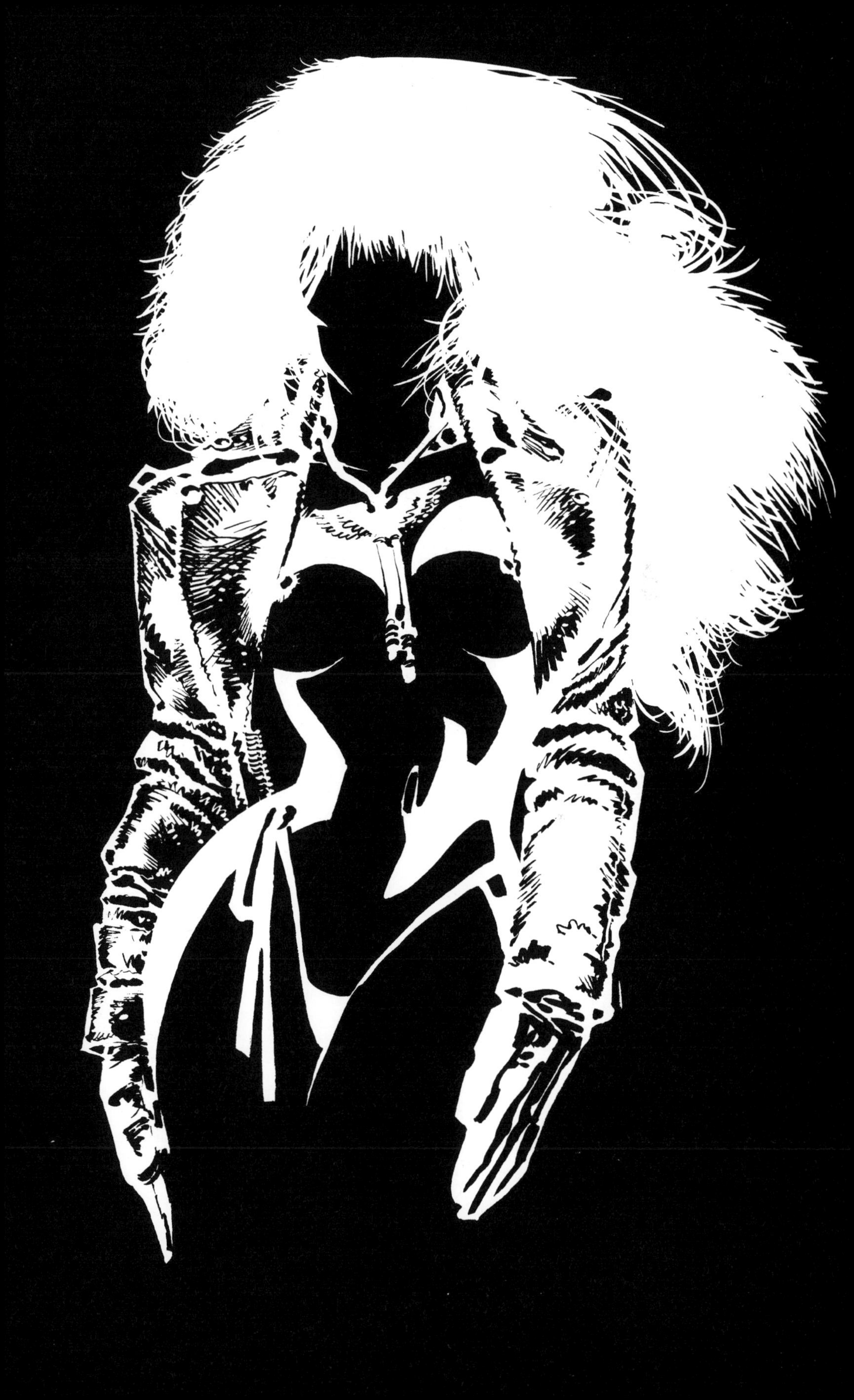

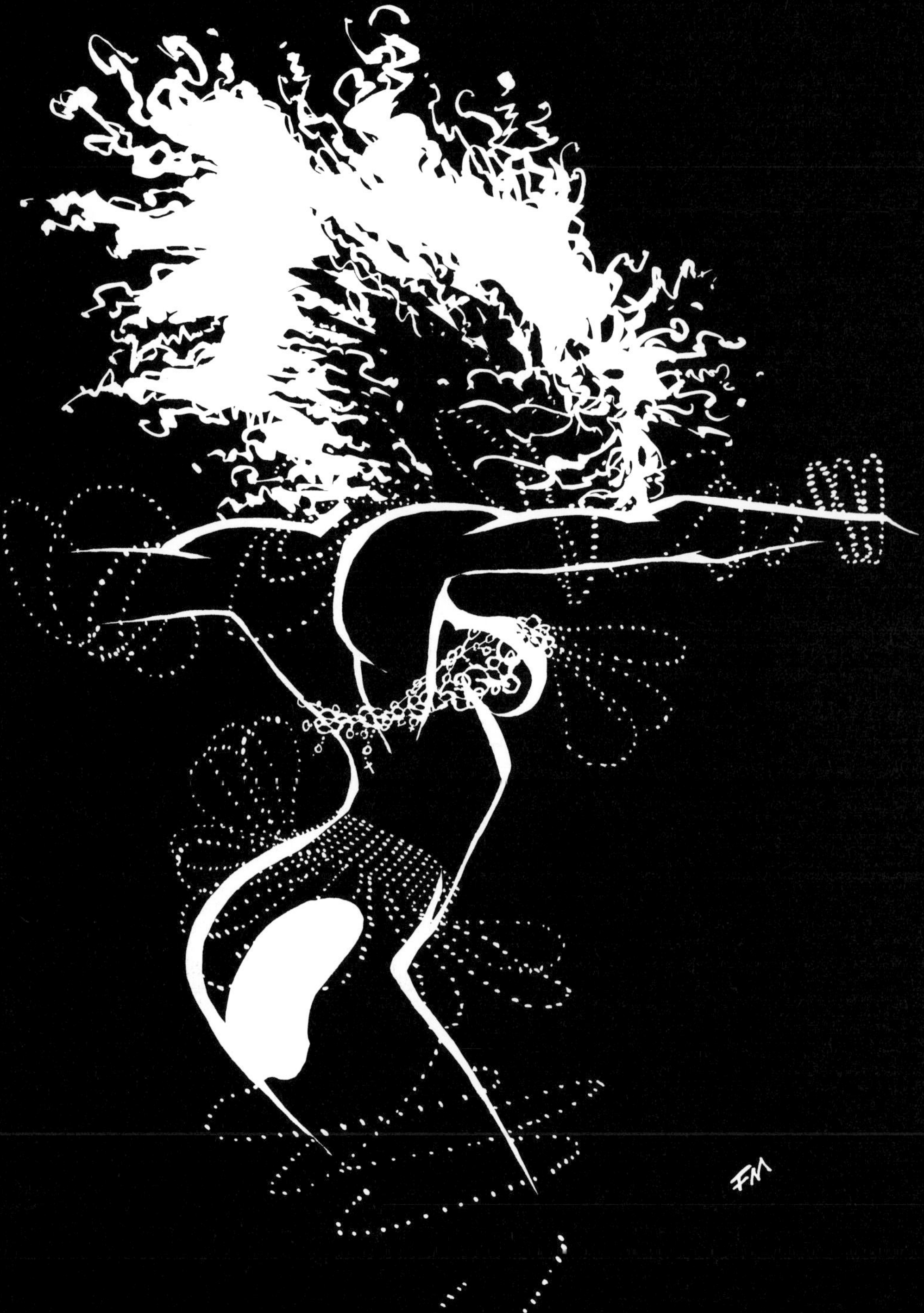
FM

FALSCHES GLEIS

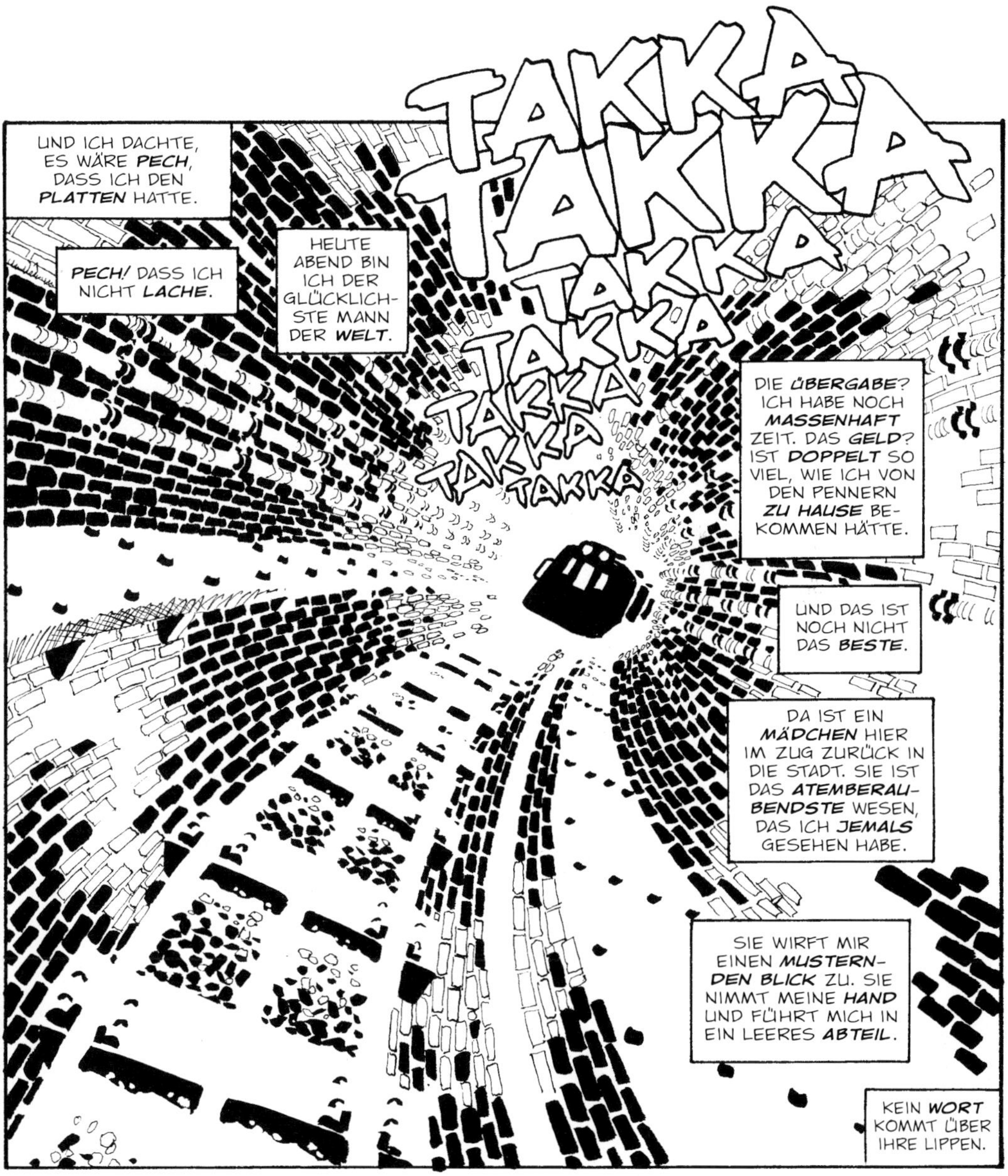

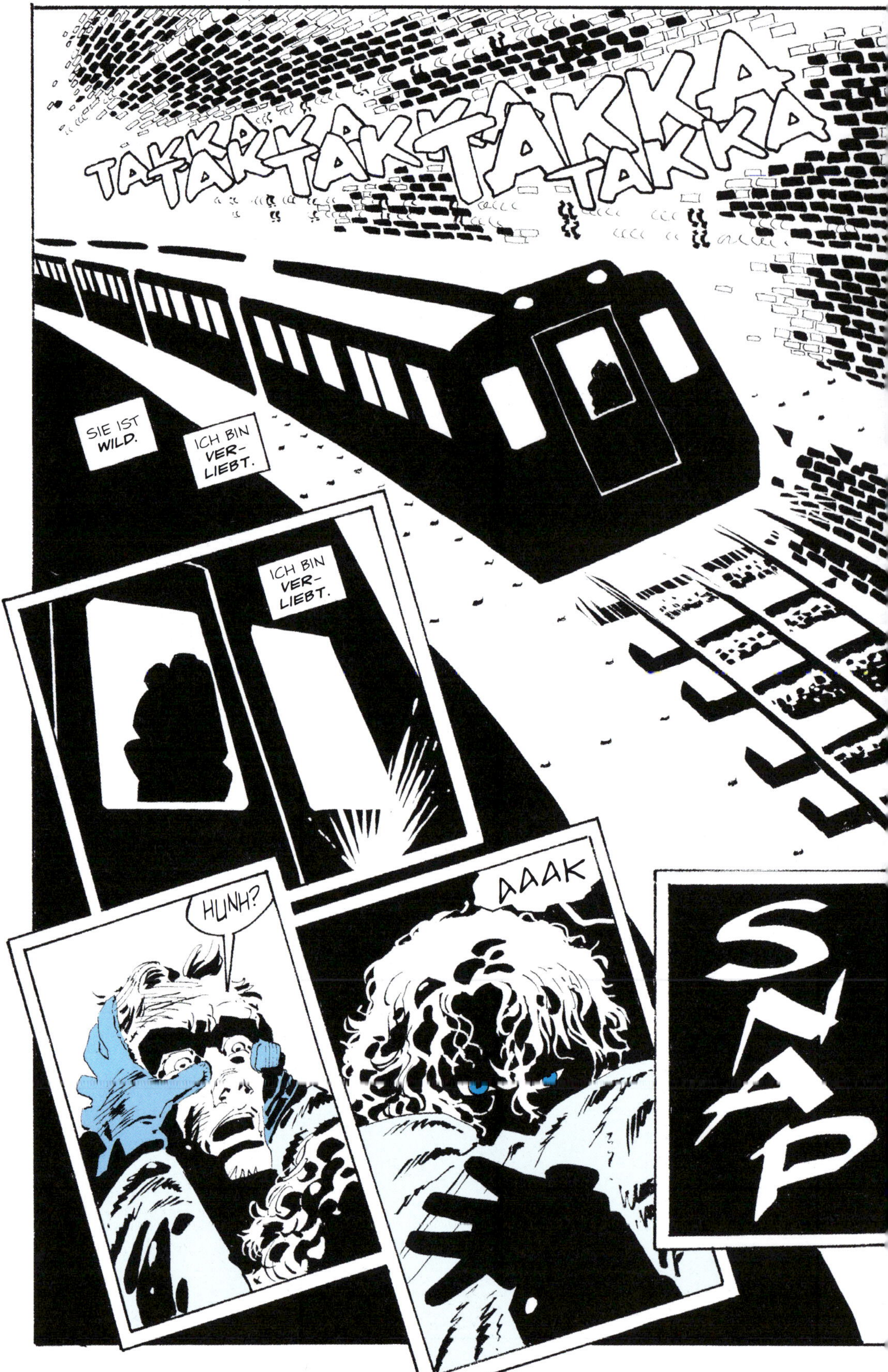
TAKKA TAKKA TAKKA TAKKA TAKKA TAKKA
SIE IST WILD.
ICH BIN VER-LIEBT.
ICH BIN VER-LIEBT.
HUNH?
AAAK
SNAP

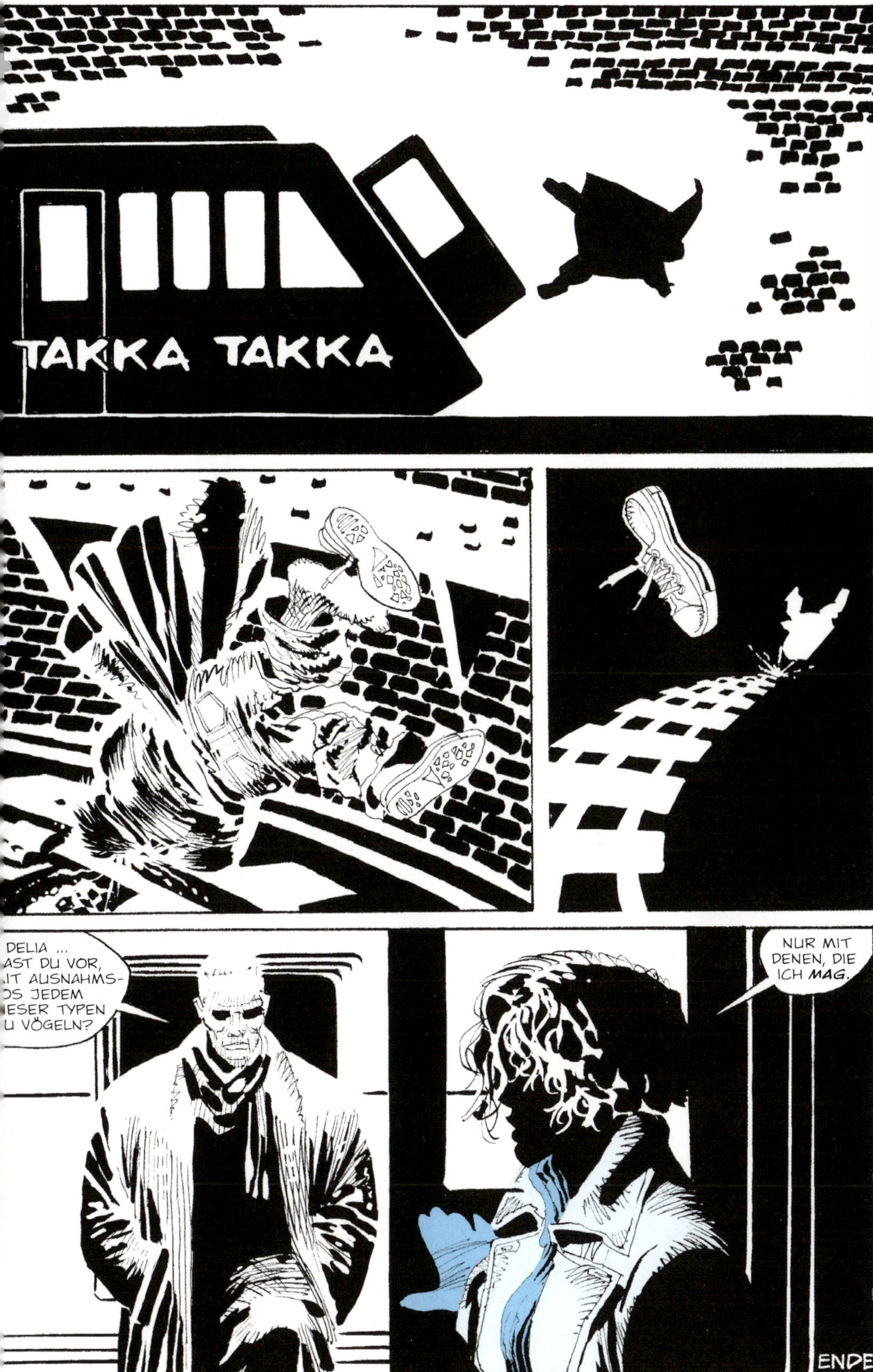
TAKKA TAKKA
DELIA ... AST DU VOR, IT AUSNAHMS-OS JEDEM IESER TYPEN U VÖGELN?
NUR MIT DENEN, DIE ICH MAG.
ENDE

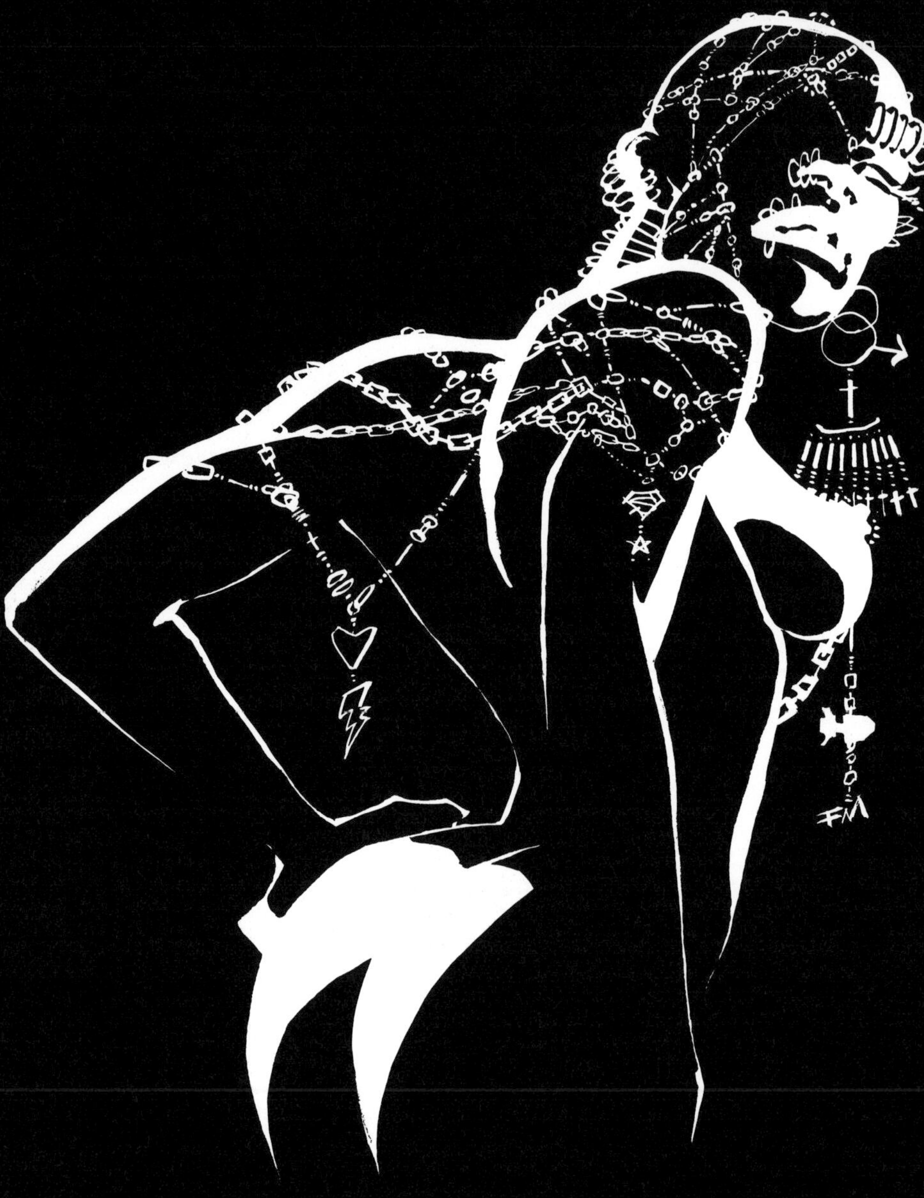

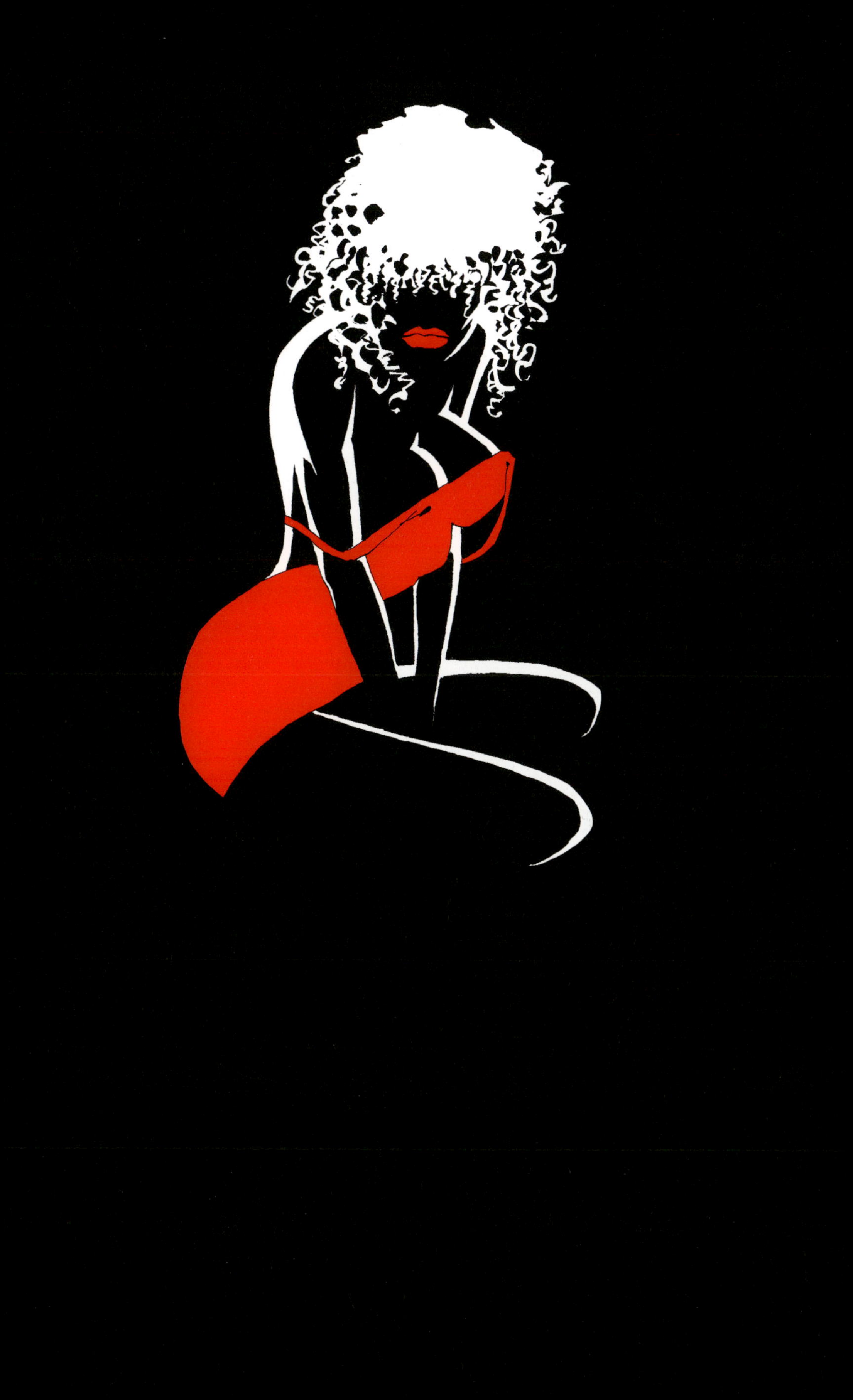

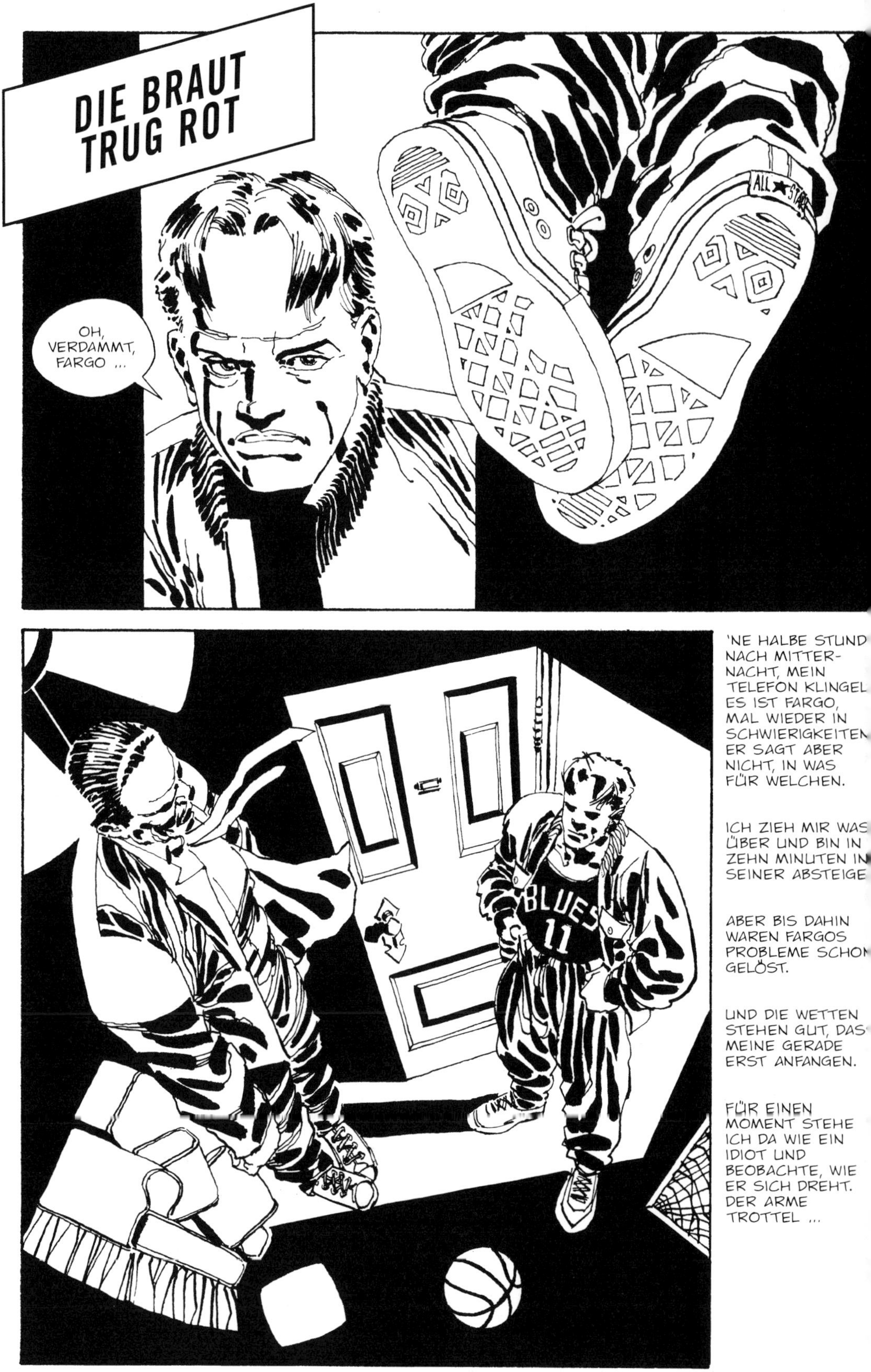
DIE BRAUT TRUG ROT
OH, VERDAMMT, FARGO ...
ALL STAR
BLUES 11
'NE HALBE STUND NACH MITTER-NACHT, MEIN TELEFON KLINGEL ES IST FARGO, MAL WIEDER IN SCHWIERIGKEITEN ER SAGT ABER NICHT, IN WAS FÜR WELCHEN.
ICH ZIEH MIR WAS ÜBER UND BIN IN ZEHN MINUTEN IN SEINER ABSTEIGE
ABER BIS DAHIN WAREN FARGOS PROBLEME SCHON GELÖST.
UND DIE WETTEN STEHEN GUT, DAS MEINE GERADE ERST ANFANGEN.
FÜR EINEN MOMENT STEHE ICH DA WIE EIN IDIOT UND BEOBACHTE, WIE ER SICH DREHT. DER ARME TROTTEL ...

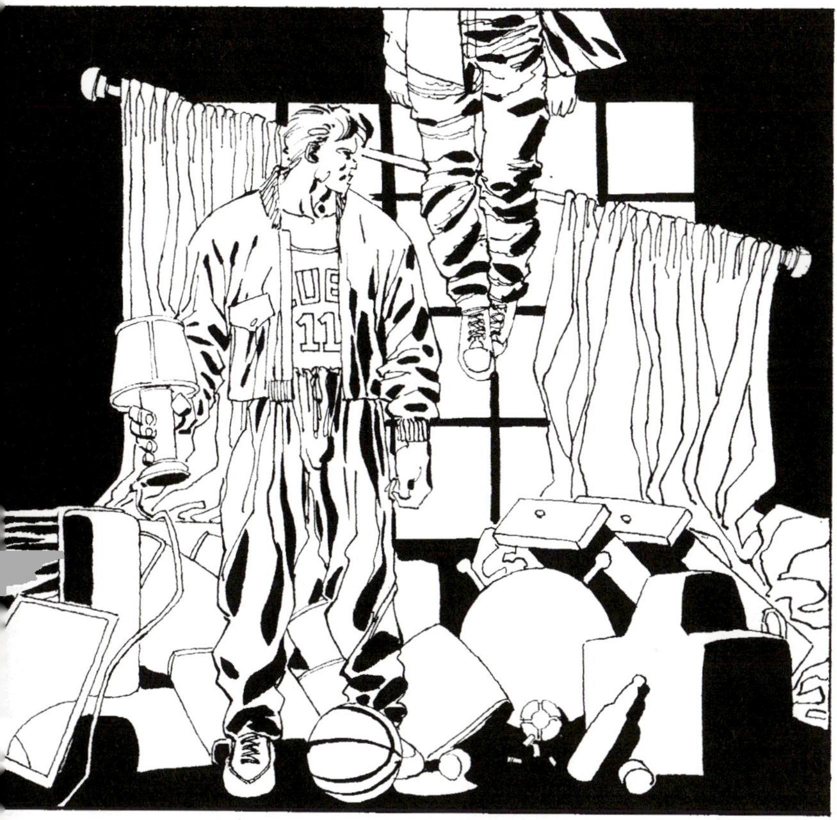

... MIT IHM MUSSTE ES SO ENDEN, EGAL WIE SEHR ER SICH AUCH BEMÜHTE.

UND ER HATTE SICH SEHR BEMÜHT. SEIT DREI JAHREN WAR ER SAUBER UND ALS ER ANRIEF, KLANG ER NICHT SO, ALS HÄTTE ER ETWAS EINGEWORFEN.

HAST DU WIEDER GEDEALT, KUMPEL? WARST DU SO BLÖD, DEN GROSSEN JUNGS IN DIE QUERE ZU KOMMEN?

ODER IST DIES EINE ALTE, DRECKIGE GESCHICHTE? HAT DICH DIE VERGANGENHEIT EINGEHOLT?

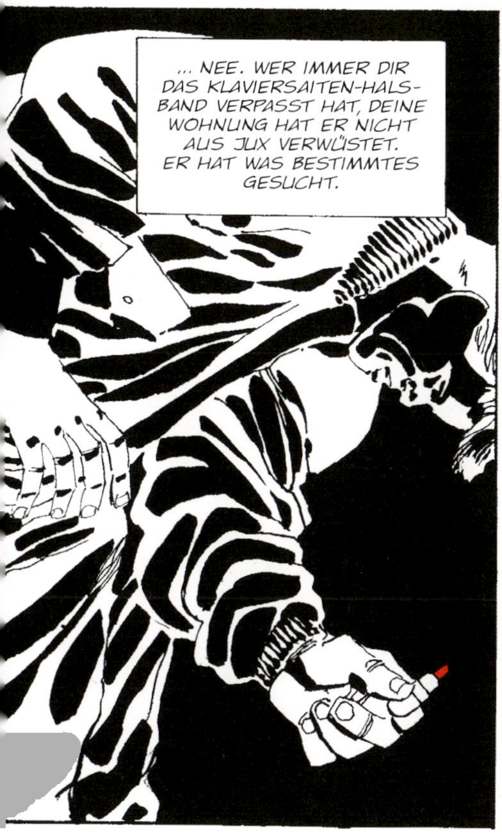

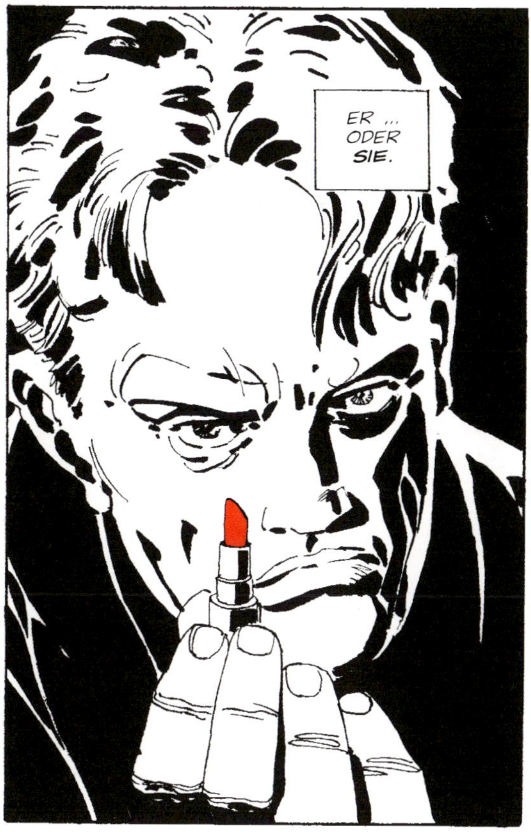

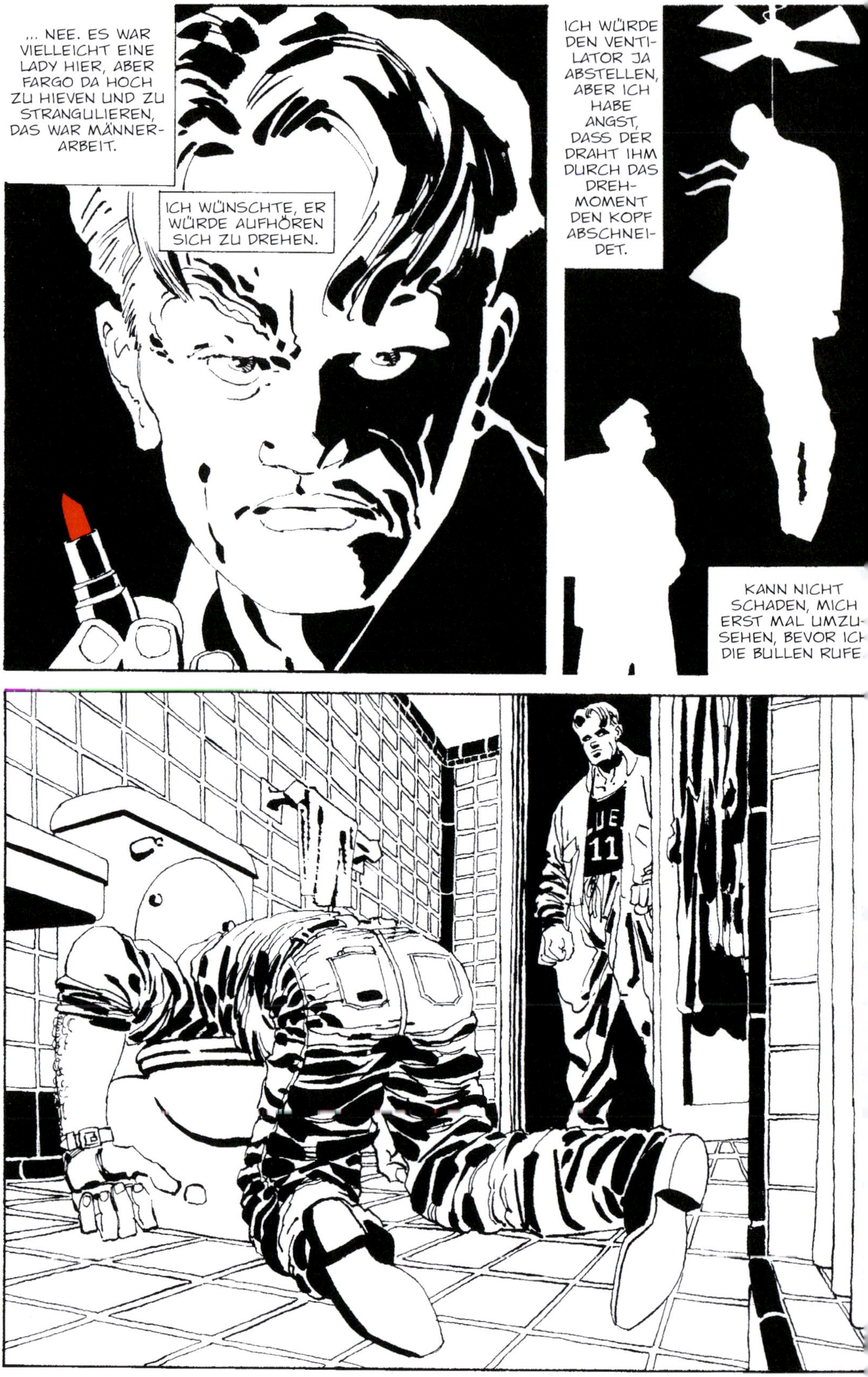
… NEE. ES WAR VIELLEICHT EINE LADY HIER, ABER FARGO DA HOCH ZU HIEVEN UND ZU STRANGULIEREN, DAS WAR MÄNNER-ARBEIT.
ICH WÜNSCHTE, ER WÜRDE AUFHÖREN SICH ZU DREHEN.
ICH WÜRDE DEN VENTILATOR JA ABSTELLEN, ABER ICH HABE ANGST, DASS DER DRAHT IHM DURCH DAS DREHMOMENT DEN KOPF ABSCHNEIDET.
KANN NICHT SCHADEN, MICH ERST MAL UMZUSEHEN, BEVOR ICH DIE BULLEN RUFE.

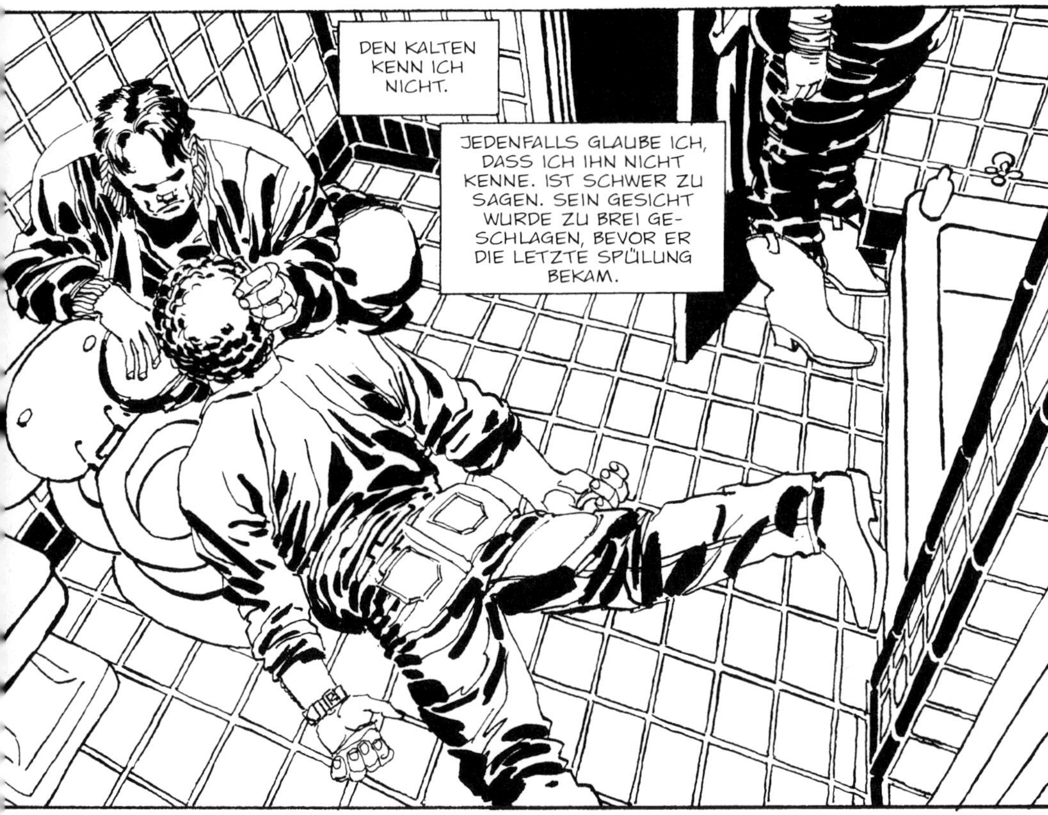
DEN KALTEN KENN ICH NICHT.
JEDENFALLS GLAUBE ICH, DASS ICH IHN NICHT KENNE. IST SCHWER ZU SAGEN. SEIN GESICHT WURDE ZU BREI GESCHLAGEN, BEVOR ER DIE LETZTE SPÜLUNG BEKAM.

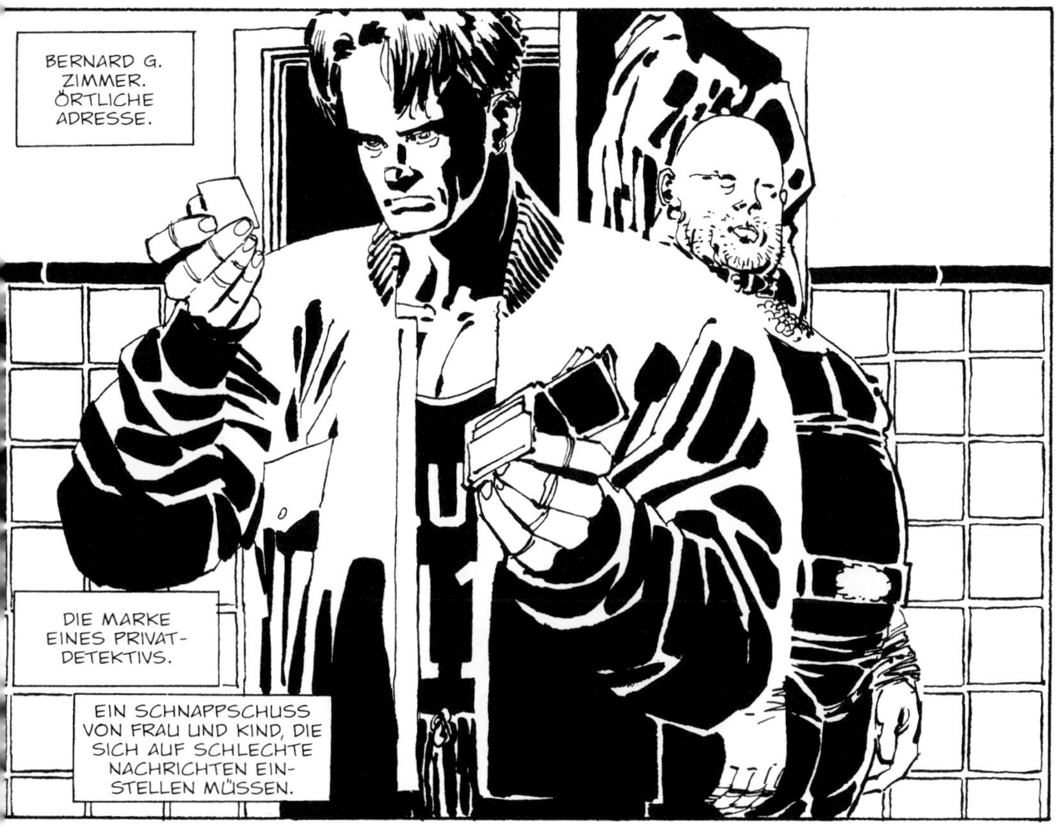
BERNARD G. ZIMMER. ÖRTLICHE ADRESSE.
DIE MARKE EINES PRIVATDETEKTIVS.
EIN SCHNAPPSCHUSS VON FRAU UND KIND, DIE SICH AUF SCHLECHTE NACHRICHTEN EINSTELLEN MÜSSEN.

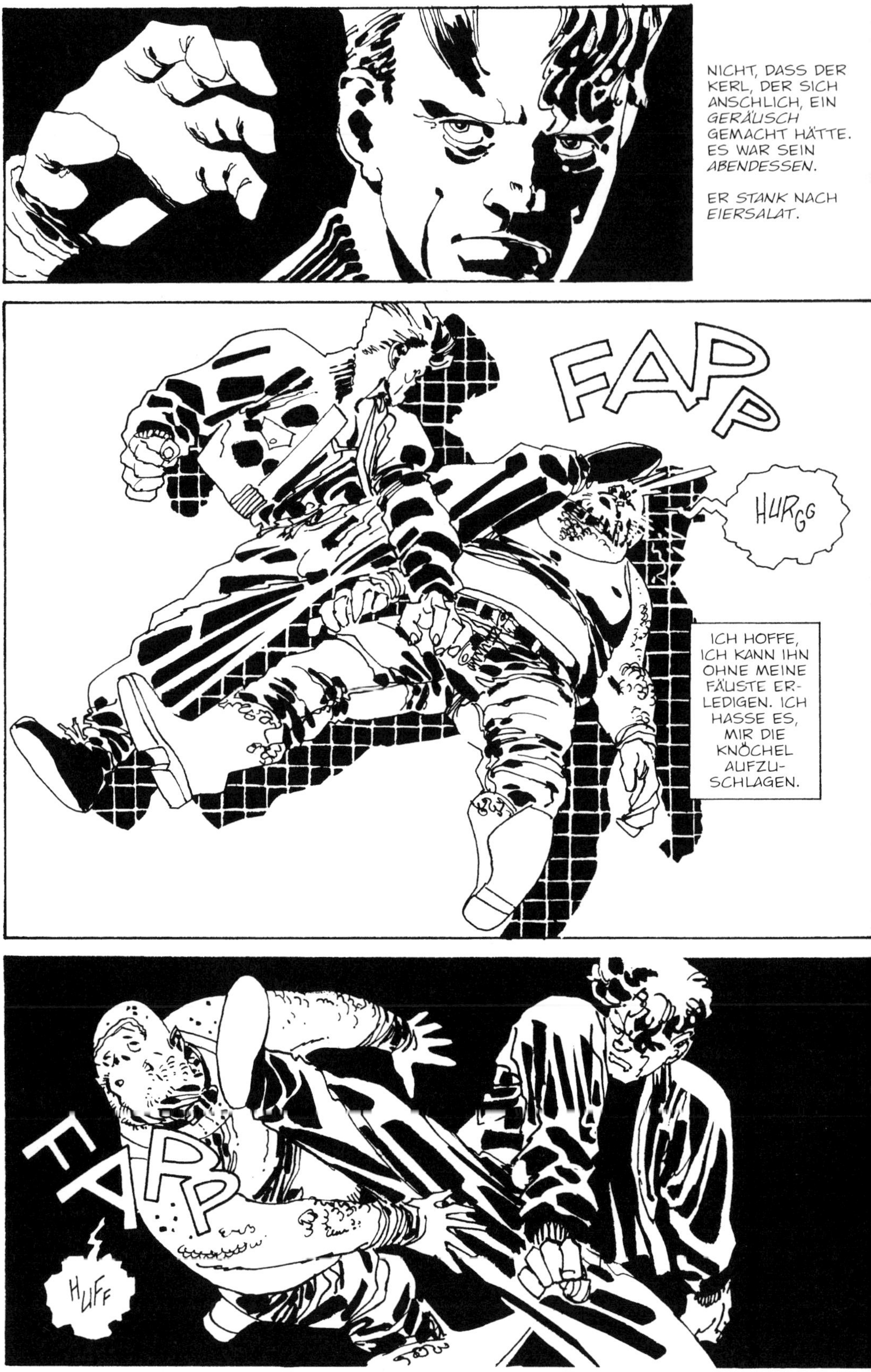
NICHT, DASS DER KERL, DER SICH ANSCHLICH, EIN GERÄUSCH GEMACHT HÄTTE. ES WAR SEIN ABENDESSEN.
ER STANK NACH EIERSALAT.
FAPP
HURGG
ICH HOFFE, ICH KANN IHN OHNE MEINE FÄUSTE ERLEDIGEN. ICH HASSE ES, MIR DIE KNÖCHEL AUFZUSCHLAGEN.
FAPP
HUFF

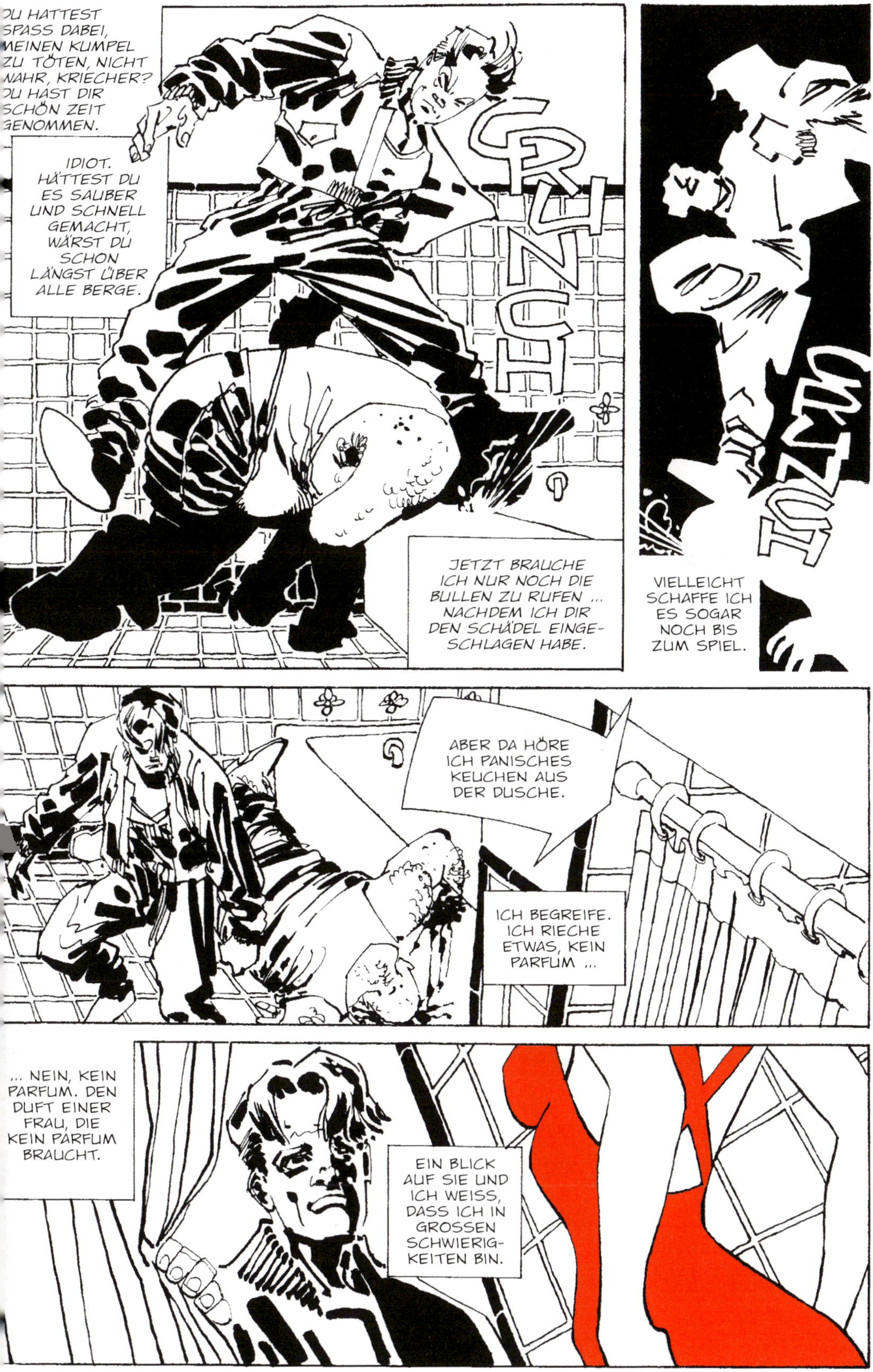

DU HATTEST SPASS DABEI, MEINEN KUMPEL ZU TÖTEN, NICHT WAHR, KRIECHER? DU HAST DIR SCHÖN ZEIT GENOMMEN.
IDIOT. HÄTTEST DU ES SAUBER UND SCHNELL GEMACHT, WÄRST DU SCHON LÄNGST ÜBER ALLE BERGE.
CRUNCH
JETZT BRAUCHE ICH NUR NOCH DIE BULLEN ZU RUFEN ... NACHDEM ICH DIR DEN SCHÄDEL EINGE-SCHLAGEN HABE.
CRUNCH
VIELLEICHT SCHAFFE ICH ES SOGAR NOCH BIS ZUM SPIEL.
ABER DA HÖRE ICH PANISCHES KEUCHEN AUS DER DUSCHE.
ICH BEGREIFE. ICH RIECHE ETWAS, KEIN PARFUM ...
... NEIN, KEIN PARFUM. DEN DUFT EINER FRAU, DIE KEIN PARFUM BRAUCHT.
EIN BLICK AUF SIE UND ICH WEISS, DASS ICH IN GROSSEN SCHWIERIG-KEITEN BIN.

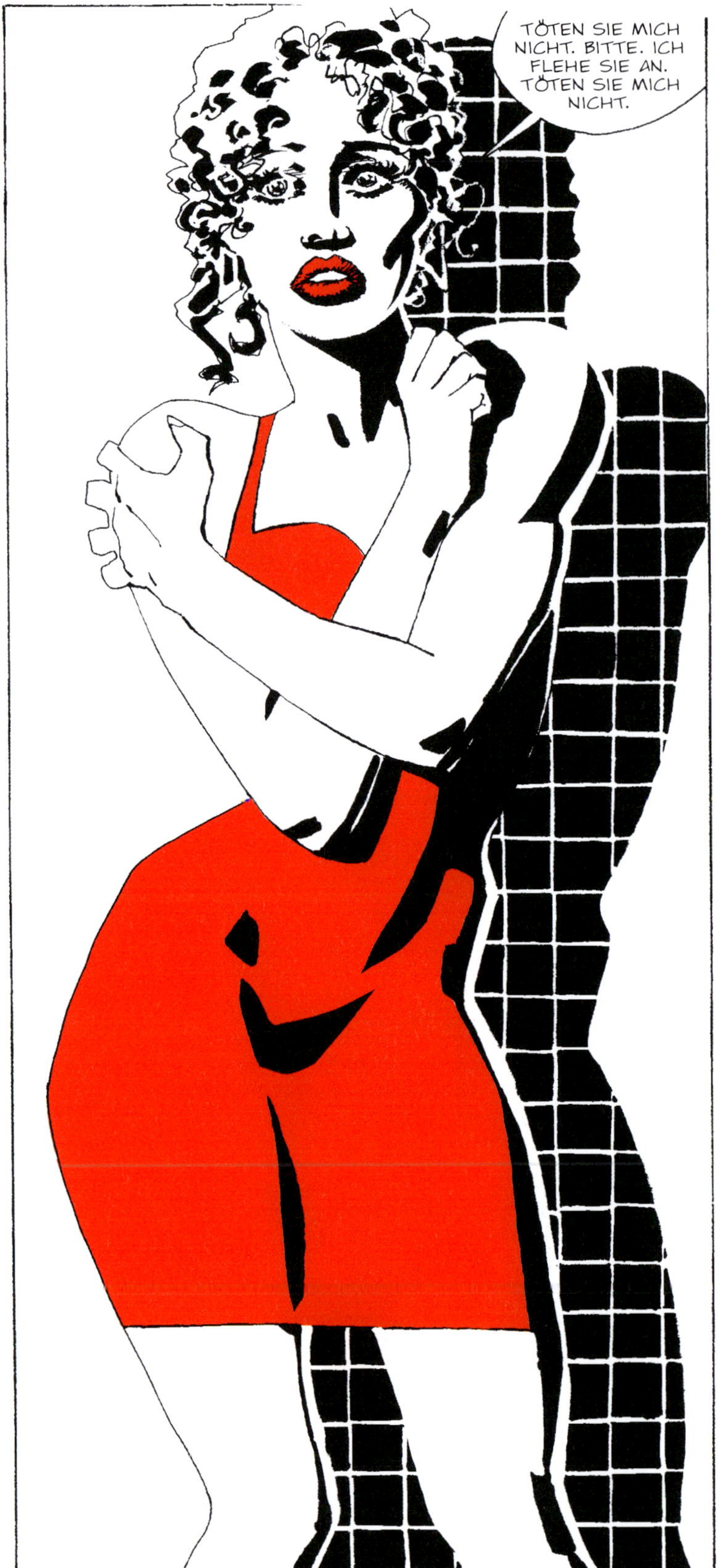

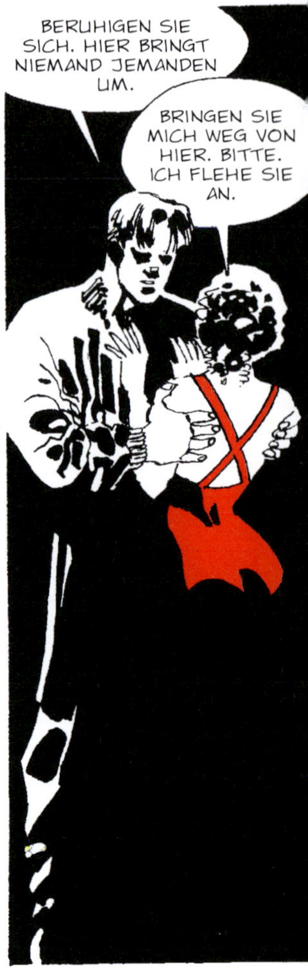

WAS IST DAS, WAS MANCHE FRAUEN AN SICH HABEN? DIE EINE IN EINER MILLION, BEI DER DEIN KOPF LEICHT UND DEIN MUND TROCKEN WIRD UND DEIN HERZ WIE WILD ZU POCHEN ANFÄNGT? ES IST NICHT NUR DAS AUSSEHEN. ES IST MEHR ... ETWAS, DAS MAN SCHON VON WEITEM SPÜRT.

WAS IMMER ES IST, DIESE BRAUT HAT ES HAUFENWEISE.

SEI VORSICHTIG, SAGT DER CLEVERE TEIL IN MIR. SEI VERDAMMT VORSICHTIG. DENK AN DEINE ALTE FEINDIN. WIE SIE LÄCHELTE UND DIR SAGTE, DASS SEX DICH IMMER DUMM MACHT.

SIE HATTE RECHT.

SEI VORSICHTIG.

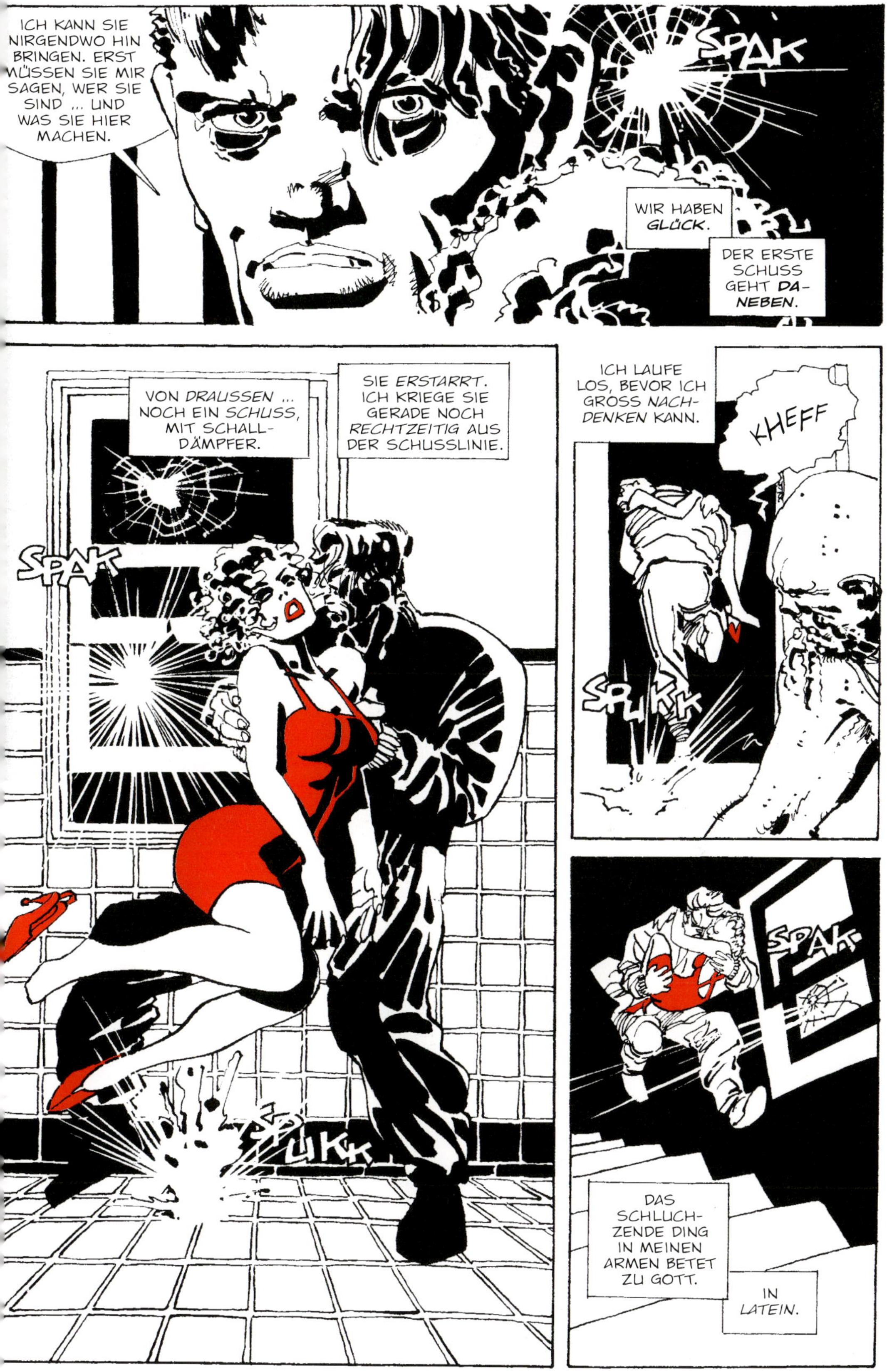

ICH KANN SIE NIRGENDWO HIN BRINGEN. ERST MÜSSEN SIE MIR SAGEN, WER SIE SIND ... UND WAS SIE HIER MACHEN.
SPAK
WIR HABEN GLÜCK.
DER ERSTE SCHUSS GEHT DANEBEN.
VON DRAUSSEN ... NOCH EIN SCHUSS, MIT SCHALLDÄMPFER.
SIE ERSTARRT. ICH KRIEGE SIE GERADE NOCH RECHTZEITIG AUS DER SCHUSSLINIE.
SPAK
ICH LAUFE LOS, BEVOR ICH GROSS NACHDENKEN KANN.
KHEFF
SPLUKK
SPAK
DAS SCHLUCHZENDE DING IN MEINEN ARMEN BETET ZU GOTT.
IN LATEIN.

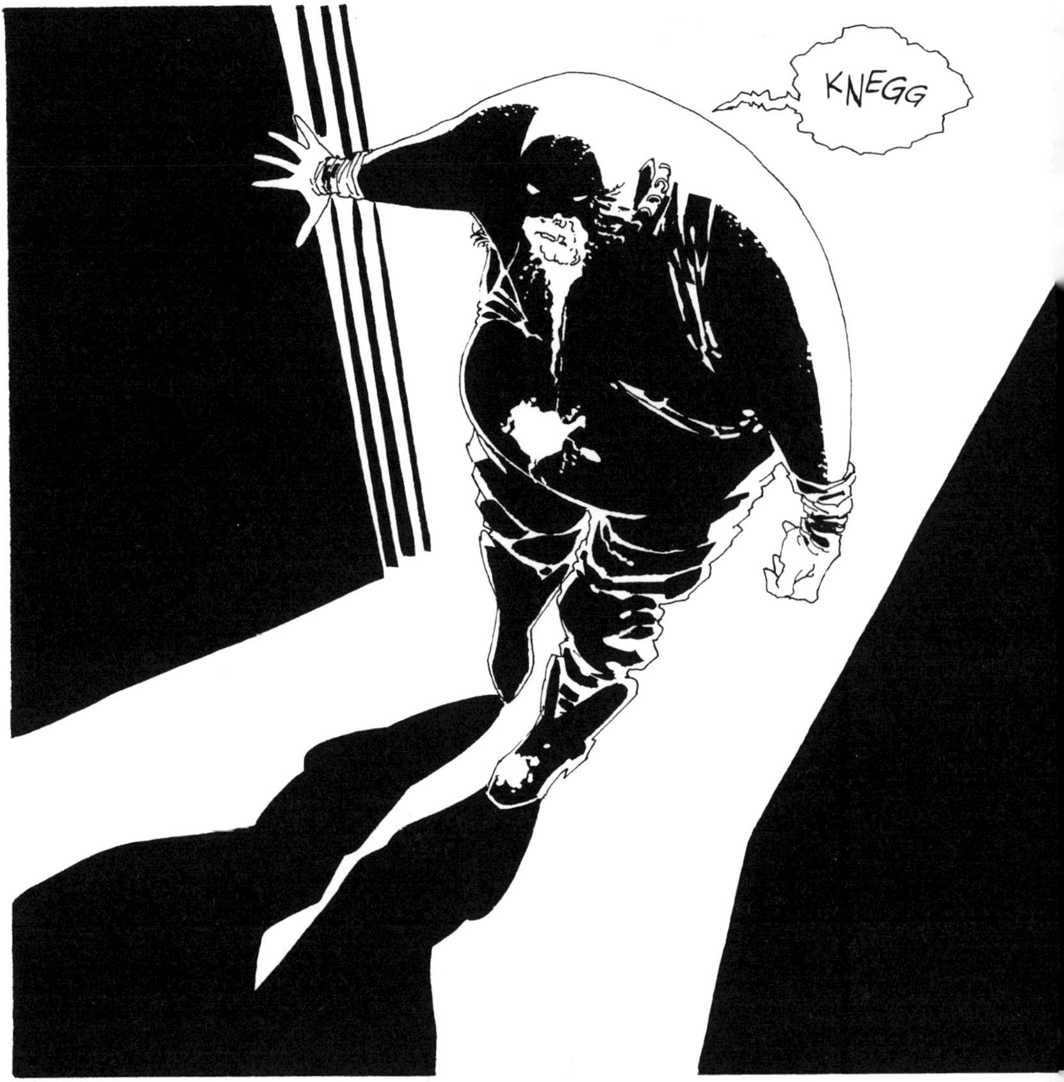

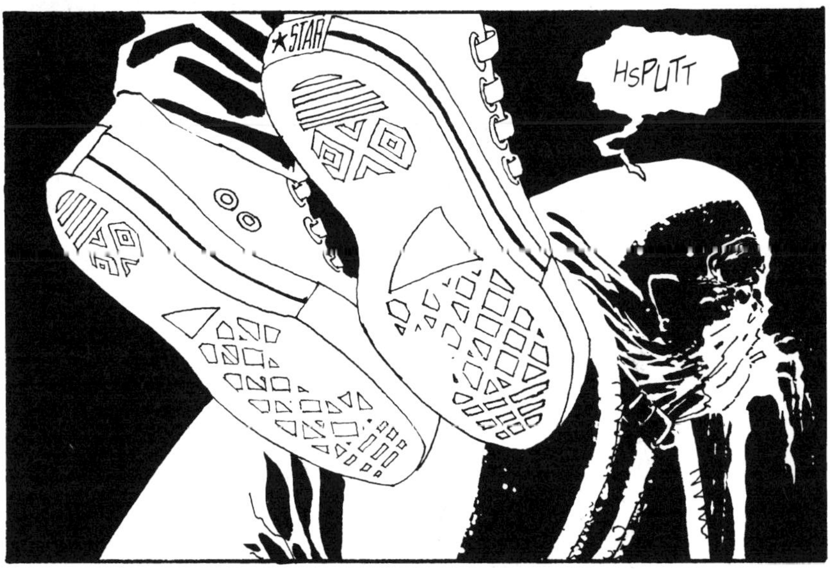

ICH KANN'S NICHT LEIDEN, WENN MAN SICH DIE GANZE MÜH MACHT UND EINEM KERL MÄCHTIG DIE FRESSE POLIERT UN ER BLEIBT EINFACH NICHT UNTEN, WIE E EIGENTLICH SOLLTE.

WENN SEIN KUMPEL MIT DEM GEWEHR NICHT WÄRE, WÜRDE ICH MIR DIE ZEIT NEHMEN UND NOCH MAL RAUFGEHEN UN DAS DRECKSCHWEIN EIN FÜR ALLE MAL ERLEDIGEN.

DER KUMPEL MIT DE GEWEHR ... UND DIE VERÄNGSTIGTE, WEICHE TRAUMFRAU, DIE SICH AN MICH SCHMIEGT ...

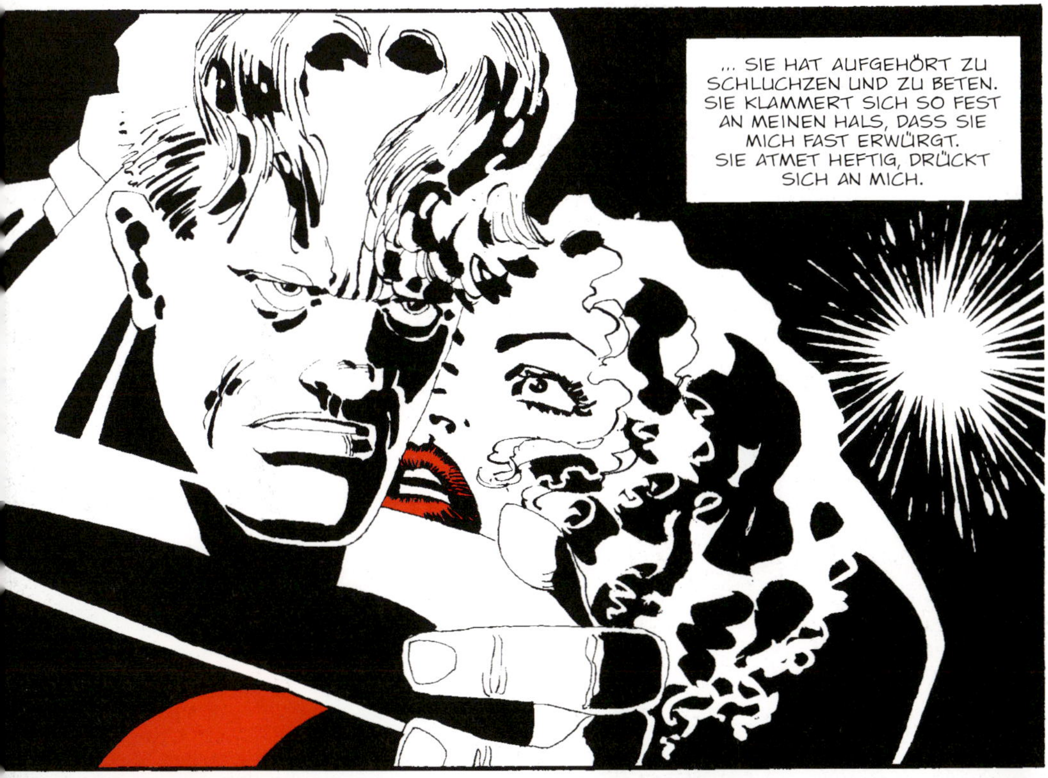
... SIE HAT AUFGEHÖRT ZU SCHLUCHZEN UND ZU BETEN. SIE KLAMMERT SICH SO FEST AN MEINEN HALS, DASS SIE MICH FAST ERWÜRGT. SIE ATMET HEFTIG, DRÜCKT SICH AN MICH.

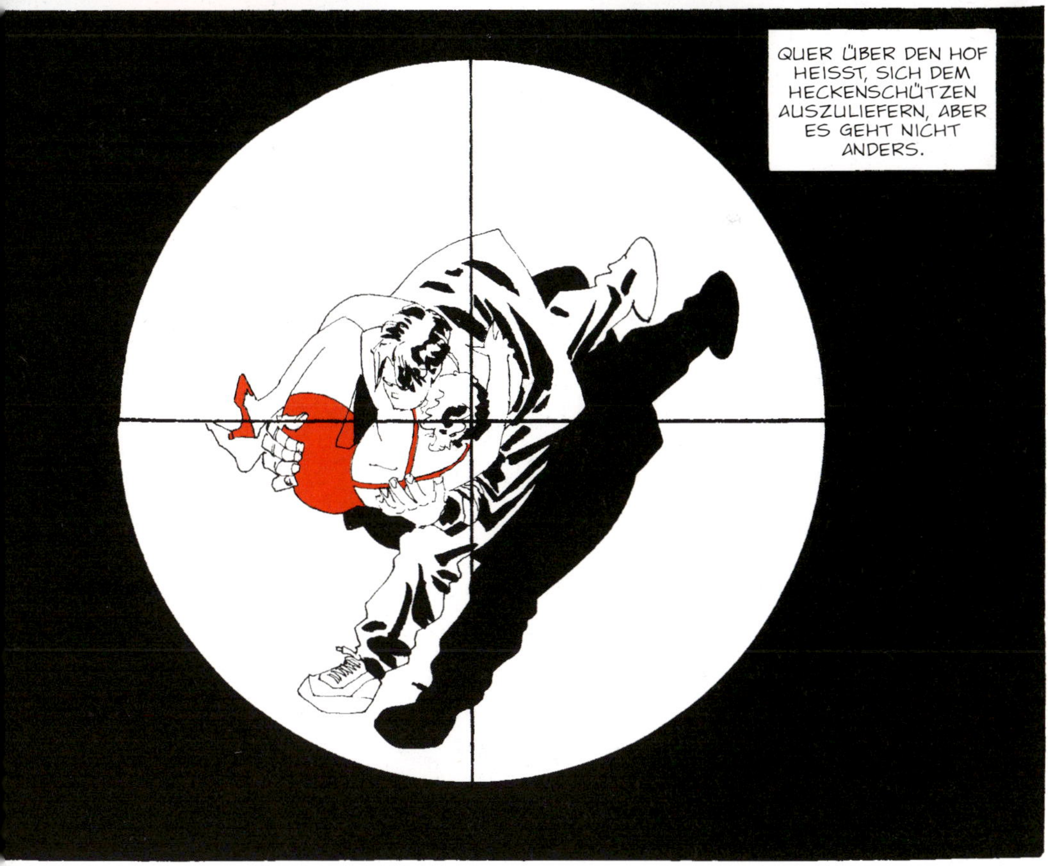
QUER ÜBER DEN HOF HEISST, SICH DEM HECKENSCHÜTZEN AUSZULIEFERN, ABER ES GEHT NICHT ANDERS.

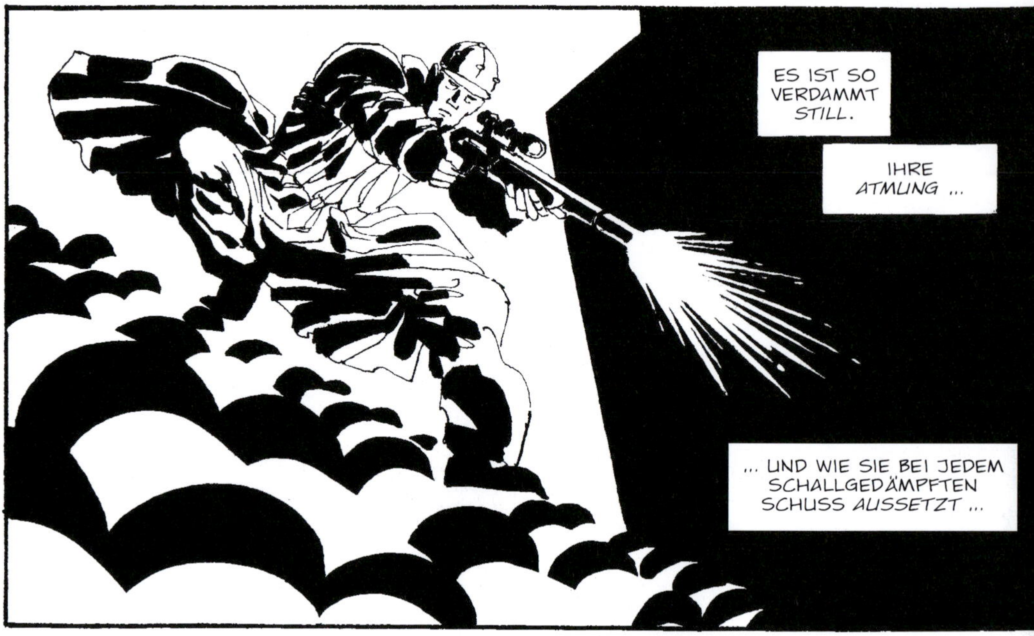
ES IST SO VERDAMMT STILL.
IHRE ATMUNG ...
... UND WIE SIE BEI JEDEM SCHALLGEDÄMPFTEN SCHUSS AUSSETZT ...

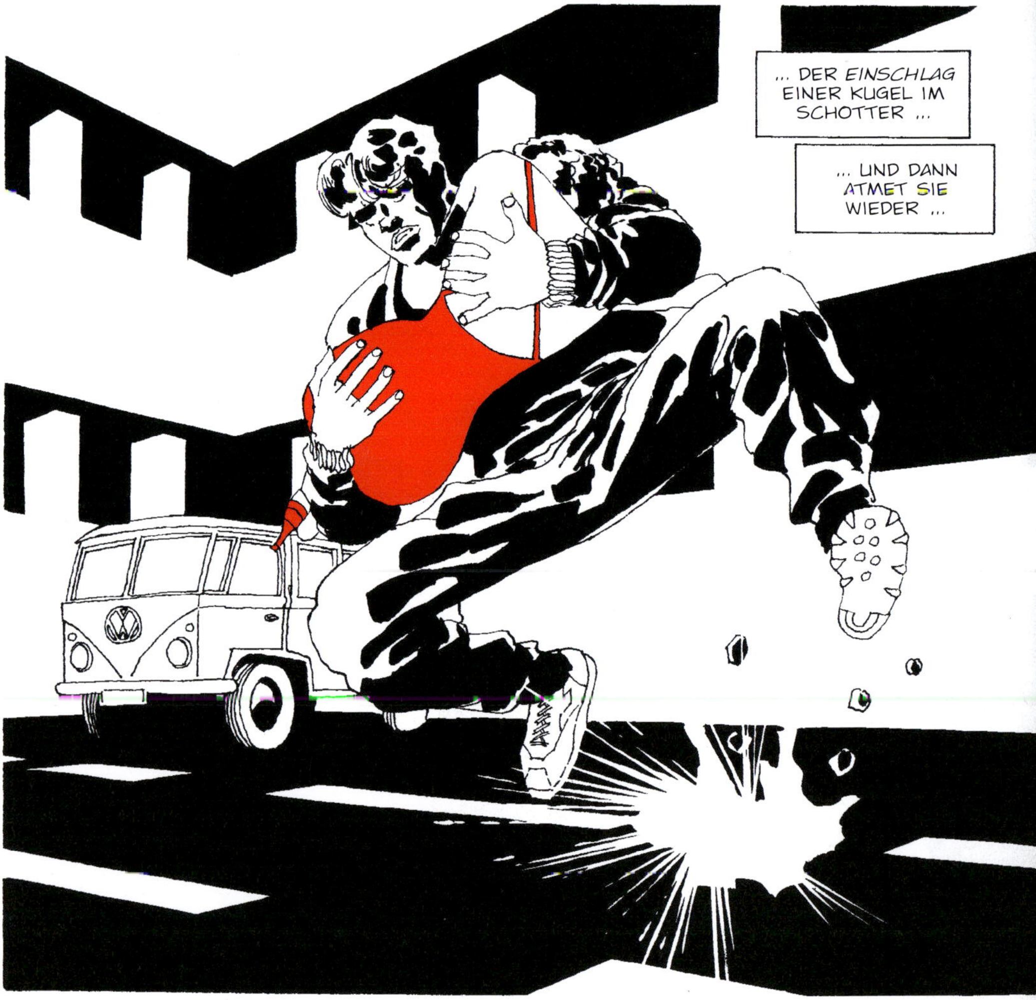
... DER EINSCHLAG EINER KUGEL IM SCHOTTER ...
... UND DANN ATMET SIE WIEDER ...

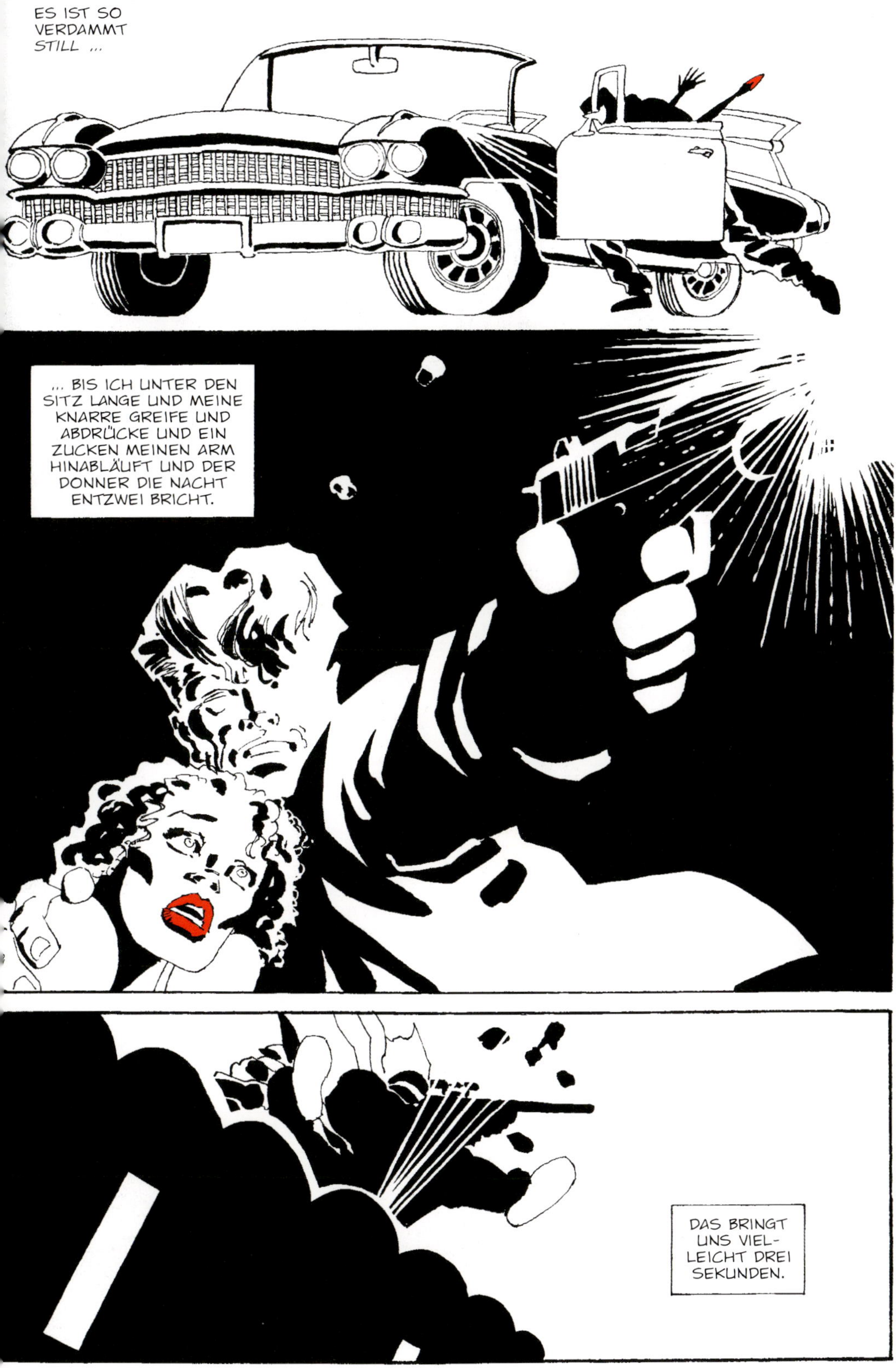
ES IST SO VERDAMMT STILL ...
... BIS ICH UNTER DEN SITZ LANGE UND MEINE KNARRE GREIFE UND ABDRÜCKE UND EIN ZUCKEN MEINEN ARM HINABLÄUFT UND DER DONNER DIE NACHT ENTZWEI BRICHT.
DAS BRINGT UNS VIEL-LEICHT DREI SEKUNDEN.

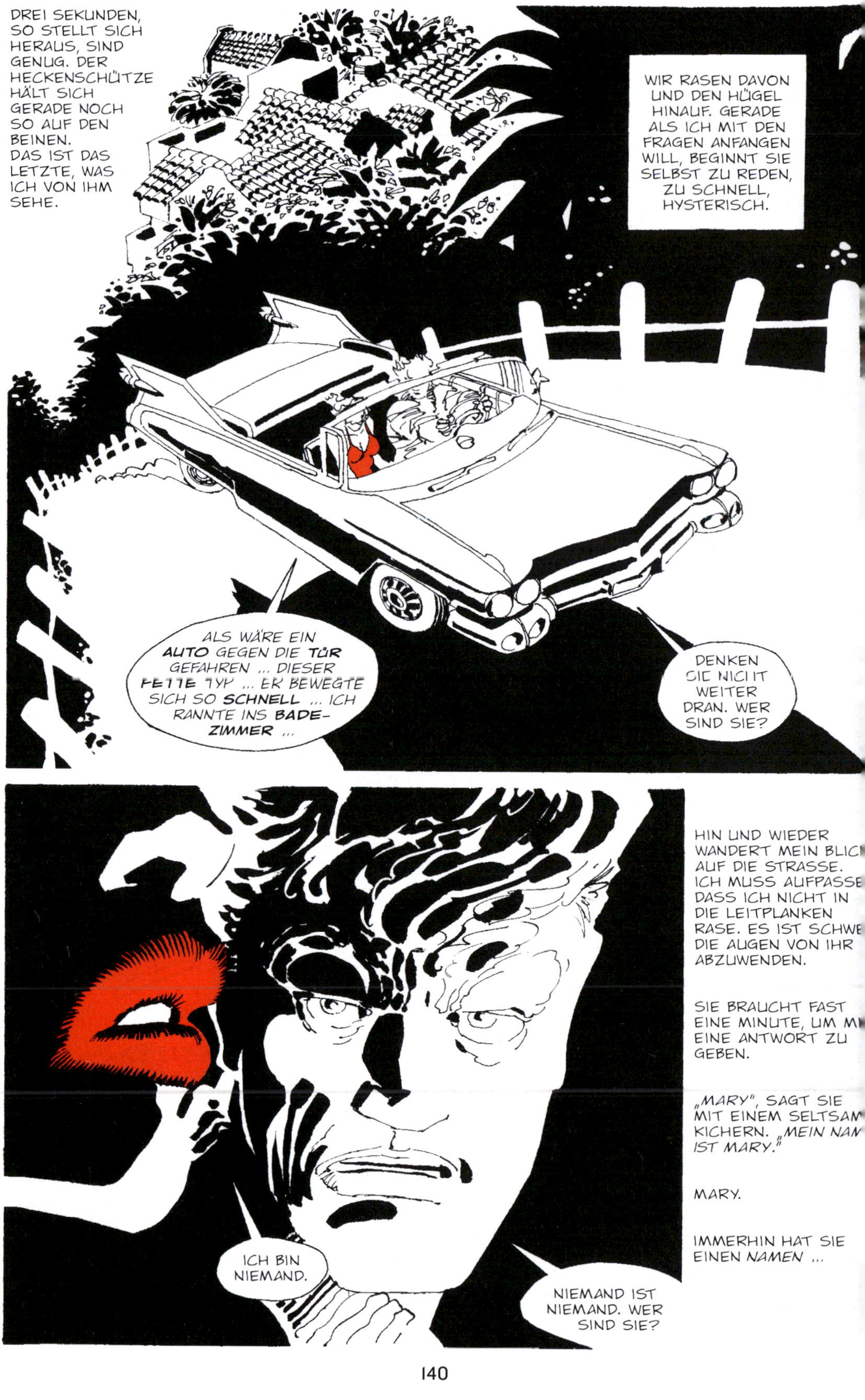
DREI SEKUNDEN, SO STELLT SICH HERAUS, SIND GENUG. DER HECKENSCHÜTZE HÄLT SICH GERADE NOCH SO AUF DEN BEINEN. DAS IST DAS LETZTE, WAS ICH VON IHM SEHE.
WIR RASEN DAVON UND DEN HÜGEL HINAUF. GERADE ALS ICH MIT DEN FRAGEN ANFANGEN WILL, BEGINNT SIE SELBST ZU REDEN, ZU SCHNELL, HYSTERISCH.
ALS WÄRE EIN **AUTO** GEGEN DIE **TÜR** GEFAHREN ... DIESER **FETTE** TYP ... ER BEWEGTE SICH SO **SCHNELL** ... ICH RANNTE INS **BADE-ZIMMER** ...
DENKEN SIE NICHT WEITER DRAN. WER SIND SIE?
HIN UND WIEDER WANDERT MEIN BLIC AUF DIE STRASSE. ICH MUSS AUFPASSE DASS ICH NICHT IN DIE LEITPLANKEN RASE. ES IST SCHWE DIE AUGEN VON IHR ABZUWENDEN.
SIE BRAUCHT FAST EINE MINUTE, UM M EINE ANTWORT ZU GEBEN.
„MARY", SAGT SIE MIT EINEM SELTSAM KICHERN. *„MEIN NAM IST MARY."*
MARY.
IMMERHIN HAT SIE EINEN *NAMEN* ...
ICH BIN NIEMAND.
NIEMAND IST NIEMAND. WER SIND SIE?

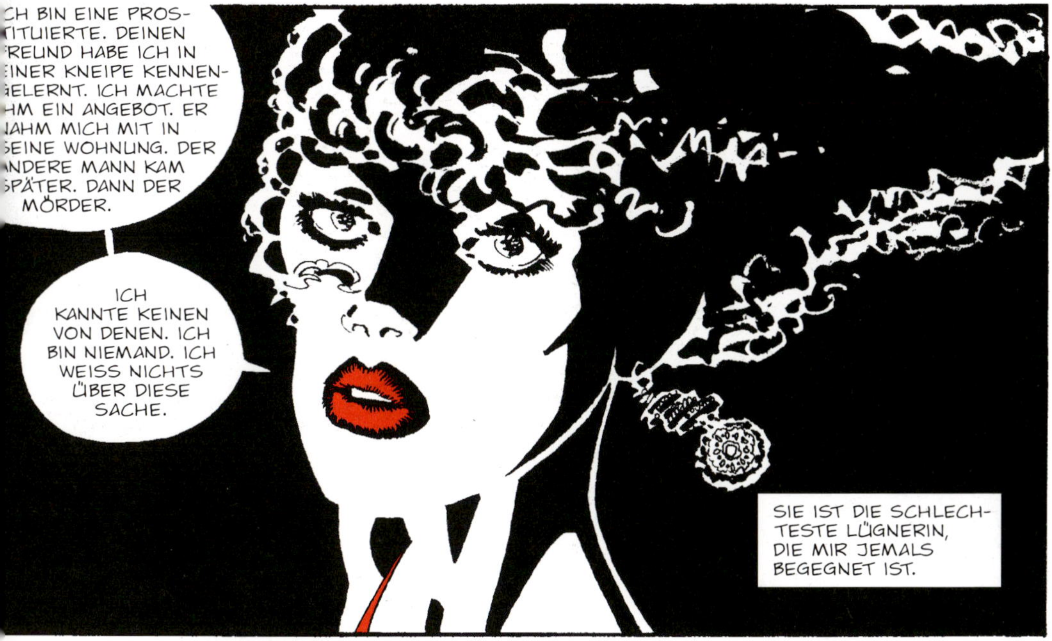
CH BIN EINE PROS-
TITUIERTE. DEINEN
FREUND HABE ICH IN
EINER KNEIPE KENNEN-
GELERNT. ICH MACHTE
HM EIN ANGEBOT. ER
NAHM MICH MIT IN
SEINE WOHNUNG. DER
NDERE MANN KAM
SPÄTER. DANN DER
MÖRDER.
ICH KANNTE KEINEN VON DENEN. ICH BIN NIEMAND. ICH WEISS NICHTS ÜBER DIESE SACHE.
SIE IST DIE SCHLECHTESTE LÜGNERIN, DIE MIR JEMALS BEGEGNET IST.

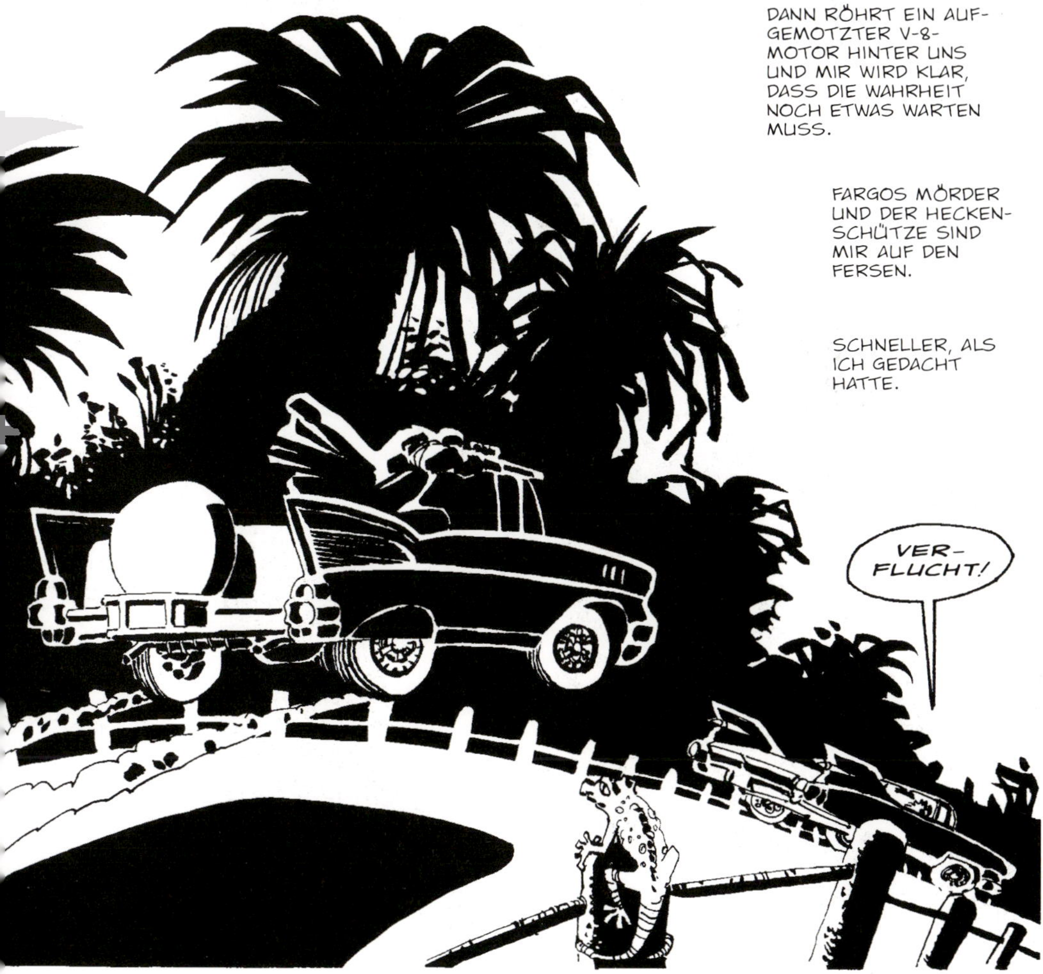
DANN RÖHRT EIN AUFGEMOTZTER V-8-MOTOR HINTER UNS UND MIR WIRD KLAR, DASS DIE WAHRHEIT NOCH ETWAS WARTEN MUSS.
FARGOS MÖRDER UND DER HECKENSCHÜTZE SIND MIR AUF DEN FERSEN.
SCHNELLER, ALS ICH GEDACHT HATTE.
VERFLUCHT!

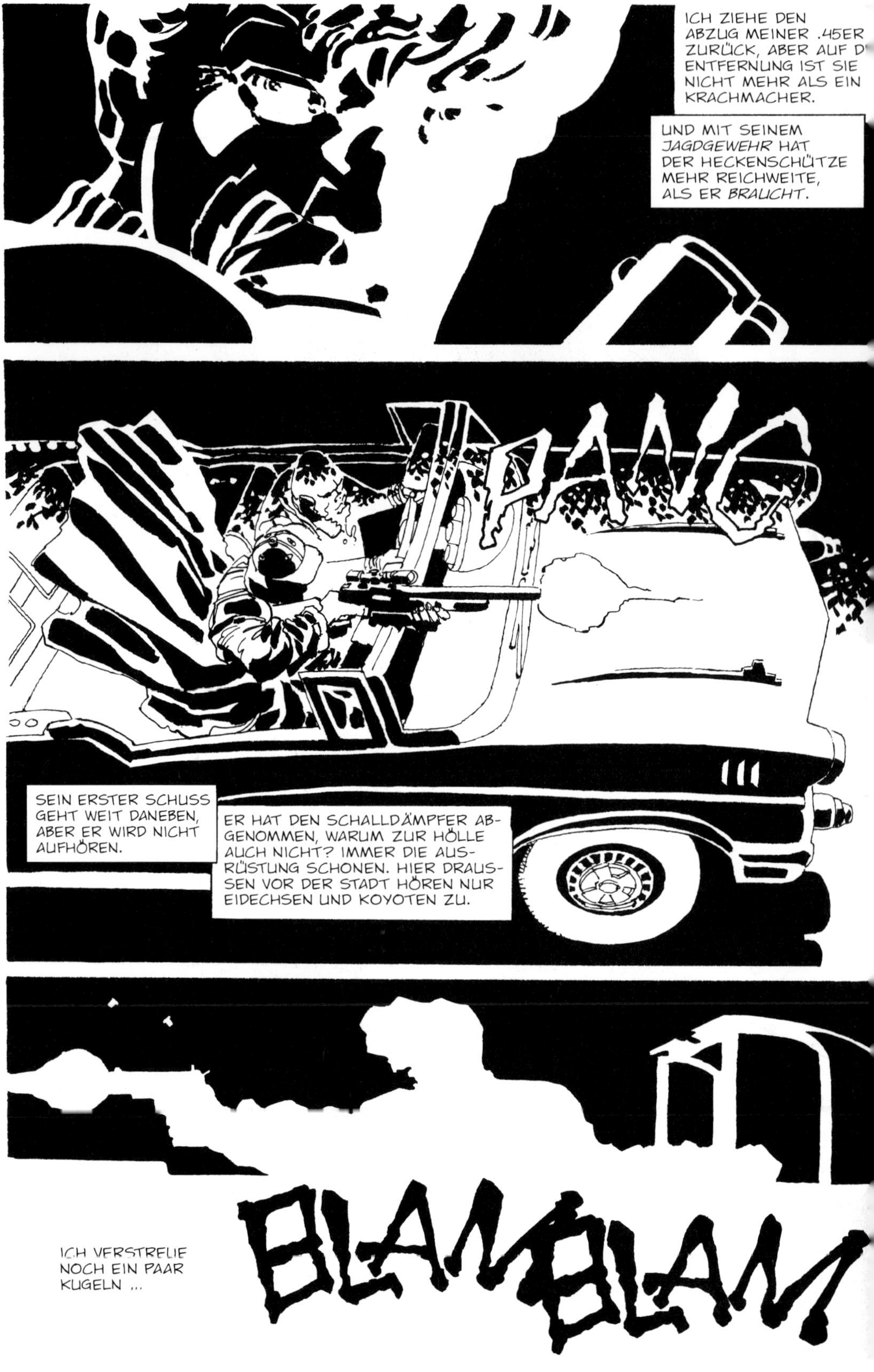
ICH ZIEHE DEN ABZUG MEINER .45ER ZURÜCK, ABER AUF D ENTFERNUNG IST SIE NICHT MEHR ALS EIN KRACHMACHER.
UND MIT SEINEM *JAGDGEWEHR* HAT DER HECKENSCHÜTZE MEHR REICHWEITE, ALS ER *BRAUCHT*.
PANG
SEIN ERSTER SCHUSS GEHT WEIT DANEBEN, ABER ER WIRD NICHT AUFHÖREN.
ER HAT DEN SCHALLDÄMPFER ABGENOMMEN, WARUM ZUR HÖLLE AUCH NICHT? IMMER DIE AUSRÜSTUNG SCHONEN. HIER DRAUSSEN VOR DER STADT HÖREN NUR EIDECHSEN UND KOYOTEN ZU.
ICH VERSTREUE NOCH EIN PAAR KUGELN ...
BLAM BLAM

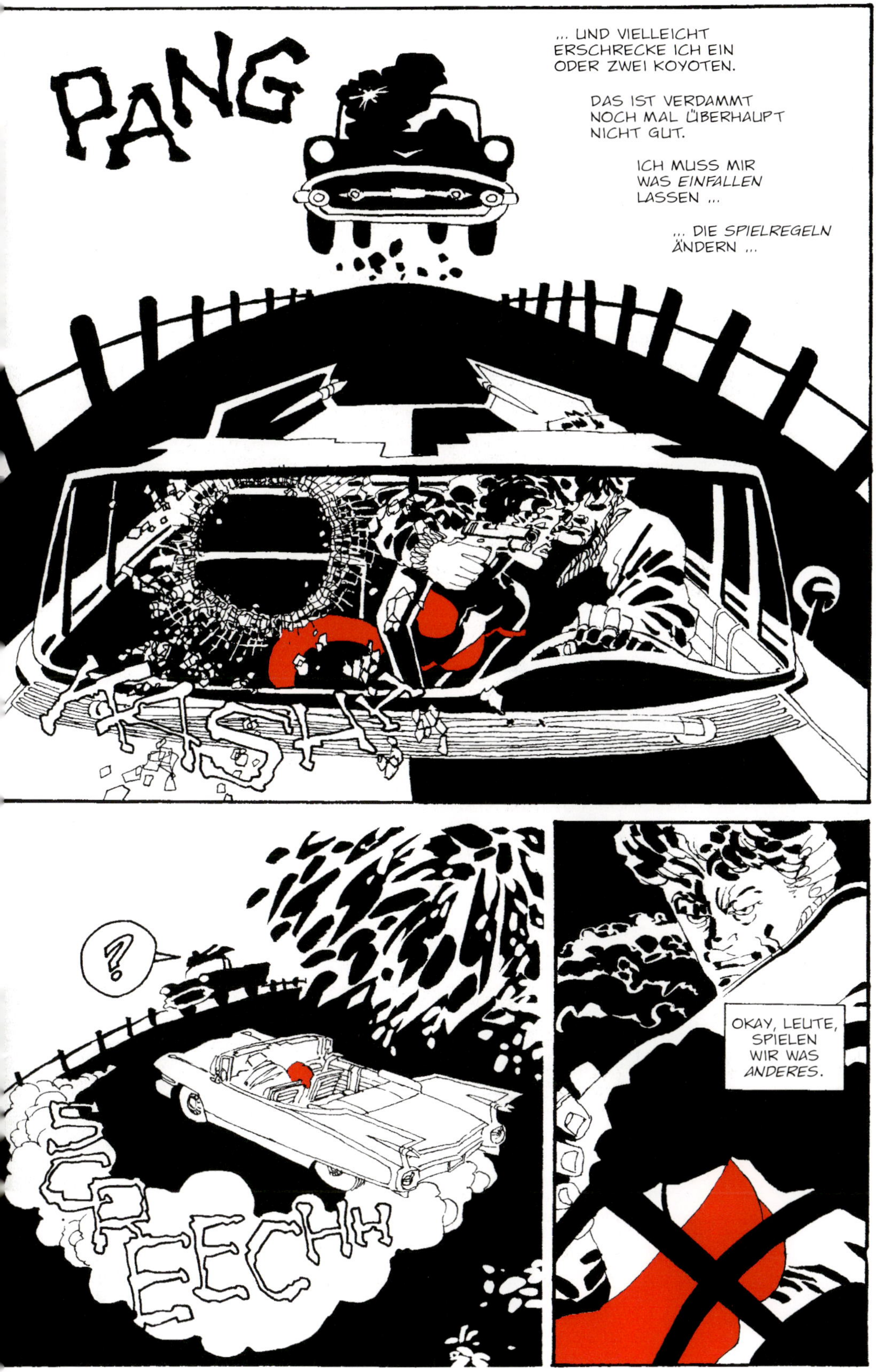
PANG
... UND VIELLEICHT ERSCHRECKE ICH EIN ODER ZWEI KOYOTEN.
DAS IST VERDAMMT NOCH MAL ÜBERHAUPT NICHT GUT.
ICH MUSS MIR WAS *EINFALLEN* LASSEN ...
... DIE *SPIELREGELN* ÄNDERN ...
?
OKAY, LEUTE, SPIELEN WIR WAS *ANDERES*.

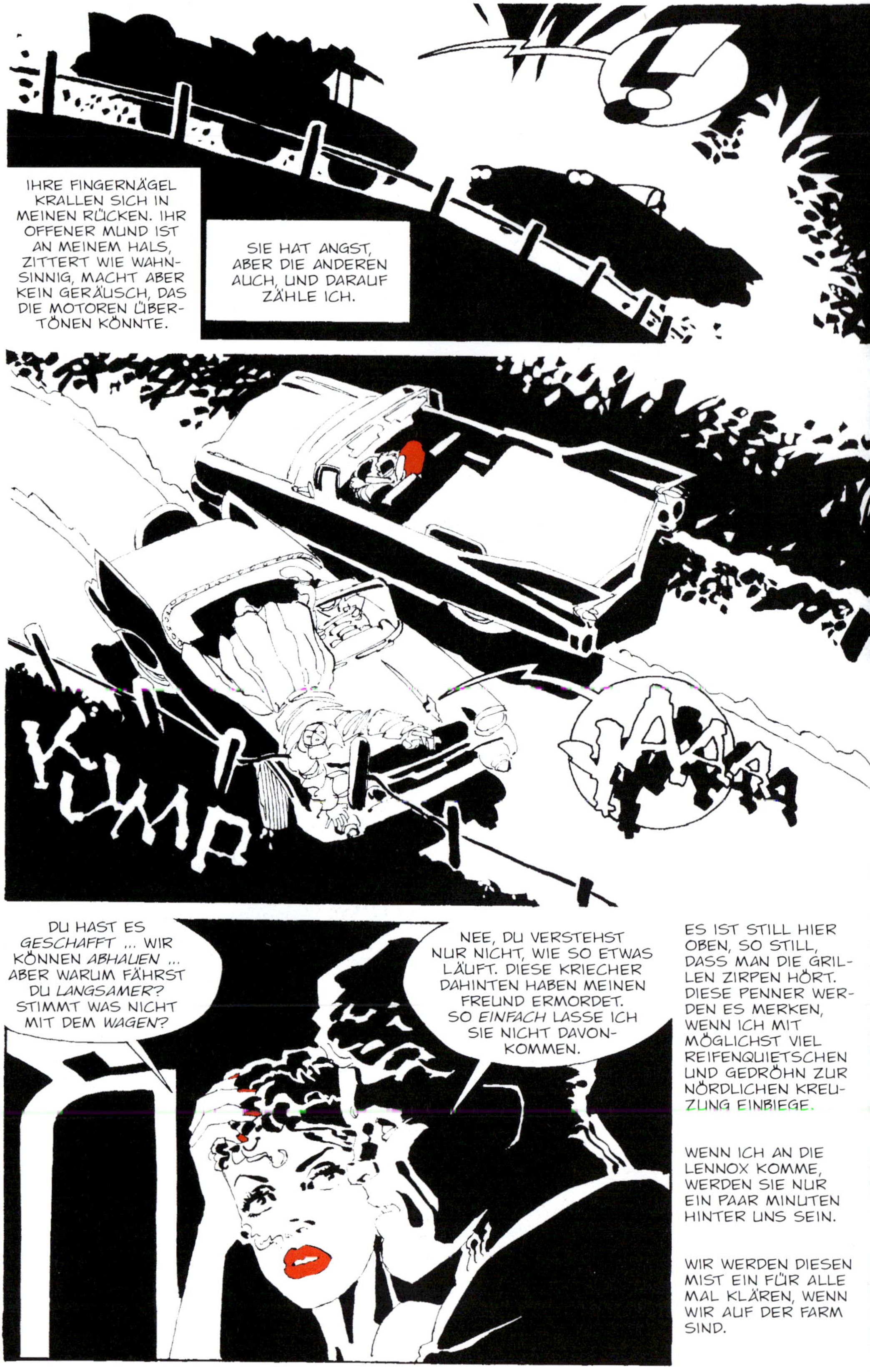

IHRE FINGERNÄGEL KRALLEN SICH IN MEINEN RÜCKEN. IHR OFFENER MUND IST AN MEINEM HALS, ZITTERT WIE WAHNSINNIG, MACHT ABER KEIN GERÄUSCH, DAS DIE MOTOREN ÜBERTÖNEN KÖNNTE.
SIE HAT ANGST, ABER DIE ANDEREN AUCH, UND DARAUF ZÄHLE ICH.
KUMP
DU HAST ES *GESCHAFFT* ... WIR KÖNNEN *ABHAUEN* ... ABER WARUM FÄHRST DU *LANGSAMER*? STIMMT WAS NICHT MIT DEM *WAGEN*?
NEE, DU VERSTEHST NUR NICHT, WIE SO ETWAS LÄUFT. DIESE KRIECHER DAHINTEN HABEN MEINEN FREUND ERMORDET. SO *EINFACH* LASSE ICH SIE NICHT DAVONKOMMEN.
ES IST STILL HIER OBEN, SO STILL, DASS MAN DIE GRILLEN ZIRPEN HÖRT. DIESE PENNER WERDEN ES MERKEN, WENN ICH MIT MÖGLICHST VIEL REIFENQUIETSCHEN UND GEDRÖHN ZUR NÖRDLICHEN KREUZUNG EINBIEGE.
WENN ICH AN DIE LENNOX KOMME, WERDEN SIE NUR EIN PAAR MINUTEN HINTER UNS SEIN.
WIR WERDEN DIESEN MIST EIN FÜR ALLE MAL KLÄREN, WENN WIR AUF DER FARM SIND.

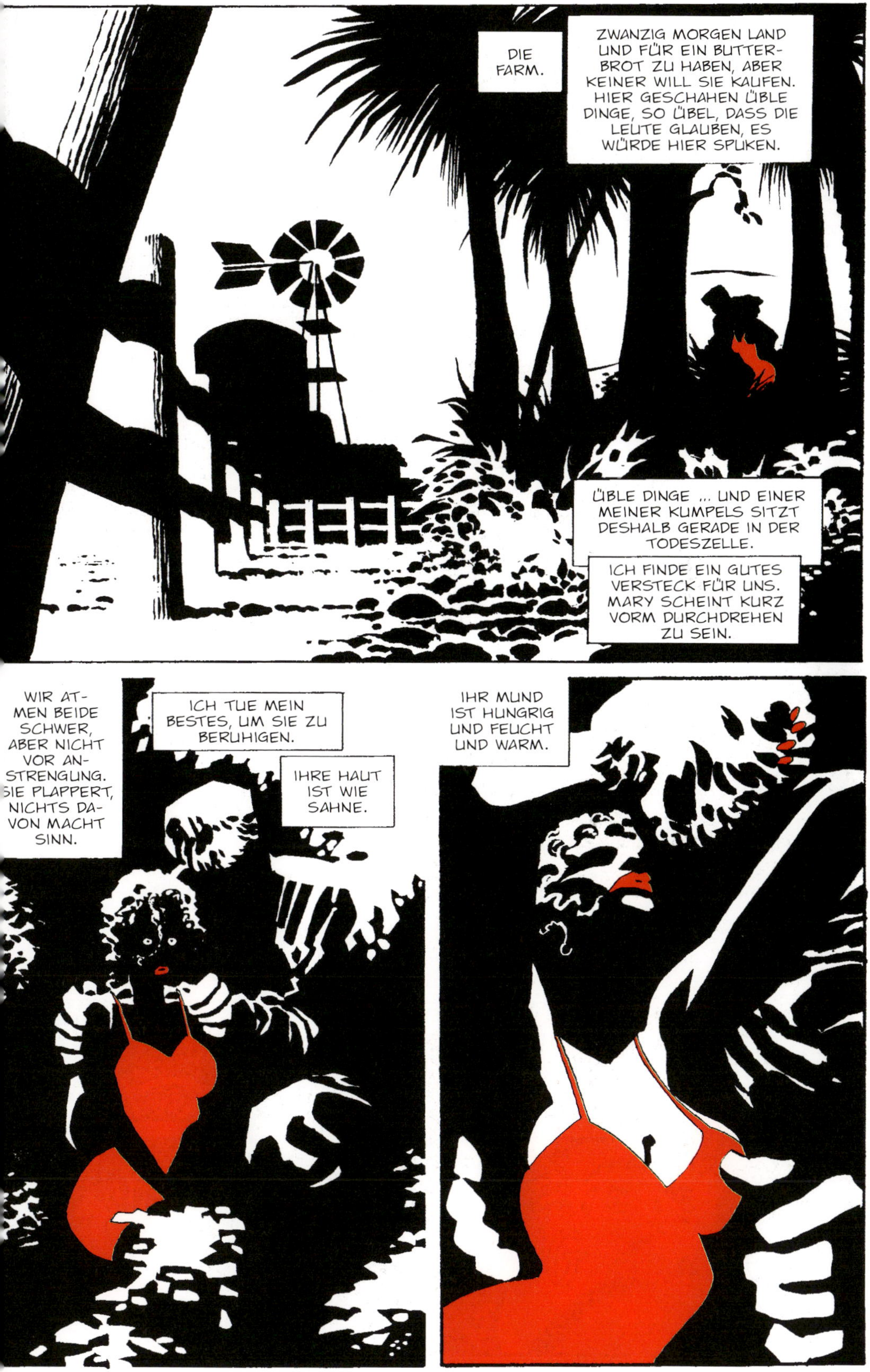
DIE FARM.
ZWANZIG MORGEN LAND UND FÜR EIN BUTTERBROT ZU HABEN, ABER KEINER WILL SIE KAUFEN. HIER GESCHAHEN ÜBLE DINGE, SO ÜBEL, DASS DIE LEUTE GLAUBEN, ES WÜRDE HIER SPUKEN.
ÜBLE DINGE ... UND EINER MEINER KUMPELS SITZT DESHALB GERADE IN DER TODESZELLE.
ICH FINDE EIN GUTES VERSTECK FÜR UNS. MARY SCHEINT KURZ VORM DURCHDREHEN ZU SEIN.
WIR ATMEN BEIDE SCHWER, ABER NICHT VOR ANSTRENGUNG. SIE PLAPPERT, NICHTS DAVON MACHT SINN.
ICH TUE MEIN BESTES, UM SIE ZU BERUHIGEN.
IHRE HAUT IST WIE SAHNE.
IHR MUND IST HUNGRIG UND FEUCHT UND WARM.

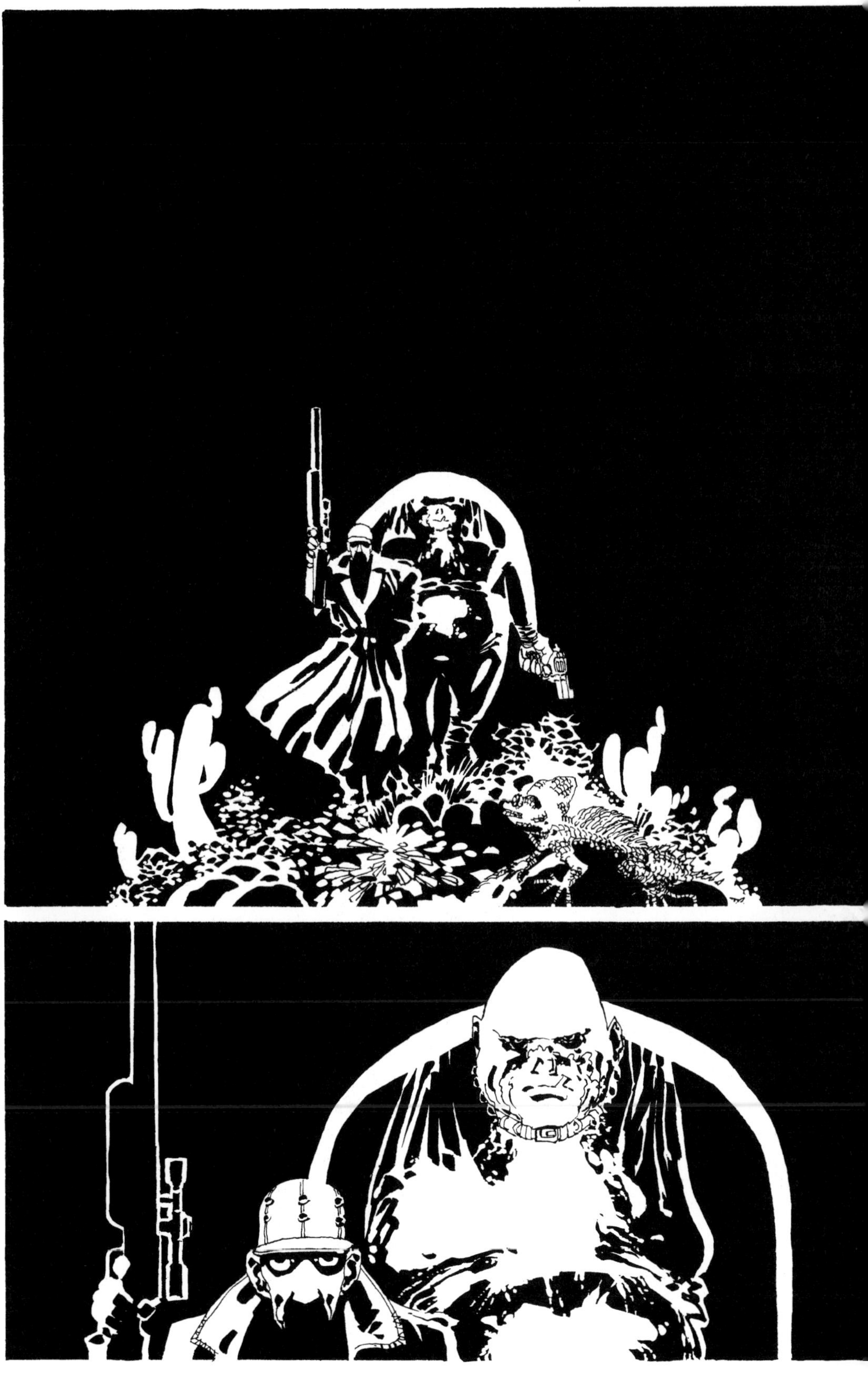

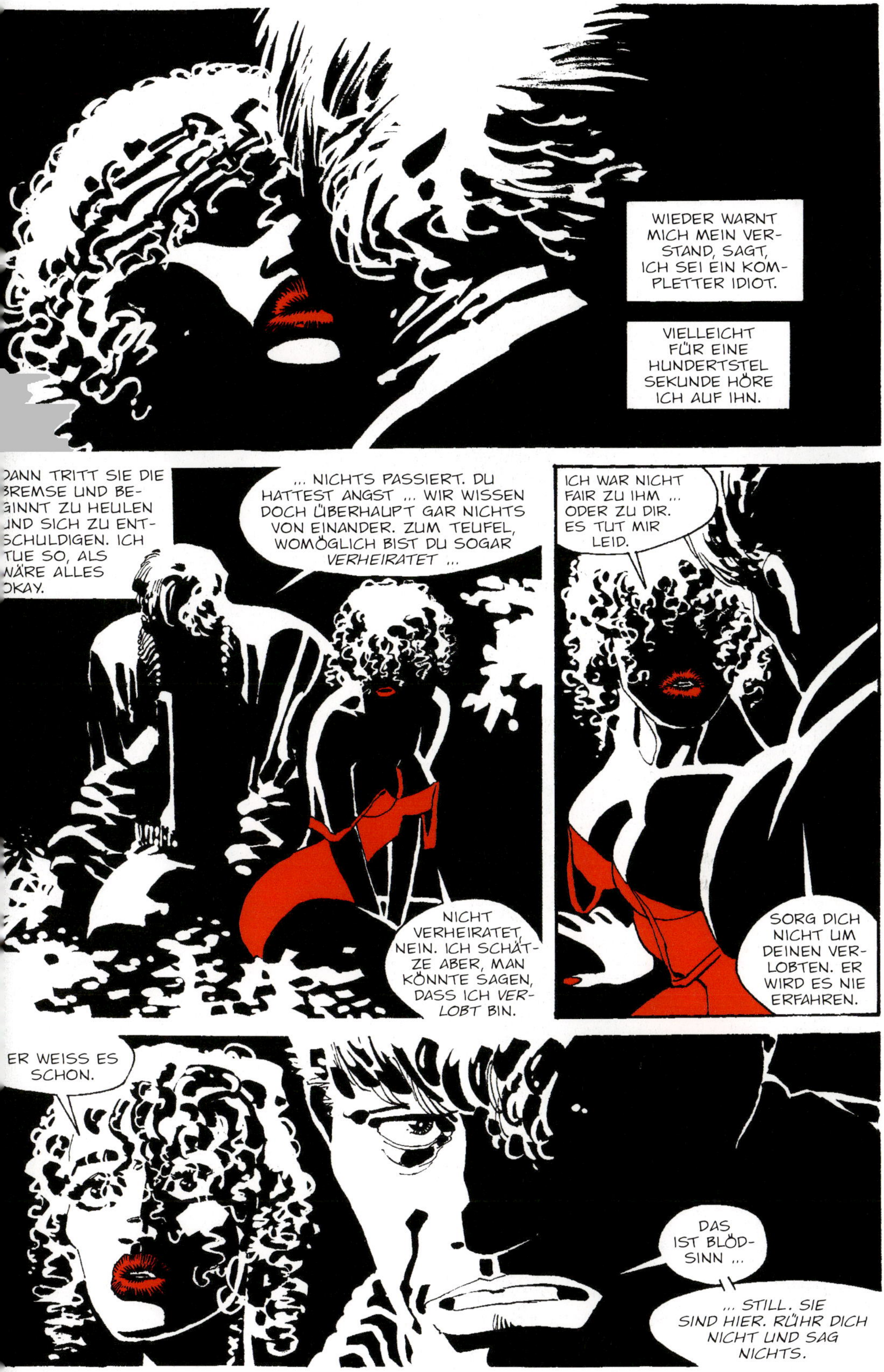

WIEDER WARNT MICH MEIN VERSTAND, SAGT, ICH SEI EIN KOMPLETTER IDIOT.
VIELLEICHT FÜR EINE HUNDERTSTEL SEKUNDE HÖRE ICH AUF IHN.
DANN TRITT SIE DIE BREMSE UND BEGINNT ZU HEULEN UND SICH ZU ENTSCHULDIGEN. ICH TUE SO, ALS WÄRE ALLES OKAY.
... NICHTS PASSIERT. DU HATTEST ANGST ... WIR WISSEN DOCH ÜBERHAUPT GAR NICHTS VON EINANDER. ZUM TEUFEL, WOMÖGLICH BIST DU SOGAR VERHEIRATET ...
NICHT VERHEIRATET, NEIN. ICH SCHÄTZE ABER, MAN KÖNNTE SAGEN, DASS ICH VERLOBT BIN.
ICH WAR NICHT FAIR ZU IHM ... ODER ZU DIR. ES TUT MIR LEID.
SORG DICH NICHT UM DEINEN VERLOBTEN. ER WIRD ES NIE ERFAHREN.
ER WEISS ES SCHON.
DAS IST BLÖDSINN ...
... STILL. SIE SIND HIER. RÜHR DICH NICHT UND SAG NICHTS.

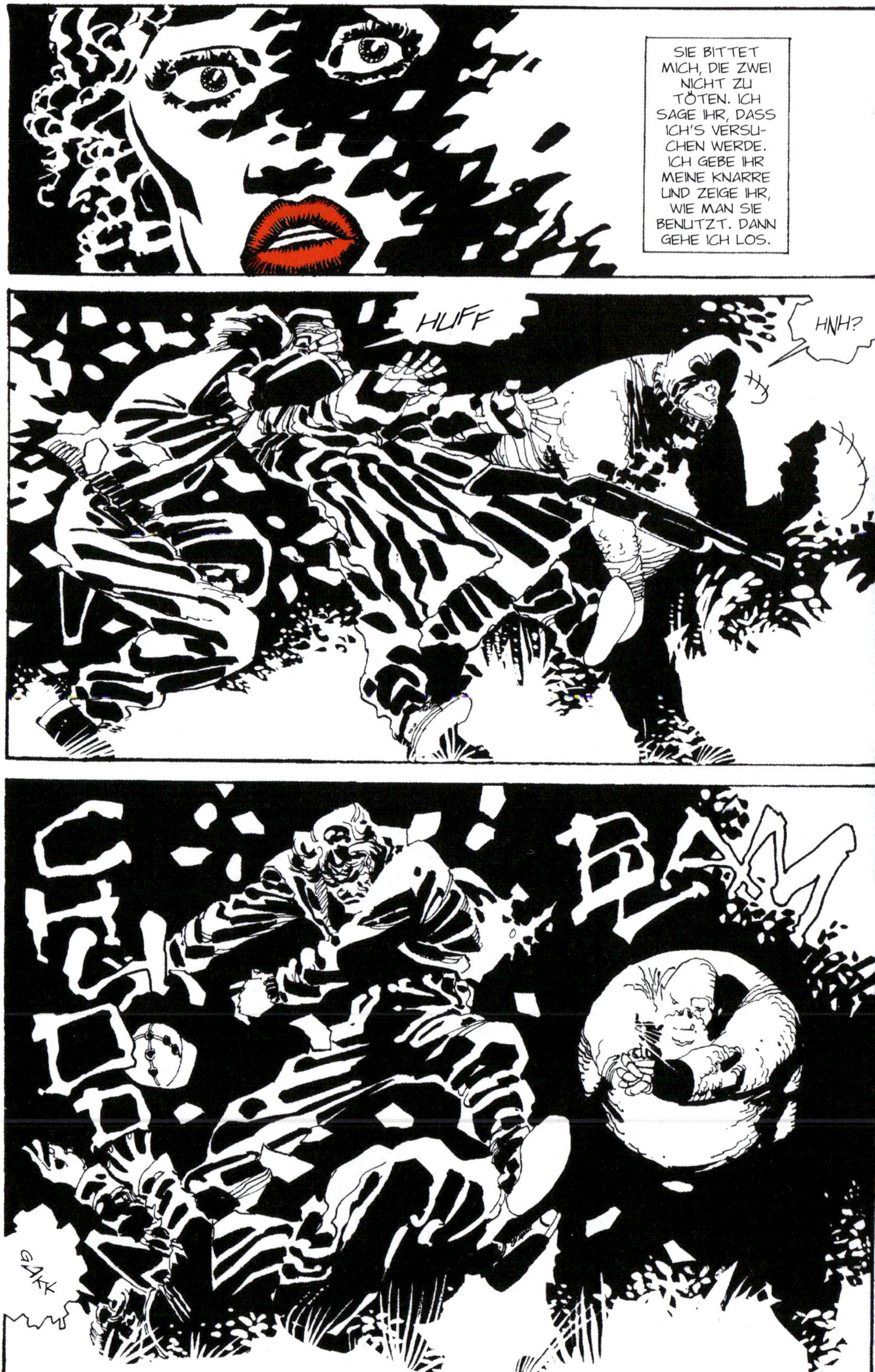
SIE BITTET MICH, DIE ZWEI NICHT ZU TÖTEN. ICH SAGE IHR, DASS ICH'S VERSUCHEN WERDE. ICH GEBE IHR MEINE KNARRE UND ZEIGE IHR, WIE MAN SIE BENUTZT. DANN GEHE ICH LOS.
HUFF
HNH?
CHOOOM
BAM
GAKK

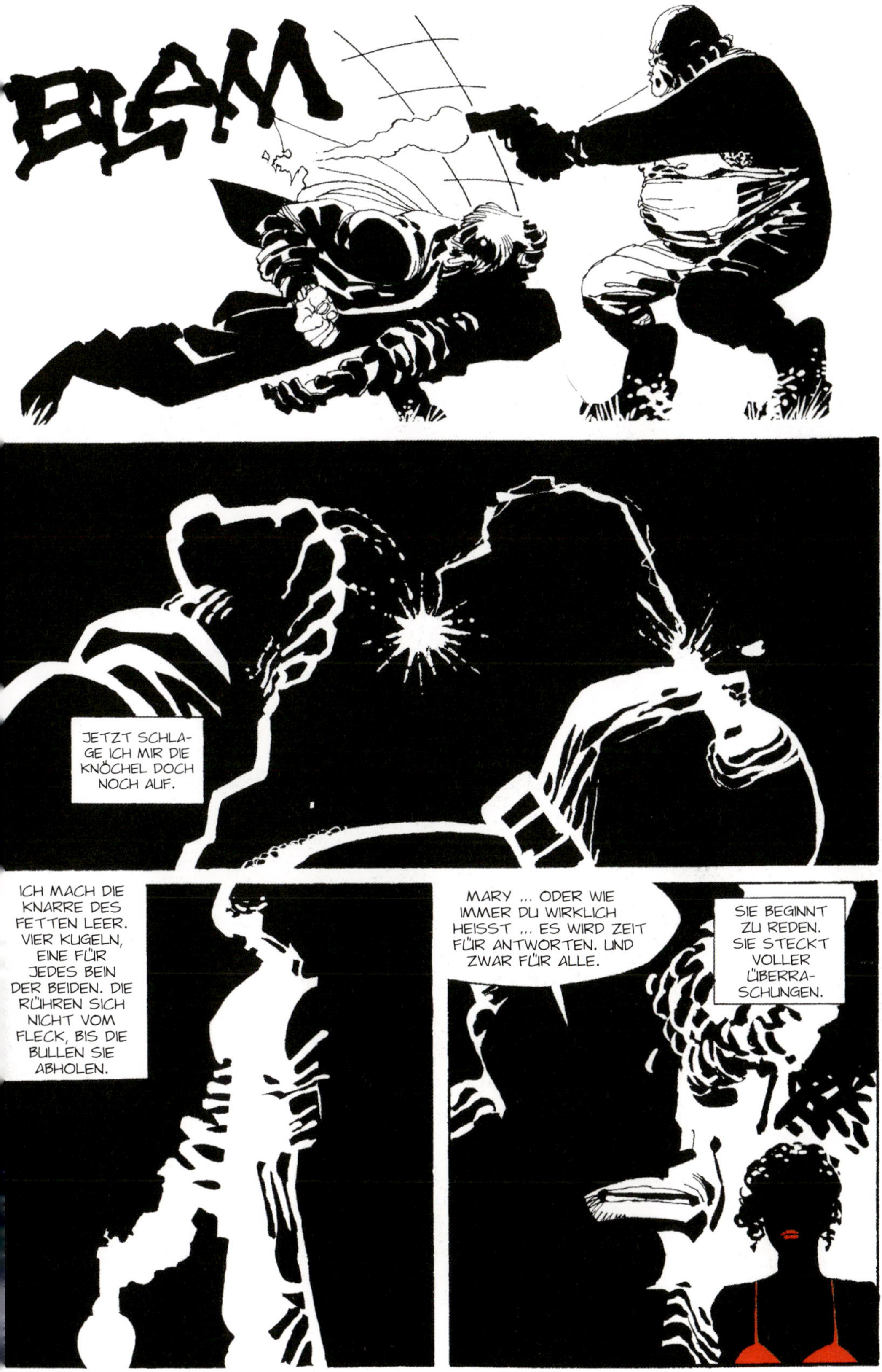
BLAM
JETZT SCHLAGE ICH MIR DIE KNÖCHEL DOCH NOCH AUF.
ICH MACH DIE KNARRE DES FETTEN LEER. VIER KUGELN, EINE FÜR JEDES BEIN DER BEIDEN. DIE RÜHREN SICH NICHT VOM FLECK, BIS DIE BULLEN SIE ABHOLEN.
MARY ... ODER WIE IMMER DU WIRKLICH HEISST ... ES WIRD ZEIT FÜR ANTWORTEN. UND ZWAR FÜR ALLE.
SIE BEGINNT ZU REDEN. SIE STECKT VOLLER ÜBERRASCHUNGEN.

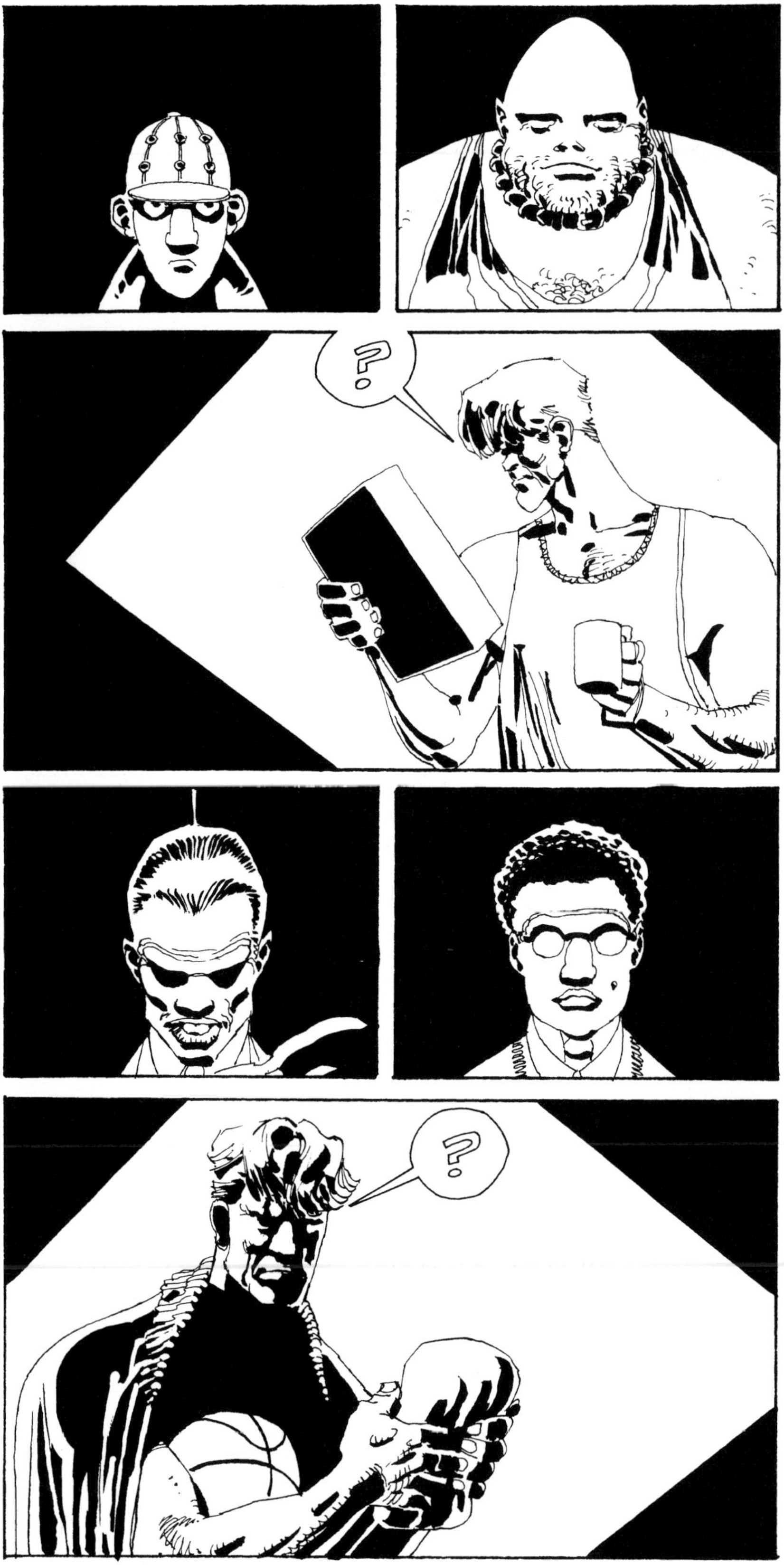

DIE *ANTWORTEN*. EINIGE STEHEN AM NÄCHSTEN TAG IN DER *MORGENZEITUNG*.

ES STELLT SICH HERAUS, DASS DIE GAUNER *DOUGLAS KLUMP* UND *BURT SHLUBB* SIND, ZWEI BILLIGE *LOHNKILLER*, DIE AUF DIE SPITZNAMEN „*FAT MAN UND LITTLE BOY*" HÖREN.

ICH BIN BEI DER ZWEITEN TASSE KAFFEE, ALS EIN *PÄCKCHEN* ANKOMMT. DA ICH OFFIZIELL *TOT* BIN, ÜBERRASCHT ES MICH JEDES MAL, WENN ICH *POST* BEKOMME.

FARGO GAB ES AUF, BEVOR SIE IHN SCHNAPPTEN. ES ENTHÄLT *BEWEISE*.

MEIN ALTER KUMPEL ARBEITETE MIT EINEM PRIVATDETEKTIV NAMENS *BERNARD ZIMMER* ZUSAMMEN ...

... AN EINEM *BERICHT* ÜBER *DROGENHANDEL*, DER DEM BÜRGERMEISTER UND DEM BEZIRKSSTAATSANWALT *SCHAUER* ÜBER DEN RÜCKEN JAGT UND DER DIE HANDLANGER VON BOSS *WALLENQUIST* IN HEKTISCHE AKTIVITÄT VERSETZT, DAMIT SIE JEMANDEN FINDEN, DEM SIE ES ANHÄNGEN KÖNNEN.

EIN PAAR TAGE SPÄTER KOMME ICH GERADE VON EINEM ANSTÄNDIGEN FITNESSTRAINING ZURÜCK UND FINDE EIN WEITERES *PÄCKCHEN* VOR.

DIESES IST VON *MARY*.

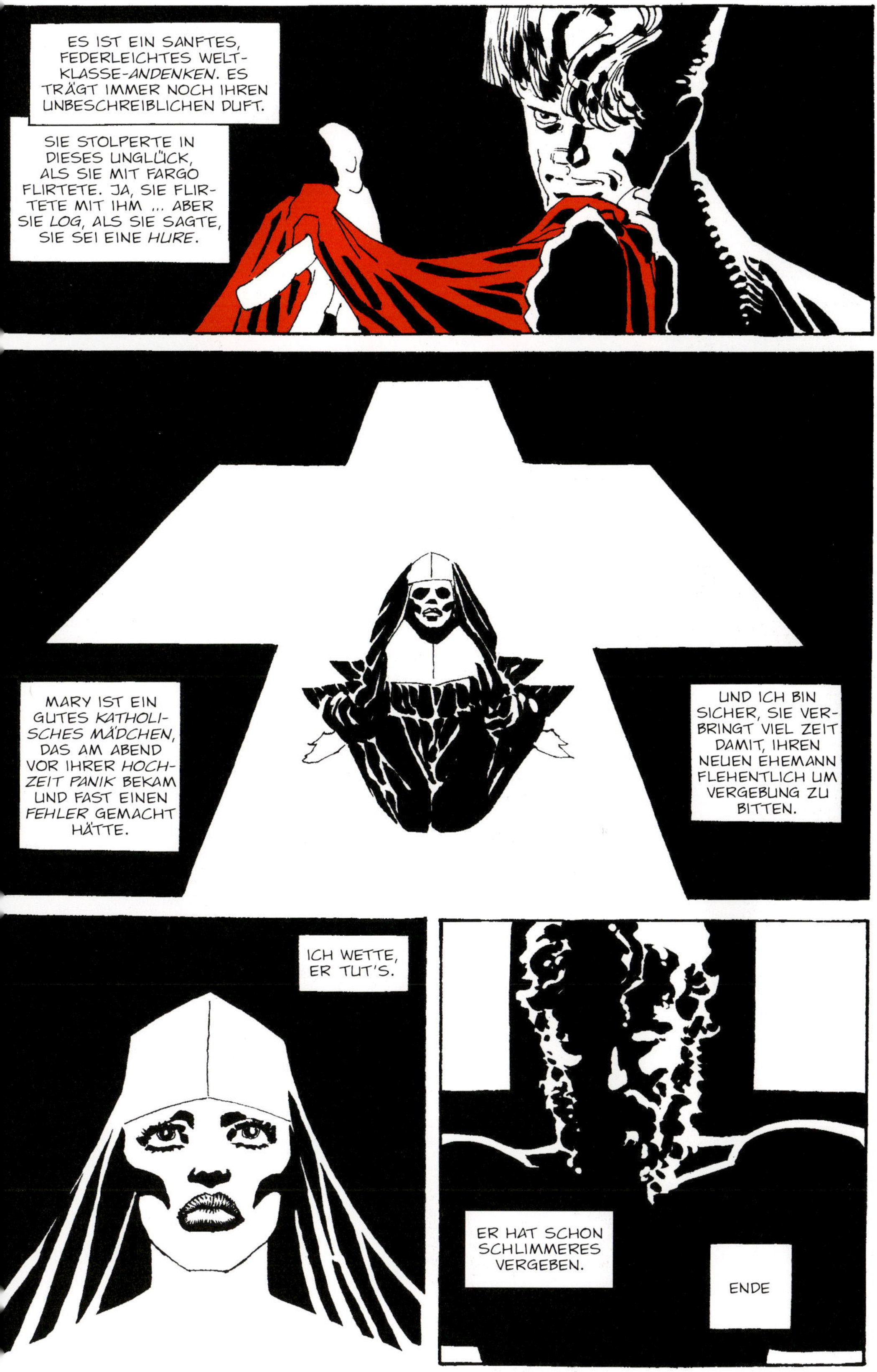
ES IST EIN SANFTES, FEDERLEICHTES WELT-KLASSE-*ANDENKEN*. ES TRÄGT IMMER NOCH IHREN UNBESCHREIBLICHEN DUFT.
SIE STOLPERTE IN DIESES UNGLÜCK, ALS SIE MIT FARGO FLIRTETE. JA, SIE FLIRTETE MIT IHM ... ABER SIE *LOG*, ALS SIE SAGTE, SIE SEI EINE *HURE*.
MARY IST EIN GUTES *KATHOLISCHES MÄDCHEN*, DAS AM ABEND VOR IHRER *HOCHZEIT PANIK* BEKAM UND FAST EINEN *FEHLER* GEMACHT HÄTTE.
UND ICH BIN SICHER, SIE VERBRINGT VIEL ZEIT DAMIT, IHREN NEUEN EHEMANN FLEHENTLICH UM VERGEBUNG ZU BITTEN.
ICH WETTE, ER TUT'S.
ER HAT SCHON SCHLIMMERES VERGEBEN.
ENDE

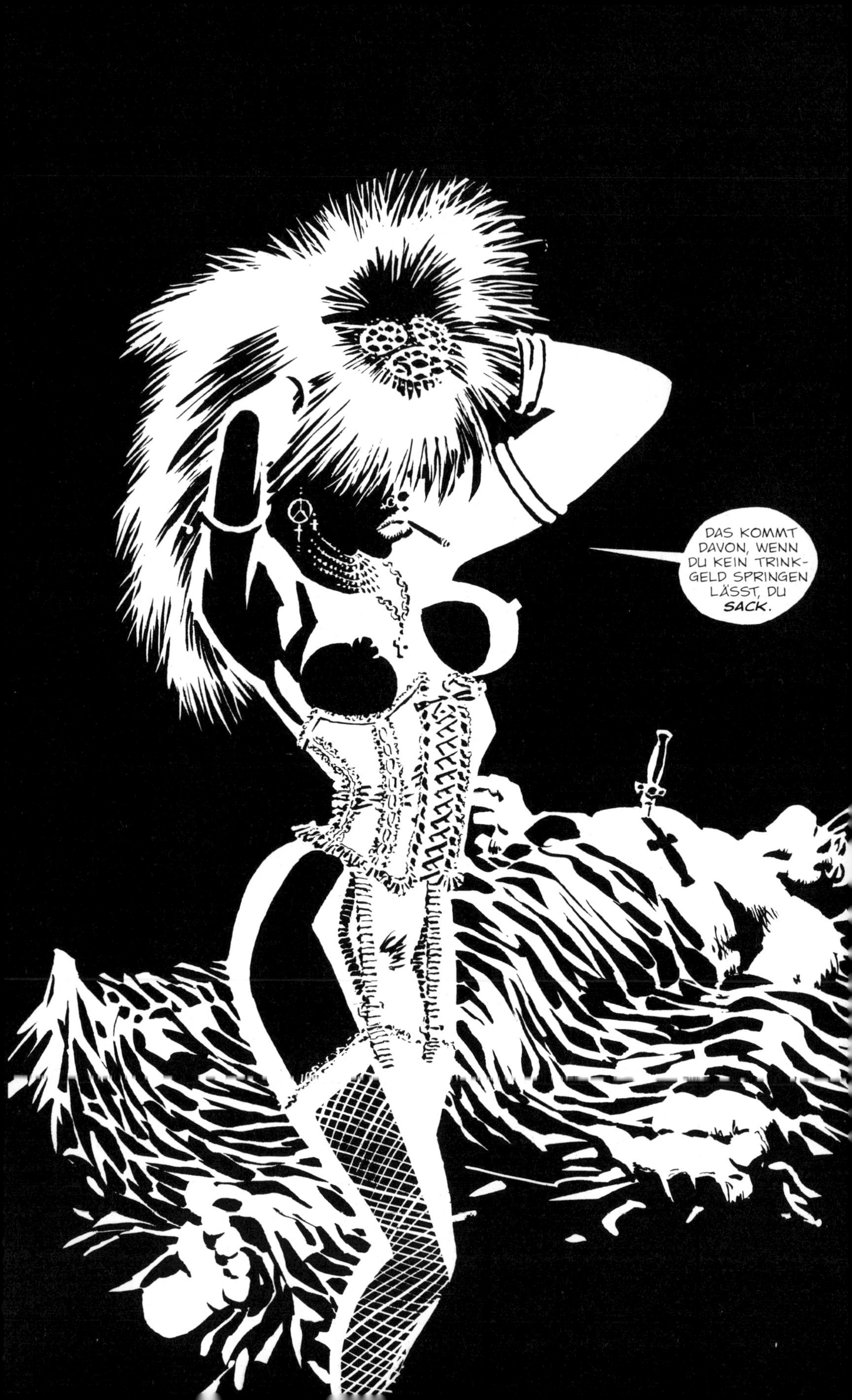
DAS KOMMT DAVON, WENN DU KEIN TRINKGELD SPRINGEN LÄSST, DU **SACK**.

FÜR WILL EISNER

GALERIE

ZEICHNUNGEN VON ORIGINAL ONE-SHOT VERÖFFENTLICHUNGEN UND FRÜHEREN AUSGABEN VON *BRÄUTE, BIER UND BLAUE BOHNEN.*

FARBEN AUF SEITE 155 UND 156 VON LYNN VARLEY.

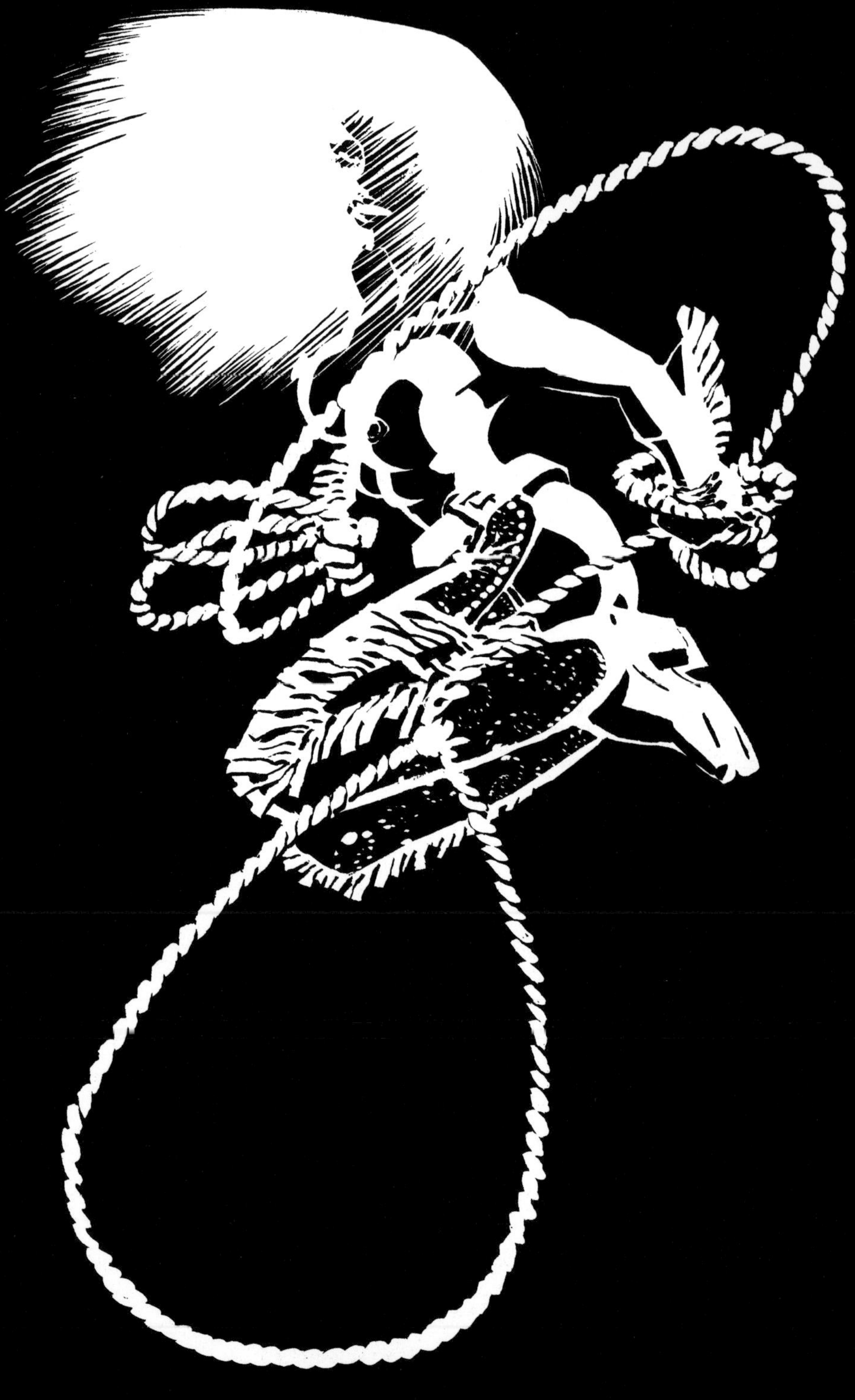

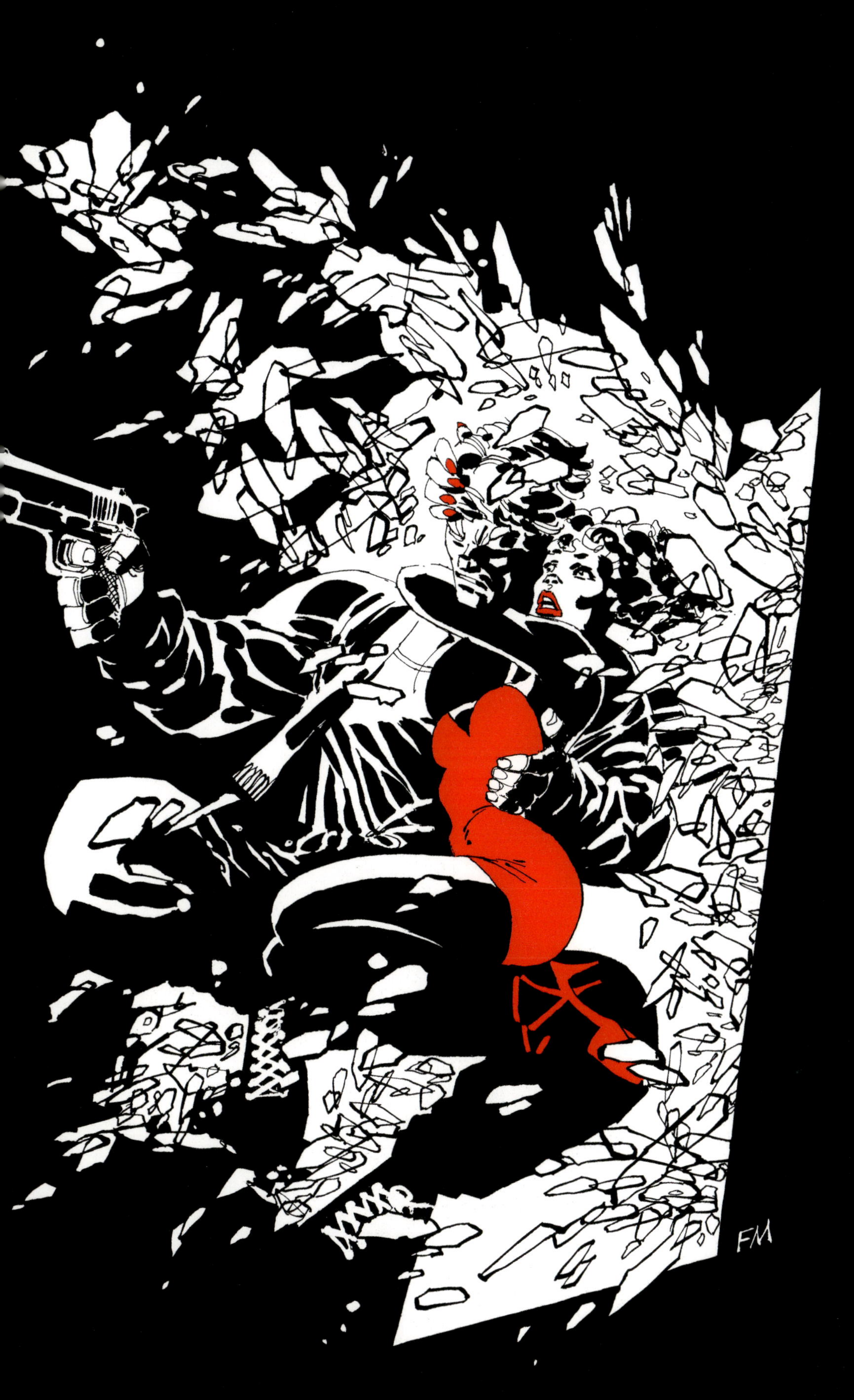
FM

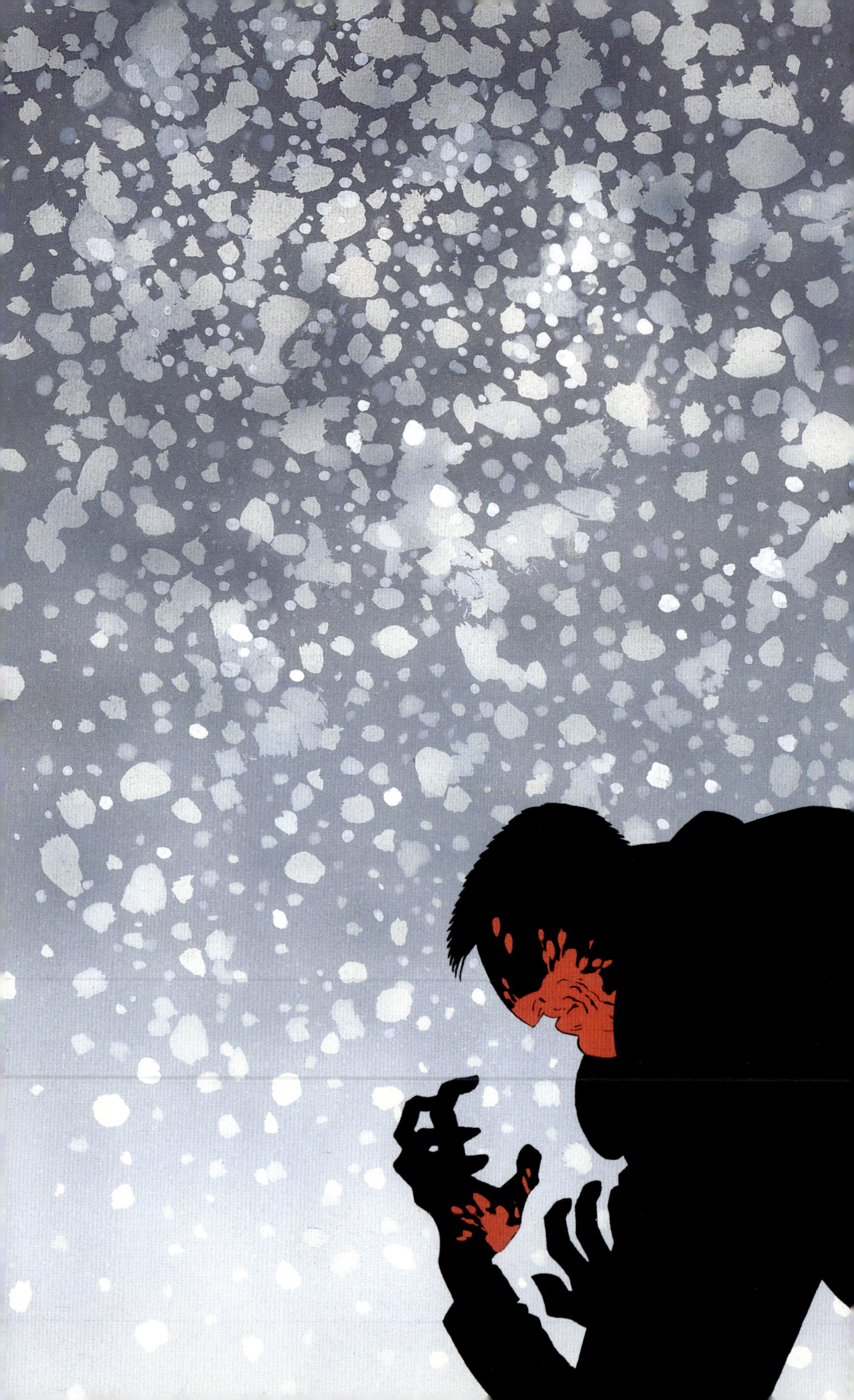

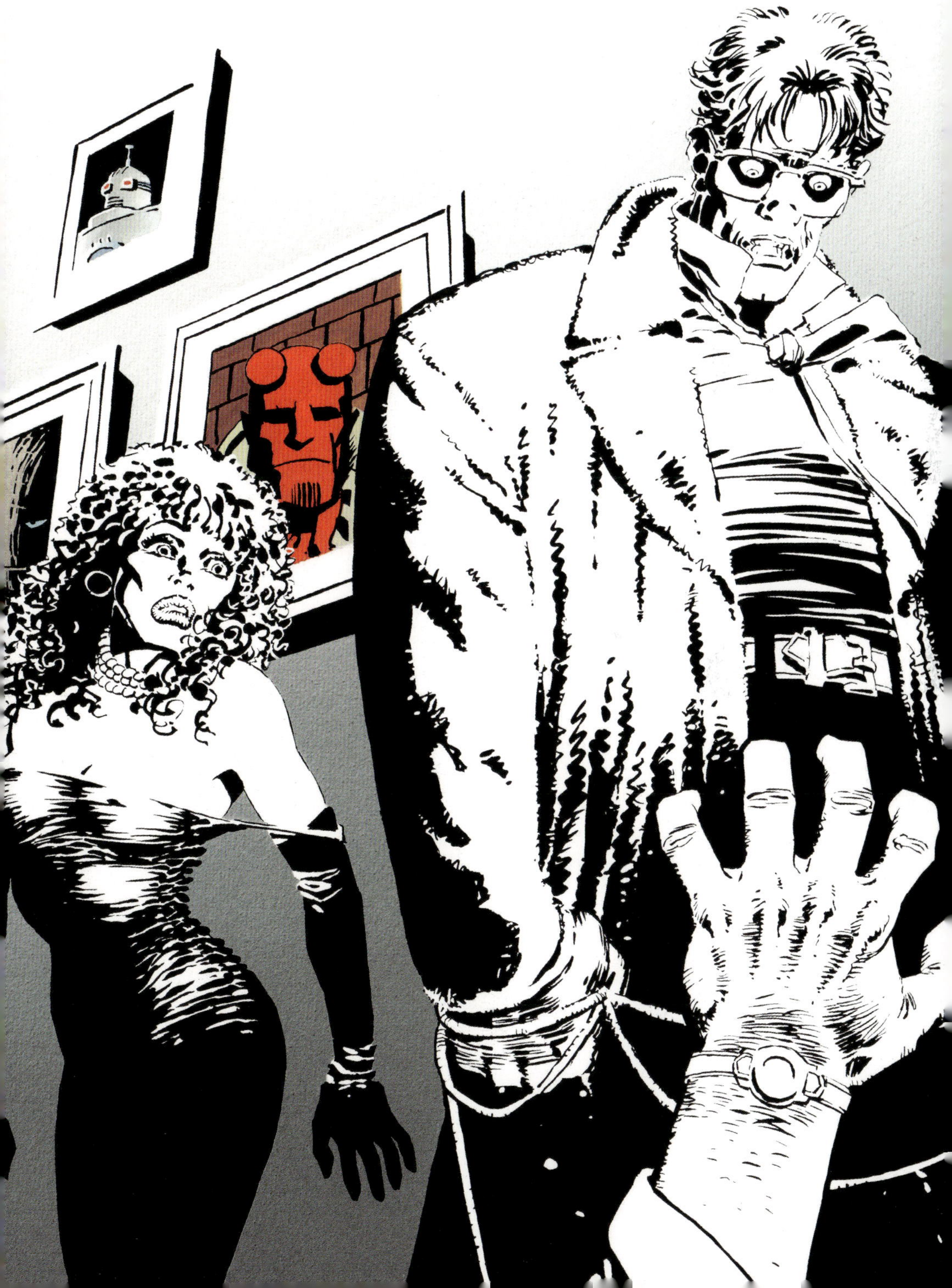

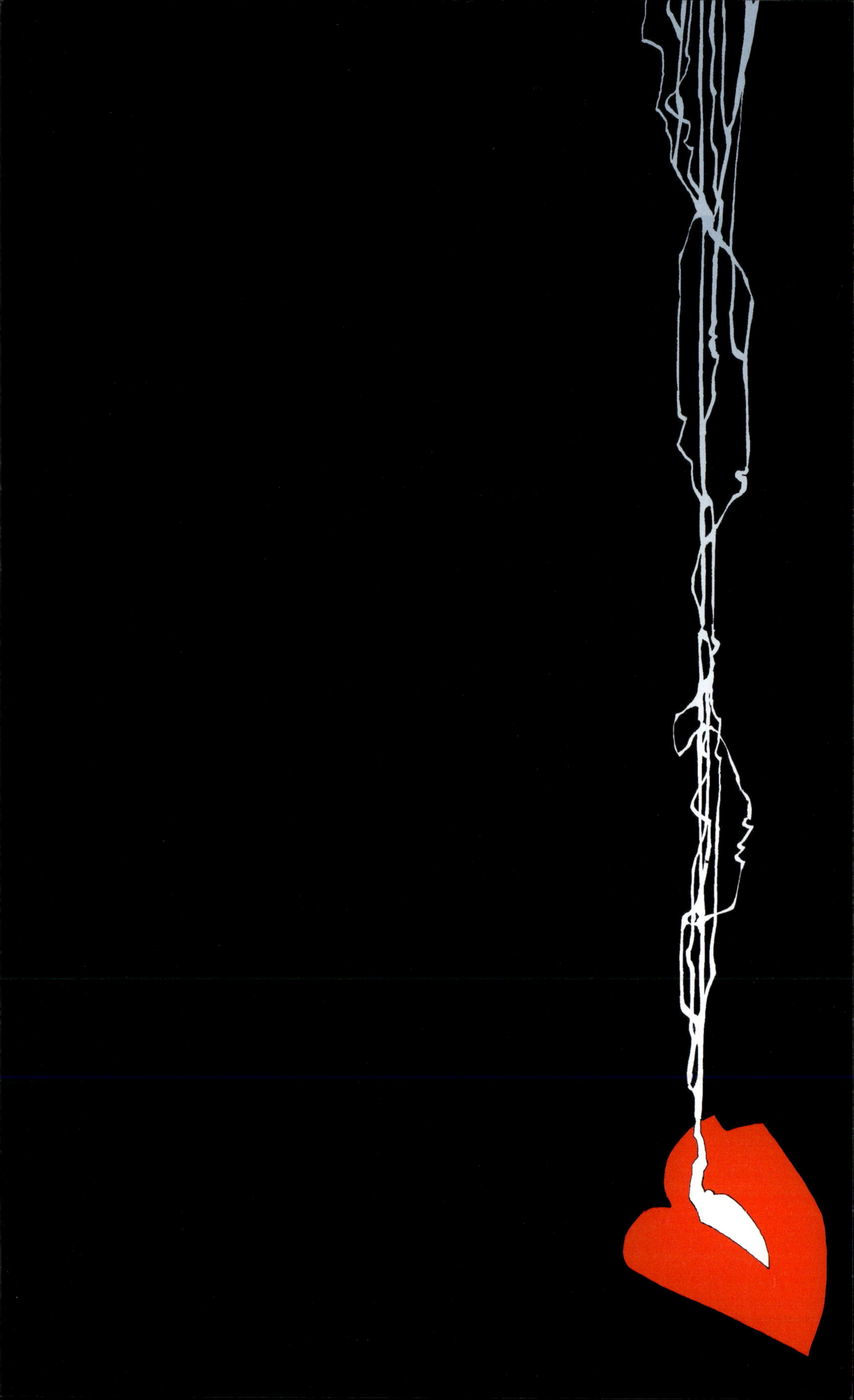

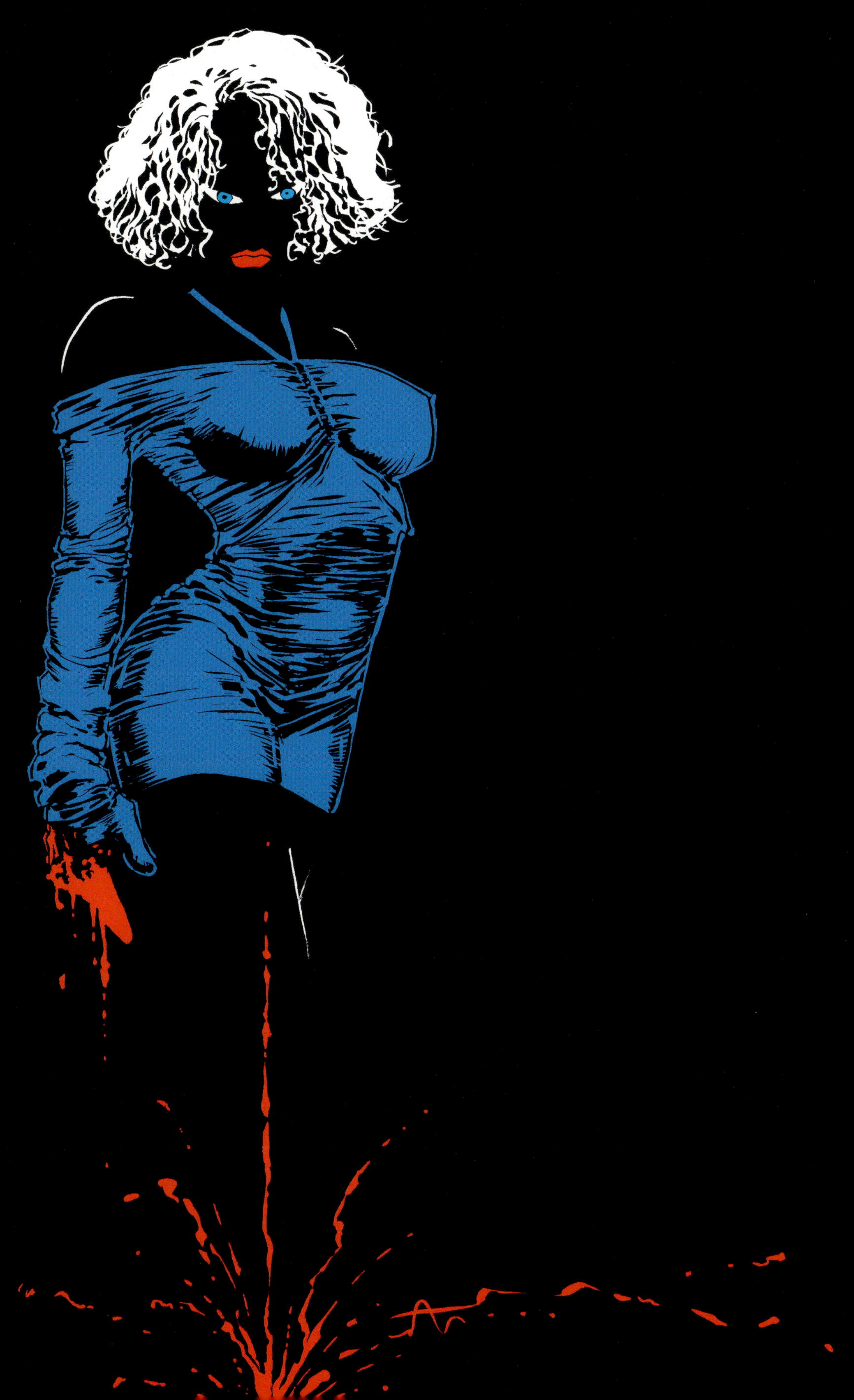

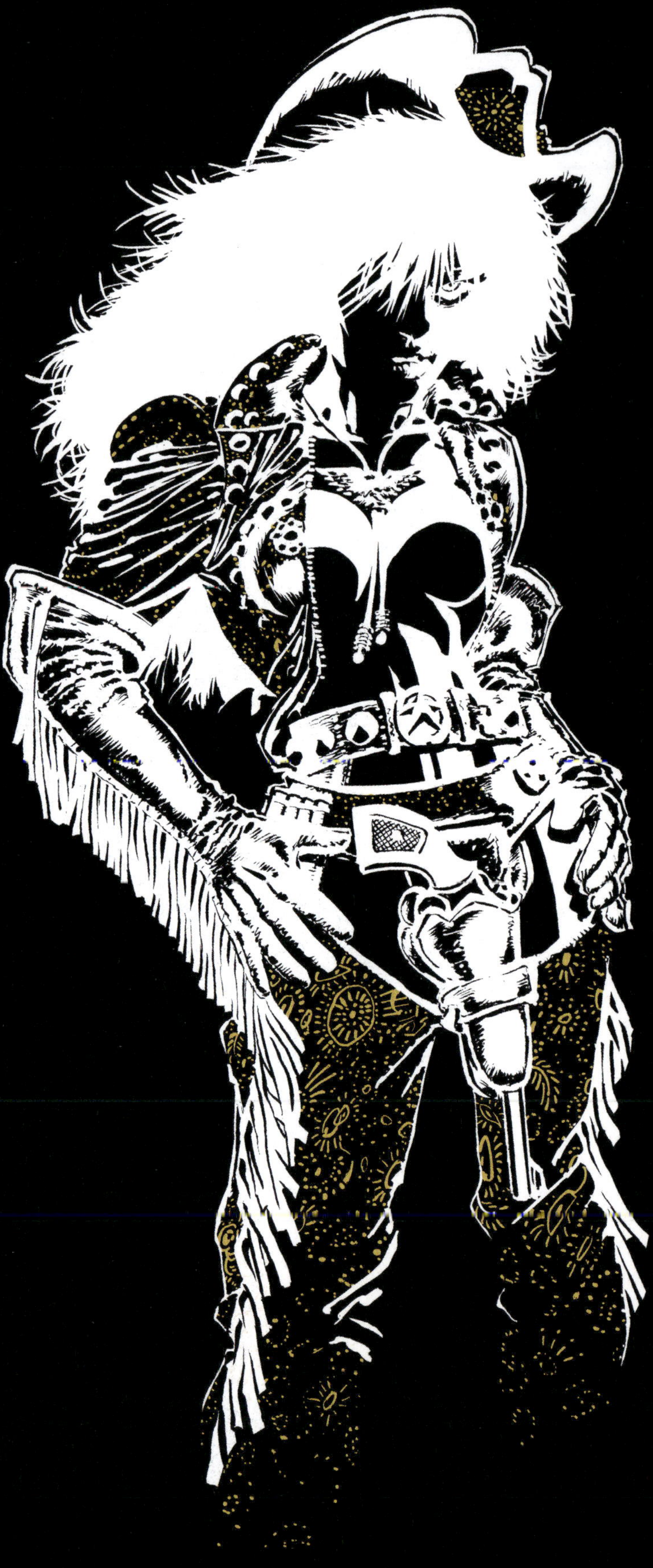

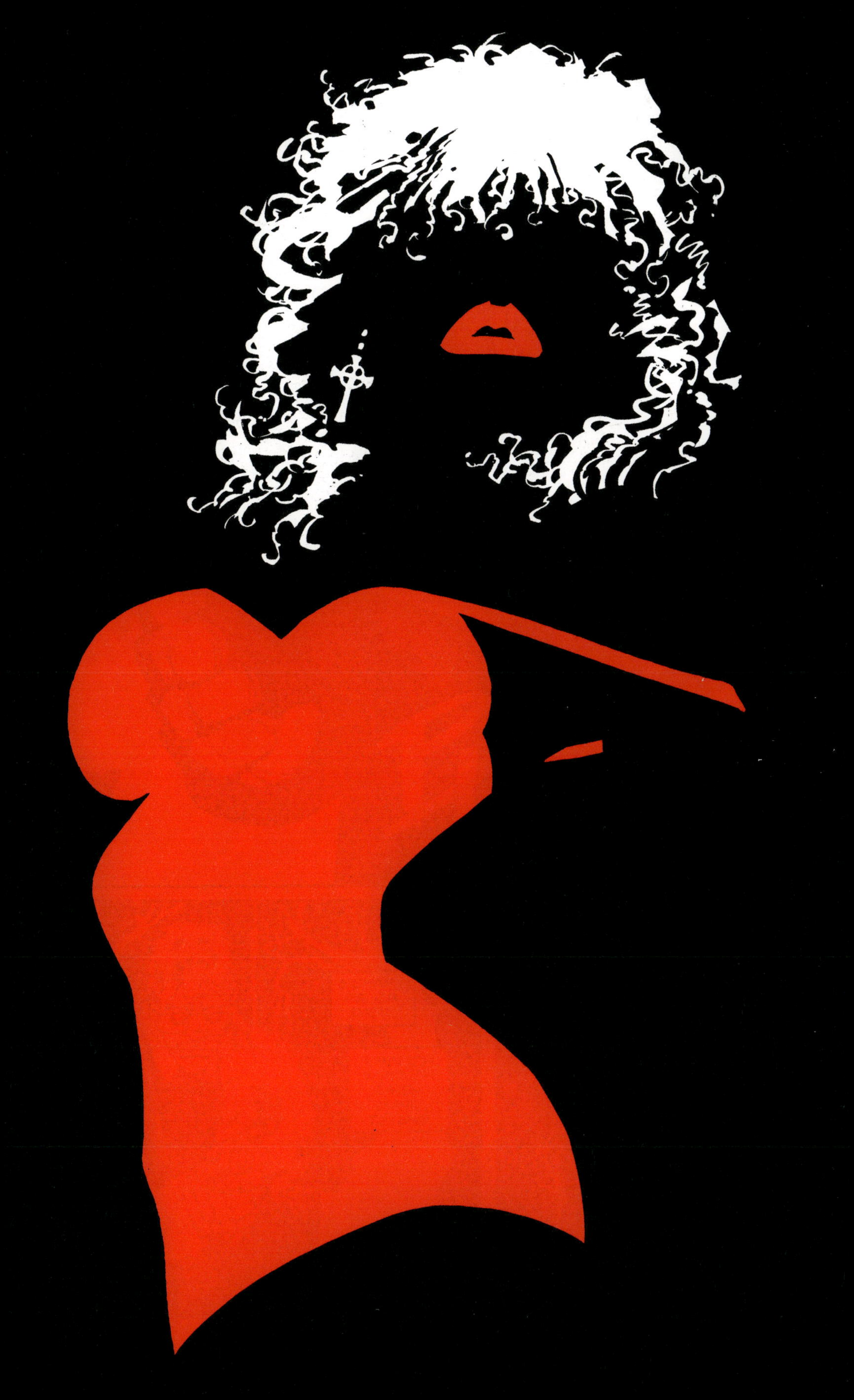

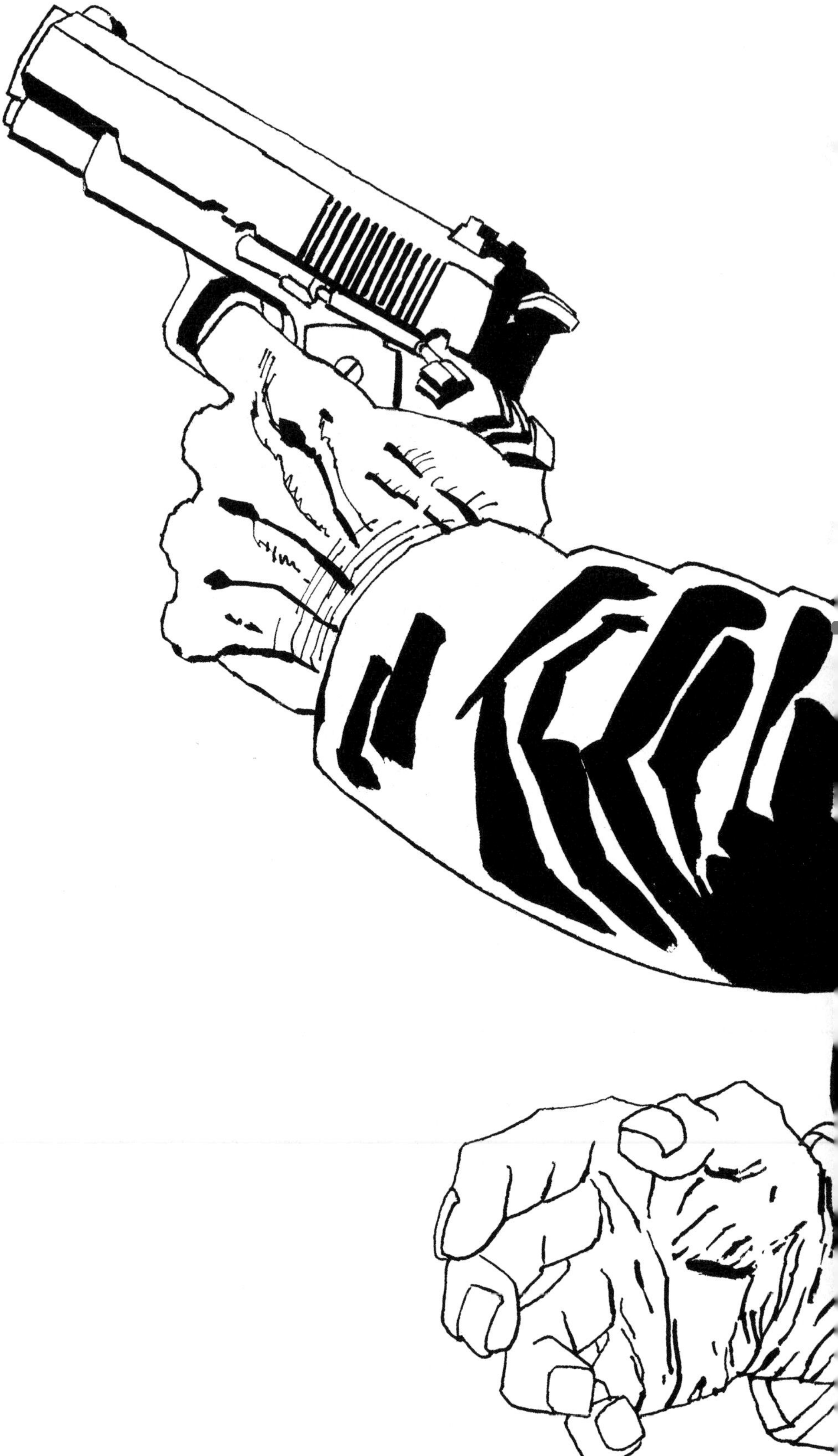

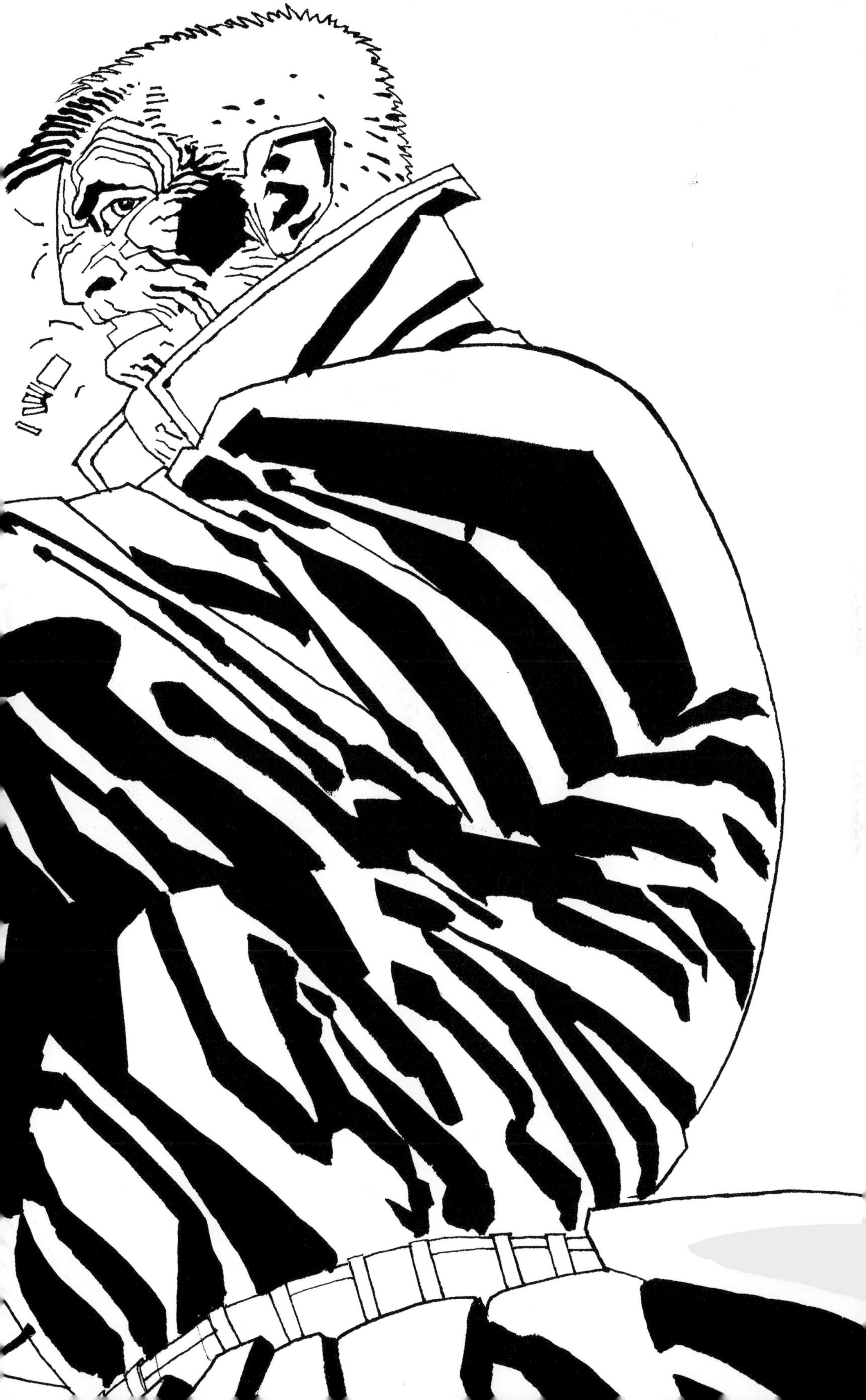

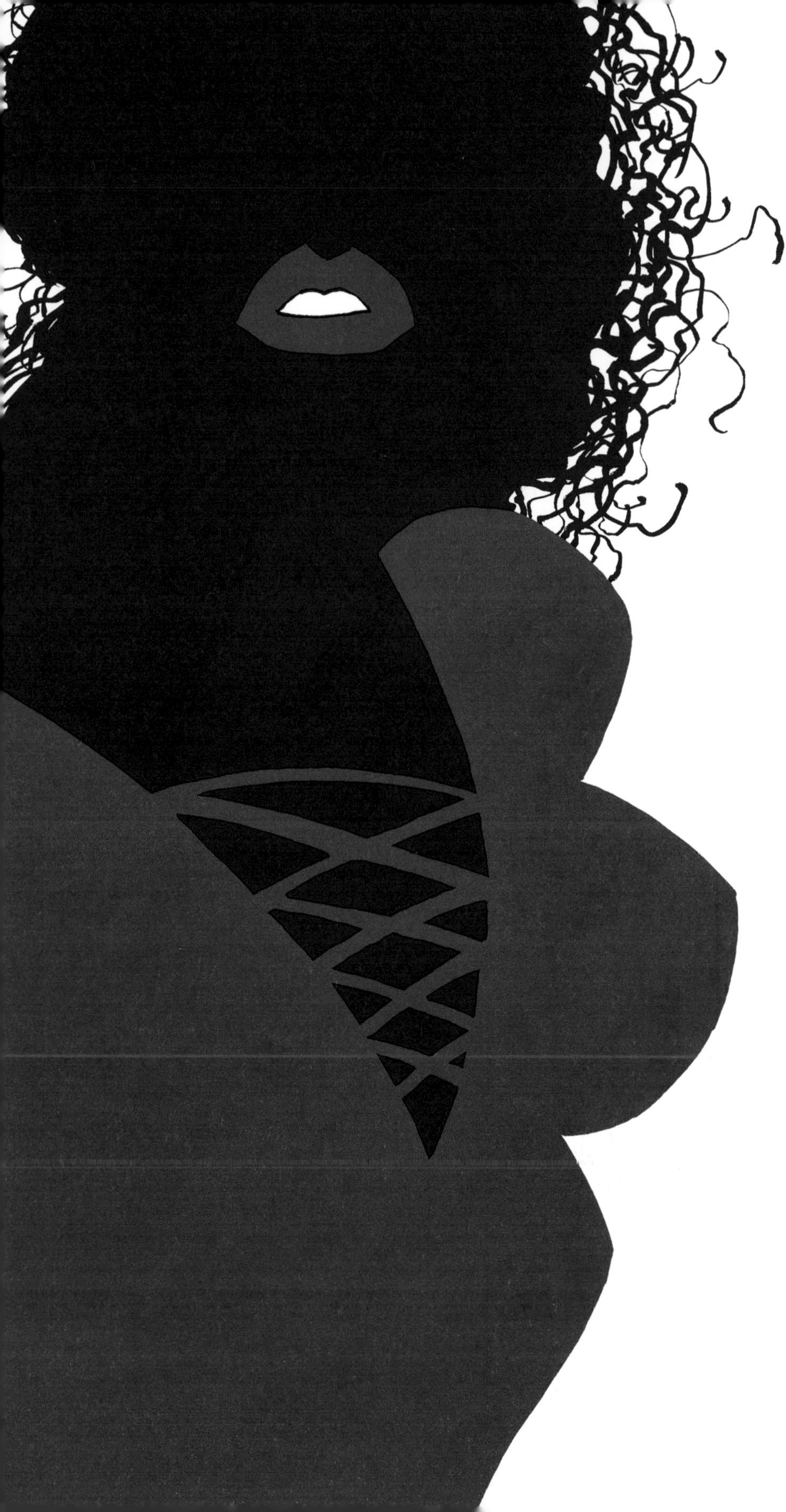

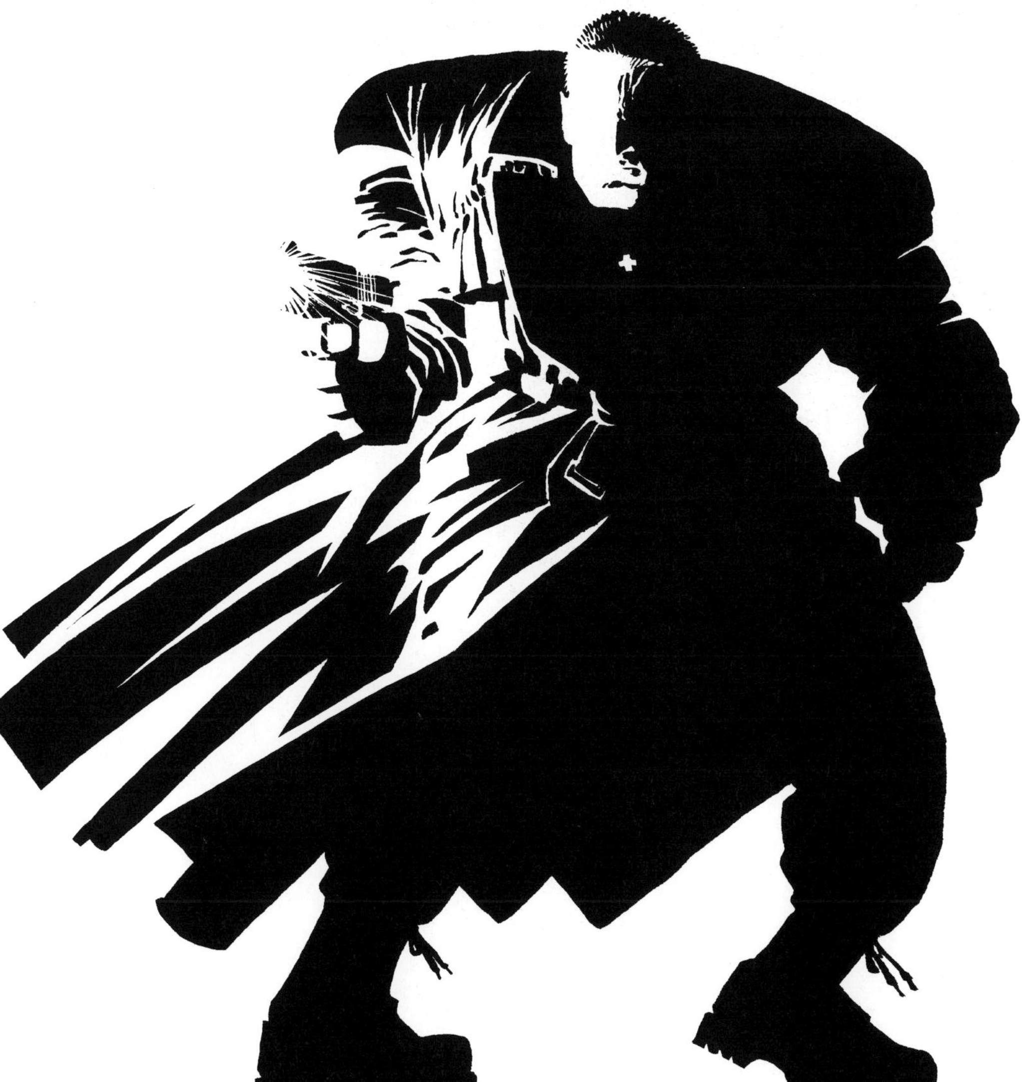

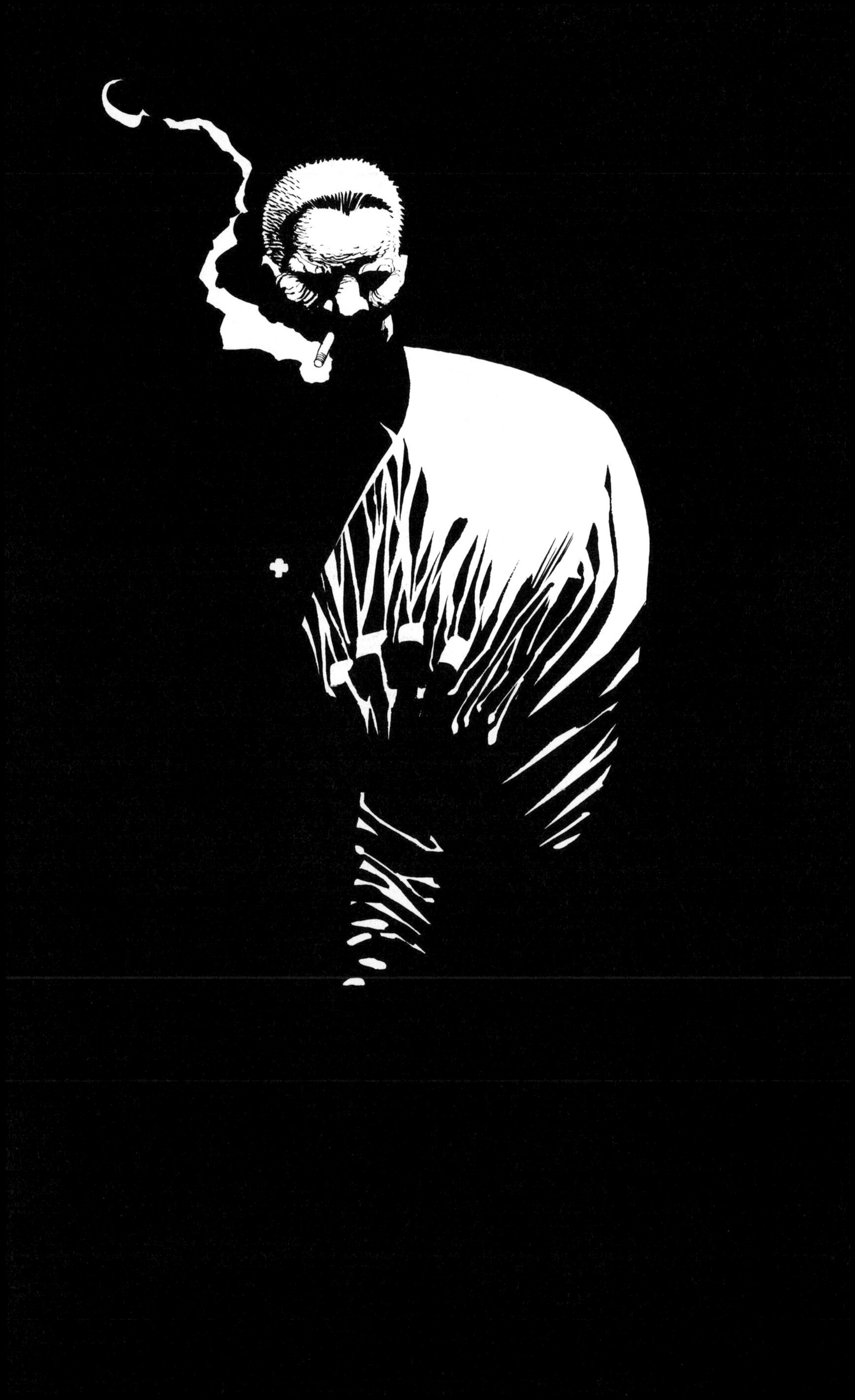

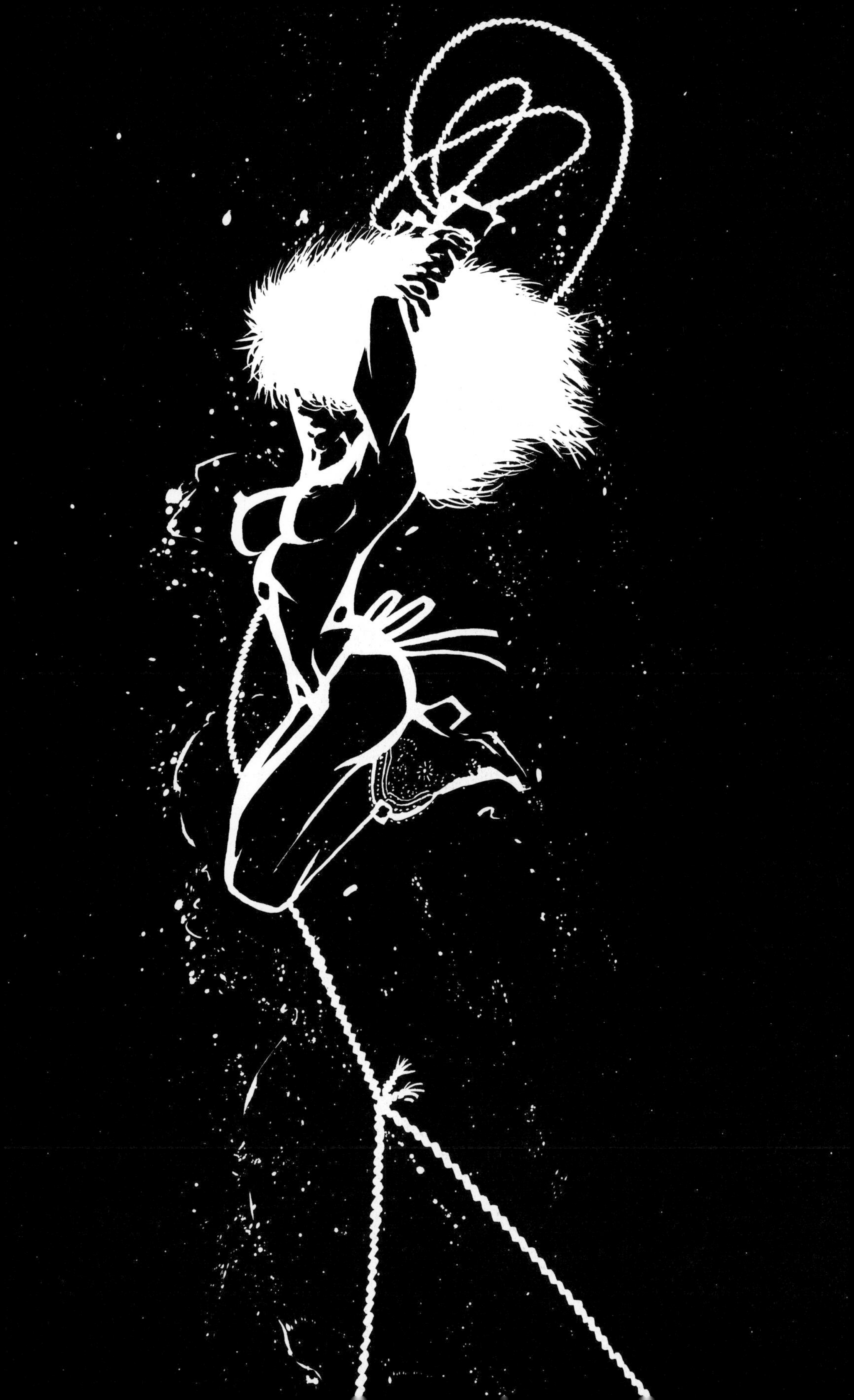

MEHR VON FRANK MILLER ...

SIN CITY BLACK EDITION

BAND 1: STADT OHNE GNADE
ISBN: 978-3-96658-899-7 • €25,00

BAND 2: EINE BRAUT, FÜR DIE MAN MORDET
ISBN: 978-3-96658-903-1 • €25,00

BAND 3: DAS GROSSE STERBEN
ISBN: 978-3-96658-907-9 • €25,00

BAND 4: DIESER FEIGE BASTARD
ISBN: 978-3-98666-043-7 • €30,00

BAND 5: FAMILIENBANDE
ISBN: 978-3-98666-047-5 • €20,00

BAND 6: BRÄUTE, BIER UND BLAUE BOHNEN
ISBN: 978-3-98666-369-8 • €25,00

BAND 7: EINMAL HÖLLE UND ZURÜCK
ISBN: 978-3-98666-388-9 • €45,00

300
ISBN: 978-3-93648-030-6 • €29,80

XERXES
DER NIEDERGANG DES HAUSES DAREIOS
UND DER AUFSTIEG ALEXANDERS
ISBN: 978-3-95981-699-1 • €30,00

BIG GUY AND RUSTY THE BOY ROBOT
ISBN 978-3-98666-180-9 • €30,00

HARD BOILED
ISBN 978-3-95981-788-2 • €30,00